Kohlhammer
Urban Taschenbücher

Band 739

Carlos Collado Seidel

Franco

General – Diktator – Mythos

Verlag W. Kohlhammer

1. Auflage 2015

Alle Rechte vorbehalten
© W. Kohlhammer GmbH, Stuttgart
Gesamtherstellung: W. Kohlhammer GmbH, Stuttgart

Print:
ISBN 978-3-17-021513-9

E-Book-Formate:
pdf: ISBN 978-3-17-023633-2
epub: ISBN 978-3-17-023634-9
mobi: ISBN 978-3-17-025518-0

Für den Inhalt abgedruckter oder verlinkter Websites ist ausschließlich der jeweilige Betreiber verantwortlich. Die W. Kohlhammer GmbH hat keinen Einfluss auf die verknüpften Seiten und übernimmt hierfür keinerlei Haftung.

Inhalt

Einleitung 7

Kindheit in einer Marineoffiziersfamilie 17

Offizier im Kolonialkrieg 34

Der General und die Demokratie 61

Generalissimus 81

Kriegführung und Repression 97

Das Neue Spanien 116

Herrschaft von Gottes Gnaden 143

Diplomatie in stürmischen Zeiten 159

Divide et impera 187

Der Herbst des Diktators 210

Charisma und Herrschaftsrepräsentation 234

Der Schatten des Diktators und
seiner Mythen 253

Literaturverzeichnis 271

Anmerkungen 284

Register 309

Einleitung

Ende Mai 2011 erregte eine Pressemeldung in Spanien große Aufmerksamkeit. Die Schlagzeile lautete: »Die Historiker sind über die Hagiographie Francos alarmiert«.[1] Die Entrüstung richtete sich gegen eine druckfrische biographische Skizze General Francos, die wohl nicht weiter aufgefallen wäre, weil sie sich in eine lange Reihe von ohnehin üblichen nostalgischen Betrachtungen des Diktators einreiht. Die Biographie war aber nicht in einem jener Verlage erschienen, die mit dieser Art Publikationen gute Geschäfte machen, sondern in einem monumentalen biographischen Lexikon zur Geschichte Spaniens in 50 Bänden, das von der honorigen Königlichen Akademie der Geschichte herausgegeben worden ist.[2] Damit entstand weithin der Eindruck, dass das auf fünf Seiten vermittelte Bild Francos zum offiziellen Kanon der Nationalgeschichte Spaniens gehöre.

Die Kritik renommierter Zeithistoriker, unter ihnen medial stark präsenter Wissenschaftler wie Julián Casanova, Angel Viñas oder Paul Preston, entzündete sich an der als unerträglich milde wahrgenommenen Deutung Francos. Tatsächlich kommt in der biographischen Skizze weder das Wort Diktator oder Diktatur vor, noch wird mit nur einer Silbe die gewaltige Repressionswelle hinter den Frontlinien erwähnt, der im Bürgerkrieg oder in den ersten Nachkriegsjahren über 150 000 Menschen zum Opfer fielen. Vielmehr wird Franco als »katholischer, intelligenter und gemäßigter Herrscher« bezeichnet. Daher nannte der katalanische Zeithistoriker Adreu Mayayo die Franco-Skizze eine »Schande und Beleidigung« sowie eine »riesige Unverschämtheit in allem was geschrieben und in allem was weggelassen wurde«.[3]

Die Kritik entzündete sich nicht minder an der Wahl des Autors, hatte doch dieser, der Mediävist Luis Suárez Fernández, schon Mitte der 1980er Jahre mit einer achtbändigen Franco-Biographie Aufsehen erregt.[4] Damals hatte er als erster Wissenschaftler Einblick in den privat gehüteten Nachlass Francos erhalten, und seine Ergebnisse waren zudem von der *Fundación Nacional Francisco Franco* herausgegeben worden, einer Stiftung, der die Tochter Francos vorsteht und die sich in einem radikalen Schwarz-Weiß dem Erbe des Diktators verpflichtet fühlt. Luis Suárez hat sich seitdem wiederholt in Publikationen zu Franco bekannt, und in diesem Sinne verwundert auch nicht, dass er Vorsitzender der *Bruderschaft der Basilika des Tals der Gefallenen* ist, einem Sakralbau, in dem sich die Grablege Francos befindet und der als Mausoleum zu Ehren der auf Seiten der Nationalisten im Bürgerkrieg Gefallenen zu verstehen ist. Mit der Mitgliedschaft im *Opus Dei*, einer Organisation, die eng mit der Franco-Diktatur verbunden war, erfüllt Suárez schließlich sämtliche Merkmale, die dem harten Kern des (neo-)franquistischen Milieus zugeschrieben werden. Vor diesem Hintergrund mag die milde Beurteilung der Person Francos erklärlich sein; sie kann aber in den Augen der Kritiker die Veröffentlichung der im reinen Geist der franquistischen Propaganda verfassten Darstellung keinesfalls entschuldigen. Entsprechend lautete die vernichtende Schlussfolgerung von Julián Casanova:

> »Es ist kaum vorstellbar, dass deutsche Historiker eine Hitler-Apologie akzeptieren würden, oder die *British Academy* einen Holocaustleugner mit einer Analyse zum Thema beauftragen würde«.[5]

Die mit dieser biographischen Skizze hochgeschlagenen Wogen legten sich nicht so schnell. Im April des darauf folgenden Jahres erschien wiederum eine 1000seitige »Gegendarstellung«, die den unmissverständlichen Titel trägt: »In der Schlacht um die Geschichte«.[6] 34 namhafte Historiker wenden sich darin gegen ein ideologisch bedingtes, bewusst verfälschtes Bild des Diktators und seiner Diktatur. Die Ankündigung des »Gegenlexikons« wurde wiederum durch Presseschlagzeilen begleitet wie: »Nun doch: Franco war ein Diktator«[7] oder »Historiker gegen Revisionisten«.

In dieser Auseinandersetzung geht es nicht um feinsinnige Details, sondern um die grundsätzliche historische Bewertung Francos und seiner Diktatur. Und wenngleich der allergrößte Teil der spanischen Historiker das Franco-Bild von Suárez ablehnt und den repressiven und menschenverachtenden Charakter der Diktatur herausstreicht, stellen die Befürworter einer Betonung vermeintlicher Leistungen des Diktators, etwa als »Vater des spanischen Wirtschaftswunders« der 1960er Jahre, keinesfalls eine insignifikante Gruppe von Revisionisten dar, deren Ansichten eine Randerscheinung bilden. Populärwissenschaftliche nostalgische Biographien und Lobeshymnen auf die Diktatur aus der Feder von Autoren wie César Vidal oder Pío Moa erzielen überwältigende Auflagenerfolge. Emotionsgeladene historiographische Debatten zu Franco, Bürgerkrieg und Diktatur finden zudem nicht nur in den Feuilletons der großen Tageszeitungen statt, sondern auch im Fernsehen zur besten Sendezeit. Vor allem aber füllen sich in Spanien die Regale der Buchhandlungen mit Publikationen, die sich wie im Fall des »Gegenwörterbuchs« als Richtigstellungen und sogar ausdrücklich als persönliche Angriffe gegen die Autoren vorangegangener Bücher verstehen.[8] Das Interesse an Franco ist auch vier Dekaden nach dem Tod des Diktators enorm.

Seit Ende der 1990er Jahre erlebt die spanische Gesellschaft eine außerordentlich emotional aufgeladene Auseinandersetzung um den Diktator und die Deutung des Bürgerkrieges. Die Debatten erreichten einen ersten Höhepunkt im Jahr 2006 anlässlich des 70. Jahrestages des Bürgerkriegsbeginns. Damit ist, bei allen Unterschieden der Positionen im Detail, eine Frontstellung mit zwei sich erbittert bekämpfenden Lagern entstanden. Während die eine Seite einen geschichtsklitternden Neofranquismus am Werk sieht, prangert die Gegenseite einen *mainstream* der Blindheit auf dem linken Auge an. Auch die Geschichtswissenschaft hat sich nicht am Rande dieser Auseinandersetzung halten können. Selbst international renommierte Historiker wie Stanley Payne oder Paul Preston stehen in den »Schützengräben«, um einen in diesem Zusammenhang in den Medien häufig verwendeten Begriff zu bemühen.

Während Franco damit für die einen eine »überragende Persönlichkeit«[9] darstellt und seine Herrschaft als Erfolgsgeschichte verstanden wird,[10] gilt er für andere als banal, langweilig, beschränkt. Francos Herrschaft wird von Kritikern aber vor allem als brutal und derart grausam wahrgenommen, dass sogar der Begriff des »spanischen Holocaust« bemüht worden ist.[11] Ironisch überspitzt charakterisiert der Historiker Alberto Reig Tapia den Diktator als »Cäsar der Superlative«. Franco sei in allem exzessiv gewesen: »exzessiv in seiner Mittelmäßigkeit, in seinem Ressentiment, in seiner Schläue, in seinem Machthunger, in seinem Dünkel, in seinem Befehlsgebaren, in seinem Sterben«.[12] Franco ist für die einen ein starrer Dogmatiker, der sich zeitlebens von finsteren Geheimgesellschaften bedroht fühlte, während andere in ihm einen ideologisch flexiblen Herrscher sehen, der in der Lage war, sich an wandelnde gesellschaftliche Rahmenbedingungen geschickt anzupassen. Für jene, die Franco bewundern, war dieser stets auf das Wohl des Landes bedacht, während ihm seine Kritiker vorwerfen, ausschließlich die Sicherung der Macht verfolgt zu haben. Selbst in der Frage der Fähigkeiten Francos als Offizier gehen die Meinungen in einer Bandbreite zwischen militärischer Inkompetenz und strategischem Genie radikal auseinander.[13] Diese konträren Bewertungen der Person gleichen im Grunde jenen, die bereits zu Lebzeiten des Diktators formuliert wurden. Bewunderer und Gegner standen und stehen sich unversöhnlich gegenüber.

Zu dieser Frontstellung haben aber in ganz wesentlicher Weise die politischen Parteien, die mit den politischen Lagern stark verflochtene Medienlandschaft und nicht zuletzt auch die einseitige Parteinahme des spanischen Episkopats beigetragen: Politiker unterschiedlicher Couleur haben nicht nur durch Stellungnahmen in die Debatten eingegriffen. Auch das spanische Parlament hat sich wiederholt mit der Frage der Verurteilung der Franco-Diktatur befasst. Nach langwierigen Auseinandersetzungen rang sich die konservative Volkspartei im Jahr 2002 zu einer Verurteilung des Putsches gegen die rechtmäßige Regierung vom Juli 1936 durch. Dies stellte jedoch eine Maximalkonzession dar. Eine grundsätzliche Verurteilung der Diktatur ist durch die Konservativen stets abgelehnt worden. Die katholische Kirche wiederum sieht sich als Opfer des Bürgerkrieges und betreibt an die 10 000 Seligsprechungsverfahren für Märtyrer dieses Krieges. Die Bischofskonferenz verschließt sich dabei auch den Forderungen nach einem Wort des Bedauerns über den bedingungslosen Schulterschluss mit dem Lager Francos im Bürgerkrieg.

Franco, Bürgerkrieg und Diktatur sind beileibe keine historischen Kategorien, so wie es 1986 der sozialistische Ministerpräsident Felipe González angesichts des 50. Jahrestages des Bürgerkriegsbeginns proklamiert hatte. Franco stellt nach wie vor eine gelebte politische und gesellschaftliche Realität dar. Dies zeigt sich emblematisch in den erbittert geführten Auseinandersetzungen über den Umgang mit der monumentalen Basilika im *Tal der Gefallenen*, die nicht nur die Grablege Francos ist. Hier befinden sich auch die sterblichen Überreste von 33 847 registrierten Bürgerkriegstoten sowie des Gründers der spanischen faschistischen Partei *Falange*, José Antonio Primo de Rivera. Seit Jahren zieht sich das Gezerre um diesen zentralen Erinnerungsort von Bürgerkrieg und Diktatur hin. Ende 2011 schlugen die Wogen wieder einmal hoch, als eine durch die sozialistische Regierung eingesetzte Expertenkommission die Umbettung Francos empfahl.

Vor dem Hintergrund dieser erbittert geführten Debatten versteht sich diese Darstellung nicht allein als Biographie, die einen Einblick in das Leben und Wirken von Franco im Spiegel des bewegten und durch Brüche markierten 20. Jahrhunderts bieten will – einem Leben, das im militärischen Ruhm während des Kolonialkrieges im spanischen Protektorat von Marokko gründet, mit der Ernennung zum »jüngsten General Europas« im Alter von nur 33 Jahren einen Höhepunkt erreichte und keine zehn Jahre später in der Übernahme der unumschränkten Macht in Spanien gipfelte. Der General und Diktator soll im Spiegel der seit seiner Ausrufung zum Generalissimus und Staatschef Anfang Oktober 1936 einsetzenden Kontroversen um seine Person sowie um die vielen sich im Verlauf der Herrschaft um ihn rankenden und sich als außerordentlich zählebig erweisenden Mythen beleuchtet werden.

Hierzu gehört die gebetsmühlenartig vertretene Behauptung, Franco sei im Juli 1936 einer kommunistischen Machtübernahme in Spanien gerade noch zuvorgekommen, womit sich die Erhebung gegen die Republik als legitimer Akt der Notwehr darstellt. Dazu gehören auch die Frage des Kriegseintritts im Zweiten Weltkrieg an der Seite der Achsenmächte und das Treffen zwischen Hitler und Franco am französischen Grenzort Hendaye im Oktober 1940, zu dessen Ergebnis Hitler geäußert haben soll, dass er sich lieber eine Reihe Zähne ziehen lassen würde, als nochmals mit Franco zu verhandeln:[14] Franco habe sich in weiser Voraussicht und mit der den Menschen seiner Heimatregion Galicien »typischen Schläue« dem Kriegseintritt widersetzt. Zu diesen Mythen zählt aber auch, dass es Franco dank seines großen diplomatischen Geschicks gelungen sei, den Zweiten Weltkrieg unbeschadet zu überstehen. In diesem Zusammenhang steht zudem die Frage, inwieweit das Franco-Regime mit Berechtigung als faschistisch bezeichnet werden kann. So wird vor allem auf dessen katholischen Hintergrund als grundsätzlichem Unterschied zu Hitler-Deutschland und Mussolinis Italien verwiesen. Franco wird vielmehr als Offizier und unideologischen Staatsmann wahrgenommen, der eher mit Napoleon als mit Hitler und Mussolini verglichen werden könne. Ein weiterer häufig vorgebrachter Mythos ist Francos Einsatz für die Rettung von Juden vor den nationalsozialistischen Vernichtungslagern. Hiermit wird gerne die Behauptung verknüpft, Franco sei sich eigener jüdischer Wurzeln bewusst gewesen.

Unabhängig von Kontroversen, Mythen und Legendenbildung weist Francos Biographie eine Vielzahl widersprüchlich wirkender Facetten auf. So wird er als schüchtern, bescheiden und introvertiert wahrgenommen, gleichzeitig aber als selbstherrlich, brutal und außerordentlich grausam. Hinzu kommt eine übereinstimmend beschriebene Emotionslosigkeit und Kälte – selbst gegenüber engen Weggefährten –, die wiederum mit Berichten kontrastiert, wonach Franco leicht in Tränen ausbrach. Francos Ausdruckslosigkeit in seinem Auftreten steht wiederum ein ihm zugeschriebenes Charisma sowie eine auch durch unverdächtige ausländische Beobachter wie dem US-Präsidenten Eisenhower konstatierte ungewöhnliche Popularität gegenüber. Zudem wird zwar die Machtbesessenheit des Diktators betont; gleichzeitig wird er aber auch als Person dargestellt, die im Grunde kein Interesse an den Staatsgeschäften hatte und eher die Aufgaben eines Richters als jene eines Diktators wahrnahm. So kamen Biographen und Zeitgenossen immer wieder nicht umhin, Franco als Enigma zu bezeichnen.

Franco stand bis zu seinem Tod am 20. November 1975 nahezu 40 Jahre an der Spitze eines diktatorischen Regimes in Spanien. Das ist zwar nicht unbedingt ungewöhnlich, befindet er sich doch dabei in einer Reihe mit anderen Autokraten seiner Zeit wie Salazar, Castro, Mao, Tito und letztlich auch Stalin. Franco gelang es aber als einzigem der als faschistisch stigmatisierten Diktatoren den Untergang der »neuen europäischen Ordnung« unbeschadet zu überstehen und darüber hinaus für viele als »Wächter des Abendlandes« positiv in Erinnerung zu bleiben. Franco hat entsprechend nicht nur erbitterte Gegner gehabt, sondern auch viele Zeitgenossen in seinen Bann gezogen. In diesem Sinn äußert der Biograph Brian Crozier: »Während ich dieses Buch schrieb und das Material studierte, wurde meine Antipathie gegenüber Franco zu widerwilliger Bewunderung«.[15]

Zwischenzeitlich sind schätzungsweise 200 monographische Annäherungen an die Person oder zu Teilaspekten seiner Biographie erschienen, die in den gesetzten Schwerpunkten und nicht zuletzt in der Deutung der Person große Unterschiede aufweisen. Hierzu trägt die ideologische Selbsteinordnung der Biographen bei, die sich maßgeblich auf die narrative Konstitution auswirkt. Vor allem aber hat die Historiographie zu Franco ein Quellenproblem, denn gerade die für eine biographische Herangehensweise zentralen Quellenbestände stehen der Forschung nicht zur Verfügung. So herrscht völlige Unklarheit über den Verbleib des archivalischen Nachlasses Francos: Zunächst hieß es, dass ein Brand im Jahr 1978 auf dem galicischen Landsitz der Familie die privaten Unterlagen zerstört haben soll. Dann wurde vermutet, dass der Nachlass in der durch die Familie Franco kontrollierten Privatstiftung *Fundación Nacional Francisco Franco* lagert, obgleich diese stets betonte, lediglich über Dokumentenfotokopien zu verfügen. Zudem haben nur einzelne Forscher wie Luis Suárez Fernández oder Jesús Palacios Zugang zu diesen Unterlagen erhalten.[16] Die durch namhafte Historiker immer wieder als Skandal bezeichnete Nicht-Zugänglichkeit dieser Bestände – zumal es sich vor allem um Dokumente handelt, die offiziellen Charakter haben – vermochte an dieser Situation lange Zeit nichts zu ändern. Erst 2010 wurden 27 490 Dokumentenkopien dem Archiv *Centro Documental de la Memoria Histórica* in Salamanca übergeben und damit der allgemeinen Öffentlichkeit zugänglich gemacht. Hierbei kann es sich jedoch nur um einen kleinen Bruchteil jener Bestände handeln, die in den knapp 83 Jahren des Lebens des Diktators entstanden sind. Hinzu kommt, dass sich im zentralen Verwaltungsarchiv in Alcalá de Henares nur kleine Bruchstücke der Aktenbestände der von Franco bekleideten höchsten Staatsämter befinden. Vor diesem Hintergrund müssen Historiker vor allem auf Archive anderer staatlicher Behörden und private Nachlässe zurückgreifen, die seit der Demokratisierung nach und nach der Forschung zur Verfügung gestellt wurden und ihrerseits einen zumindest indirekten Zugang zum Verständnis der Persönlichkeit und Amtsführung Francos beitragen. Die Unzugänglichkeit von zentralem Quellenmaterial schafft aber in der Folge unwillkürlich einen großen Raum für Interpretationen und Deutungen.

Zu den wenigen existierenden autobiographischen Texten zählen vor allem sein tagebuchartig angelegtes, 1922 erschienenes *Diario de una Bandera*, in dem Franco über seine Erlebnisse im Kolonialkrieg berichtet und das bereits frühzeitig die Aufmerksamkeit der Öffentlichkeit auf seine Person lenkte. Das *Diario* bietet interessante Einblicke in Francos narrative Selbstkonstitution.[17] Erhellend ist darüber hinaus die 1941 fertig gestellte, als Drehbuch angelegte und kurz darauf verfilmte Familiensaga mit autobiographischen Zügen, die den bezeichnenden Titel *Raza* trägt und durchaus als Pendant zu Hitlers *Mein Kampf* verstanden werden kann. Wenngleich der Text aufgrund seiner sprachlichen Qualität als »militärisches Melodram« auf dem Niveau eines »Groschenromans« belächelt worden ist,[18] handelt es sich hierbei um ein bezeichnendes Zeitdokument, das Aufschluss für die Verortung Franco-Spaniens in der »neuen europäischen Ordnung« gibt. Bereits der Titel von Drehbuch und Kinofilm zeugt vom Zeitgeist, wenngleich sich der spanische Rassebegriff weniger völkisch, als vielmehr kulturell verstand und in diesem Sinne auch das hispanische Amerika umfasste.

Denken, Selbstbild und Außendarstellung Francos kommt aber auch in der Vielzahl seiner Reden zum Ausdruck, die sukzessive ediert worden sind.[19] Allerdings lassen sich hierbei signifikante inhaltliche Abweichungen zwischen den Versionen, die zeitnah in der Presse erschienen, und den Texteditionen späterer Jahre ausmachen. Dies kann auf stilistische und redaktionelle Eingriffe zurückgeführt werden, vor allem aber auf das zum Zeitpunkt einer späteren Edition veränderte politische Umfeld – insbesondere nach der Zäsur des Jahres 1945 –, das Anpassungen und nicht zuletzt Kürzungen angeraten zu haben scheint. In diesem Sinne sind auch in späteren Auflagen des *Diario de una Bandera* vor allem Passagen herausgenommen worden, in denen die grausamen Verbrechen der Fremdenlegion an marokkanischen Gegnern beschrieben wurden.

Vor allem aber greift die Forschung auf die Vielzahl von Erinnerungen zurück, die insbesondere in den ersten zehn

Jahren nach Francos Tod erschienen sind. Dazu gehören Beschreibungen aus seinem familiären Umfeld wie jene seiner Schwester Pilar, deren Ausführungen eine erklärte Ehrenrettung Francos darstellen, und vor allem die Tagebuchaufzeichnungen und Erinnerungen seines Adjutanten und Cousins Francisco Franco Salgado-Araujo, die als glaubwürdige Quelle verstanden werden und eine Vielzahl von Einblicken in das Denken Francos bieten.[20] Hinzu kommen die Aufzeichnungen politischer und militärischer Wegbegleiter. Hierzu gehören spätere Widersacher des Diktators wie General Alfredo Kindelán sowie die Monarchisten Pedro Sainz Rodríguez und José María Gil Robles, denen eine tendenziell negative Grundhaltung gegenüber Franco attestiert werden kann,[21] sowie Gefolgsleute des Generalissimus, wie der Architekt des »spanischen Wirtschaftswunders« Laureano López Rodó.[22] Auch Vertraute aus dem persönlichen Umfeld wie etwa die Leibärzte Vicente Gil und Vicente Pozuelo Escudero haben ihre Erlebnisse niedergeschrieben und damit das bestehende Franco-Bild maßgeblich mitgeprägt.[23] Allerdings ist der Umgang mit Erinnerungen und erst recht mit den oft auf nicht näher nachprüfbaren mündlichen Überlieferungen basierenden Ausführungen Dritter, wie etwa die mit Anekdoten gespickten Darstellungen des Journalisten Ramón Garriga, naturgemäß problematisch. Umso mehr verwundert daher, dass sie häufig unkommentiert und unkritisch in biographischen Darstellungen übernommen werden.

Die vorliegende Darstellung folgt einem im Grunde chronologischen Aufbau, der allerdings in der Anlage der Kapitel durch strukturelle Überlegungen durchbrochen wird, um spezifischen Aspekten in der Biographie und Biographik Francos nachgehen zu können. Hierzu gehören die Konstruktion des Generalissimus als Heldenfigur, die Frage des faschistischen Charakters von Francos *Neuem Spanien*, das vermeintliche Charisma des Diktators, Francos Herrschaftsverständnis, psychologische Erklärungsansätze seiner Persönlichkeit und nicht zuletzt die Konstanten und Schwerpunktverlagerungen in der Franco-Biographik im Laufe der Jahrzehnte.

Kindheit in einer Marineoffiziersfamilie

Francisco Franco Bahamonde erblickte am 4. Dezember 1892 in der an der zerklüfteten Küste Galiciens gelegenen Garnisonsstadt Ferrol, die später zu Ehren dieses Sohnes der Stadt den Beinamen »*del Caudillo*« erhalten würde, das Licht der Welt. Die fjordartige Bucht war ein aufgrund der geographischen Lage und natürlichen Gegebenheiten herausragender Standort der spanischen Kriegsmarine. Der Flottenstützpunkt und die dazu gehörige Schiffswerft bestimmten das Leben in der damals auf dem Landweg nur schwer zugänglichen Kleinstadt. Franco war Spross einer Marineoffiziersfamilie, die seit Generationen für die Kriegsmarine tätig gewesen war; sein Vater war in der Intendantur tätig. Das weitgehend geschlossene militärische Milieu, in dem er aufwuchs, hat ihn auch eigenen Angaben zufolge tief geprägt. In diesem Sinne wird gerne herausgestrichen, dass Franco zeitlebens dem Meer eng verbunden blieb, mit seiner Jacht *Azor* leidenschaftlich der Sportfischerei frönte und vor allem als Diktator besonders gerne in der prachtvollen Uniform eines Admirals in Erscheinung trat.

Ganz in diesem Sinne war es sein ursprünglicher Berufswunsch, ebenfalls die Marineoffizierslaufbahn einzuschlagen. Doch zerschlug sich das Vorhaben in der Folge des Ereignisses des Jahres 1898, das das nationale Selbstverständnis tief erschütterte: Der chancenlos geführte Krieg gegen die machtvoll aufstrebenden Vereinigten Staaten endete mit dem Verlust von Kuba, Puerto Rico, der Philippinen sowie der weitläufigen Archipele der Mariannen und Karolinen, der letzten Reste des einst weltumspannenden Kolonialreiches. Diese Niederlage führte schmerzhaft vor Augen, dass Spanien letztlich nur noch in der Wunschvorstellung gelebt hatte, nach wie vor eine imperiale Macht zu sein. Nun wurde über den Zustand der Nation schonungslos deutlich, was Intellektuelle schon länger bitter beklagt hatten: in einer Selbstbeschau erstarrt und unfähig zu sein, den Anschluss an die geistigen Strömungen und die wirtschaftliche Innovationskraft Europas zu finden. Aus der Erfahrung des verlorenen Krieges erwuchs die sogenannte *Generation von 1898*, die Politiker, Intellektuelle und Künstler vereinigte, welche sich einer geistigen und materiellen Erneuerung Spaniens verschrieben hatten und den gesellschaftlichen Diskurs in den krisengeschüttelten kommenden Jahrzehnten prägten. Während die einen eine Modernisierung und Europäisierung Spaniens forderten, sahen andere die Lösung in der Rückbesinnung auf die Werte eines verklärten kastilischen Idealbildes. Sozialistische und anarchistische Organisationen wiederum traten machtvoll auf die politische Bühne und forderten in Wort, Tat und nicht zuletzt mit dem Einsatz von Gewalt einen Neuanfang auf der Grundlage der eigenen Gesellschaftsmodelle. Im Baskenland und vor allem in Katalonien verstärkte sich wiederum ein eigenständiges nationales Bewusstsein, das immer stärker auf Distanz und Konfrontation zum zentralistischen Verwaltungsstaat ging. Dem traten wiederum jene entgegen, denen die Einheit der Nation innerhalb der katholischen Tradition heilig war. Und schließlich begehrte auch das städtische und unternehmerische Bürgertum gegen die unverändert dominierenden Interessen des Großgrundbesitzes auf.

Franco selbst war sicherlich zu jung, um die Dimension des Ereignisses im Moment des Geschehens zu begreifen. Gerade als Spross einer Offiziersfamilie im abgeschotteten und auf sich bezogenen Milieu einer Garnisonsstadt der Kriegsmarine erlebte er jedoch, wie er in späteren Jahren rückblickend betonte,[1] die Nachwirkungen der als Desaster in die Geschichtsbücher eingegangenen Niederlage besonders intensiv: Ferrol war nämlich der Heimathafen eines Teiles der Flotte gewesen, die nun auf dem Meeresgrund lag, und der Krieg hatte damit das Leben vieler dort ansässiger Familien ganz unmittelbar zerrissen. Für Franco hatte der Verlust der überseeischen Besitzungen aber auch unmittelbare persönliche Konsequenzen, denn damit war der Personalbedarf für die Kriegsmarine schlagartig gesunken; entsprechend wurde die Aufnahme neuer Kadetten drastisch reduziert. In der Folge blieb Franco, anders als seinem älteren Bruder Nicolás, dem der Eintritt gelungen war, die Marineoffizierslaufbahn verwehrt.

In den Streitkräften, die durch die Niederlage im eigenen Selbstverständnis tief getroffen waren, zeigte sich eine große Verbitterung. Dort herrschte die Überzeugung vor, dass die Armee und insbesondere die Kriegsmarine mit einer völlig unzureichenden Ausrüstung in den Krieg geschickt worden seien und nun als Sündenbock herzuhalten hätten. In Offizierskreisen wurden dagegen die Politik und vor allem die bestehende liberale Gesellschaftsordnung sowie eine allein an kurzsichtigen Partikularinteressen orientierte Politikerkaste als Ursache für die Niederlage und den Verlust der Überseeterritorien ausgemacht. Der Liberalismus habe sukzessive das spanische Imperium ruiniert und bedrohe die Nation in ihren Grundfesten. Demgegenüber verstand ich das Offizierskorps als einziger patriotischen Belangen und dem nationalen Ehrgefühl verpflichteter Teil der Gesellschaft – eine Vorstellung, die besonders bildhaft in Francos Familiensaga *Raza* zum Ausdruck kommt.

Das mit der Niederlage tief getroffene Ehrgefühl der Streitkräfte entlud sich im Jahr 1905 an einer aus heutiger Sicht harmlosen, aber symptomatischen und folgenreichen Begebenheit. Die katalanische Satirezeitschrift *¡Cu-Cut!* hatte vor dem Hintergrund des Sieges eines katalanischen nationalistischen Wahlbündnisses auf kommunaler Ebene eine Karikatur veröffentlicht, in der ein spanischer Offizier seine Verwunderung über die zu einer Veranstaltung strömenden Menschenmassen äußert. Ein Passant entgegnet ihm, es handle sich um eine Festveranstaltung zur Feier des Sieges, worauf wiederum der Offizier feststellt, dass es sich ja dann um Zivilisten handeln müsse. Als Reaktion auf diese auf die Niederlage von

1898 gemünzte Provokation stürmten und verwüsteten in Barcelona stationierte Offiziere die Redaktionsräume zweier katalanischer Zeitungen.

Das Madrider politische Establishment duldete wiederum nicht nur die Übergriffe, sondern beschloss in einer Aufwallung verletzten Nationalstolzes ein Gesetz, das der Militärgerichtsbarkeit jenseits rein innermilitärischer Angelegenheiten auch die Zuständigkeit für Delikte übertrug, die sich gegen die Ehre der Streitkräfte und darüber hinaus der spanischen Nation richteten. Damit wurden die Streitkräfte zur rechtlichen und vor allem moralischen Instanz in Fragen des nationalen Empfindens erhoben. Für Zeitgenossen, wie dem Philosophen Miguel de Unamuno, war in einer Zeit grundlegender sozialer Veränderungen das Eingreifen des Militärs zur »Errettung des Vaterlandes« lediglich eine Frage der Zeit.

Ein Blick auf die frühen Jahre im Leben Francos ist aber nicht nur unter der Perspektive einer Generation von Interesse, für die diese als historischer Wendepunkt in die Geschichte eingegangene Katastrophe von 1898 tiefe Spuren hinterlassen hat. Die Kindheit Francos wird in Biographien darüber hinaus gerne beleuchtet, um sich der Persönlichkeit und dem Charakter zu nähern, oder, präziser formuliert, um psychologische Erklärungsmuster zu finden, die das spätere Verhalten als Diktator plausibilisieren.[2] In diesem Sinne erweisen sich Kindheitsbegebenheiten als sehr illustrativ und entfalten eine hohe Suggestivkraft. Eine gewisse Problematik bergen solche Darstellungen aus dem familiären Umfeld, verfolgen sie doch einen ex-post Betrachtungsansatz, der das Wahrnehmungsfeld unwillkürlich einengt. So beruhen die meist anekdotischen Begebenheiten im Wesentlichen auf Erinnerungen von Familienangehörigen, die im Regelfall erst nach dem Tod Francos verfasst worden sind, damit auf dessen Gesamtleben ausgerichtet sind und entsprechend nicht zuletzt zur Bestätigung vorab bestandener Zuschreibungen dienen. Zudem erfolgt die Wahrnehmung und Zuweisung von Bedeutung im Sinne von Wilhelm Dilthey unwillkürlich auf der Grundlage des Verlaufs der eigenen Biographie und des persönlichen Verhältnisses zu Franco.

Besonders gerne wird eine Begebenheit nacherzählt, wonach Francos Schwester Pilar dem achtjährigen Bruder eine glühende Nadel auf das Handgelenk gepresst habe. Dieser habe die Zähne zusammengepresst und dazu lediglich gesagt: »Verdammt noch mal! Verbranntes Fleisch stinkt abscheulich!«[3] Mit dieser Anekdote wird auf Francos Fähigkeit der Selbstkontrolle sowie auf seine Gefühlskälte verwiesen, von der dem späteren Diktator nahe stehende Personen übereinstimmend berichten. Diese Kälte, von der es hieß, dass sie sogar die Seele gefrieren lasse, war legendär;[4] sie bekam letztlich jeder im Umfeld Francos zu spüren.

Zur Erklärung dieser Gefühlskälte geraten wiederum die Familienverhältnisse in das Blickfeld der Biographen. Der Vater wird als resolut und herrisch und vor allem als Lebemann, Frauenheld und Trunkenbold beschrieben, dessen Lebenswandel in der kleinen Garnisonsstadt nicht habe unbemerkt bleiben können. Die dadurch bedingte Demütigung der Mutter und vor allem das Scheitern der Ehe, das im Wegzug des Vaters nach Madrid im Jahr 1907 einen allseits sichtbaren Ausdruck fand, habe sich auf den jungen Franco besonders stark ausgewirkt und lasse, wie etwa Paul Preston feststellt, Rückschlüsse auf seine Gemütsverfassung zu:

> »Als er sah, wie die nach Innen gekehrte Gefühlswelt der Mutter zu einem wirksamen Schild gegen Schicksalsschläge wurde, scheint es, dass Francisco seine eigene emotionale Verletzlichkeit durch die Stärkung einer kalten inneren Leere überwand.«[5]

Hinzu sei gekommen, dass Franco nie die Zuneigung und Anerkennung seines Vaters erfahren habe. Die damit verbundene Sehnsucht nach einem vorbildhaften Vater wird auch aus den wenigen autobiographisch verstandenen Texten Francos herausgelesen.[6] Für den Psychologen González Duro steht außer Frage, dass Franco in *Raza* seine eigene Kindheit neu erfand.[7] So ist hierin, als Gegenbild zum eigenen Vater, das Familienoberhaupt eine tugend- und heldenhafte

Figur, die im Krieg von 1898, von Patriotismus und Pflichtgefühl getragen, eine ihm befohlene, jedoch zum Scheitern verurteilte Aufgabe übernahm, die ihm sogar das Leben kostete. Im *Diario de una Bandera* beschreibt Franco wiederum eine Begegnung zwischen einem älteren Rekruten der Fremdenlegion und einem Offizier:

»Ein Legionär im fortgeschrittenen Alter und mit dem Ausdruck eines müden Mannes quert die Straße. Er hat wie alle Legionäre eine aufrechte Haltung, aber sein Gang ist etwas träge; seine Lebensjahre sind an seiner silbrigen Schläfe und seinem ungepflegten grauen Bart sichtbar. Als er an einem Offizier vorbeigeht, hebt er die Hand zum militärischen Gruß; der Offizier hält inne, und beide blicken sich in die Augen, um sich schließlich unter Tränen in die Arme zu fallen. Dieser Offizier ist sein eigener Sohn! Auf welch unterschiedliche Pfade sie doch das Leben geführt hat!«[8]

Auch aus dieser Begebenheit ist auf die Sehnsucht nach der Vaterfigur geschlossen worden. An dem zerrütteten Verhältnis Francos zu seinem den Erinnerungen des Cousins zufolge »übermäßig strengen«[9] Vater hat sich auch mit der kometenhaften Militärkarriere und sogar nach der Übernahme der Staatsführung nichts geändert.[10]

So habe die fehlende Vaterfigur bei Franco schmerzhafte Spuren hinterlassen und als Reaktion eine Negation des Bedürfnisses nach Liebe und Zuneigung hervorgerufen. Auf diese Weise habe sich Franco zu einem stark zurückgezogenen, unnahbaren und vereinsamten Jungen entwickelt. Diese Introvertiertheit wird aber auch mit Hänseleien aufgrund seiner schmächtigen Gestalt und seiner hohen, oft als pikkoloflötenhaft bezeichneten Stimme in Verbindung gebracht. Auch die häufig beschriebene Schüchternheit und Unsicherheit, die sich zeitlebens in seinem Auftreten spiegle, werden als grundsätzliches Verhaltensmuster hierauf mit zurückgeführt.[11]

Gleichzeitig entwickelte Franco wiederum eine tiefe Verbundenheit zu seiner Mutter. So habe die Erfahrung ihrer starken Frömmigkeit und kühlen Distanziertheit sowie ihre die Sinnlichkeit ablehnende puritanische Lebensweise einen tiefen Eindruck auf Franco gemacht und mit bedingt, dass dieser keinerlei hedonistischen Neigungen entwickelt habe.[12] Für Psychologen tritt in dieser engen Mutterbindung aber vor allem der Ödipus-Komplex des Hasses auf den Vater und der Verehrung der Mutter zutage.[13] Die später intensiv gelebte Religiosität Francos scheint wiederum nicht unmittelbar auf die pietistische Haltung der Mutter zurückzuführen sein. Vielmehr habe Franco erst unter dem Einfluss seiner Ehefrau und vor allem nach der Ausrufung zum Generalissimus eine Hinwendung zur Kirche vollzogen. Für die Kindheitsjahre war wohl eher prägend, was Franco selber später einmal bemerkte: Die Religion wurde als Frauensache angesehen.[14]

Psychologen wie Andrés Rueda gehen in diesem Zusammenhang einen Schritt weiter und diagnostizieren ein psychopatisches Verhalten und eine narzisstische Persönlichkeitsstörung Francos, die sich nicht nur in emotionaler Kälte und Unfähigkeit zur Empathie manifestiert habe. Zu diesem krankhaften Verhalten habe auch gehört, dass sich Franco seine eigene Wirklichkeit geschaffen und die Fähigkeit besessen habe, andere zu manipulieren und zu dominieren. Er habe dabei eine radikale Egozentrik und einen unersättlichen Machthunger entwickelt. In diesem Sinne habe er seine eigenen Interessen und seinen Machterhalt als die Interessen der spanischen Nation verstanden.[15] Freilich kommt Rueda aber auch nicht umhin zu konstatieren, dass darüber hinaus ein korrelierendes soziales Umfeld bestanden habe, das auf Francos Psychopathologie ansprach und mittels dessen sich überhaupt die Etablierung der Diktatur erst erklären lasse.[16] Damit habe Franco das Über-Ich der Massen verkörpert.[17] So kann Franco durchaus als spezifische Erscheinung der Zwischenkriegszeit verstanden werden, in der angesichts des als gescheitert wahrgenommenen liberaldemokratischen Gesellschaftsmodells eine Unterwerfung unter »Heilsfiguren« willig erfolgt sei, die wie im Fall Francos psychopathischen Persönlichkeitsmustern entsprachen.[18]

Der Bruder Nicolás wiederum stand dem Vater ganz offensichtlich charakterlich und menschlich viel näher und entwickelte wie dieser die Neigungen eines Lebemannes, der dem Geld und den Genüssen sehr zugetan war. Psychologischen Erklärungsansätzen zufolge kompensierte wiederum der jüngere Bruder Ramón die Kindheitserfahrungen durch ein hohes Maß an Extrovertiertheit und Geltungsbedürfnis. Er machte sich nicht nur als Pilot und Abenteurer einen Namen, der 1926 als erster Spanier im Wasserflugzeug den Südatlantik überquerte, sondern auch als gegen die Monarchie konspirierender Offizier mit anarchistischen Neigungen. Franco zeigte wiederum frühzeitig, im eklatanten Gegensatz zu seinen Brüdern, ein starkes Pflichtgefühl sowie eine starke Verwurzelung in der Vorstellungswelt der Tradition. Doch obwohl die drei Brüder charakterlich und in den politischen Einstellungen als von Grund auf verschieden galten, blieb Franco seinen Geschwistern, anders als dem Vater, zeitlebens verbunden. Dies galt letztlich auch, als schwerwiegende, politisch begründete Konflikte um Ramón entstanden.

Anhand der Erlebnisse in der Kindheit ist auch immer wieder Francos Verhalten als Soldat veranschaulicht worden. So argumentieren Autoren wie Luis Ramírez, dass er sich in den Balgereien nicht nur seiner körperlichen Unterlegenheit bewusst gewesen sei; vielmehr habe er eine aggressive Hartnäckigkeit und ein listiges Verhalten entwickelt, das sich in seinem späteren Agieren als Offizier wiederfände.[19] Aus dem gescheiterten familiären Umfeld und der fehlenden väterlichen Anerkennung ist wiederum auf den beruflichen Ehrgeiz Francos geschlossen worden: Franco habe in der Ablehnung des Vaters und aus Liebe zu seiner Mutter den festen Entschluss gefasst, ein vorbildlicher Offizier zu werden, wozu es der Vater eben nicht gebracht habe. Dies sei auch noch viele Jahre später zu spüren gewesen, wie Paul Preston in suggestiver Weise herausstreicht:

> »Ein grollender selbstmitleidiger Tonfall spricht aus seinen Ansprachen als Caudillo, als fortwährendes Echo jenes Kindes, das durch die Notlagen gezeichnet war, die wiederum eine jener Antriebskräfte darstellten, die ihn zu Höherem trieben«.[20]

Solche psychologisierenden Deutungsansätze entbehren nicht einer gewissen Plausibilität, doch sind aus methodischen Gesichtspunkten im Zuge der Rekonstruktion bestimmter als kennzeichnend verstandener Aspekte des Persönlichkeitsbildes natürlich nicht unproblematisch.

Unabhängig hiervon kommen bilanzierend die meisten Biographen überein, Franco habe eine schwierige Kindheit gehabt, die ihn zu einem schüchternen, unsicheren, im Umgang schwierigen und zurückgezogenen Menschen gemacht habe. Diese Unsicherheit habe mit sich gebracht, dass er kaum Freundschaften schloss. Für besonders kritische Autoren war Francos Psyche letztlich durch die »Frustrationen seiner menschlichen Existenz« geformt worden.[21]

Allerdings lassen sich auch Gegenstimmen finden: So können wohlwollende Biographen wie etwa Hellmuth Günther Dahms keinen Makel in der Kindheit und im familiären Umfeld erkennen. Solche Familienverhältnisse seien im spanischen Mittelstand nicht unüblich gewesen, und man könne keinesfalls daraus schließen, dass es »zu dauernden Unstimmigkeiten zwischen den Eheleuten oder gar Entwicklungsstörungen bei den Kindern gekommen sei«.[22] Manche Autoren wie Ricardo de la Cierva stellen sogar unumwunden fest, dass die Kinder eine glückliche und behütete Jugend verbracht hätten.[23] Hierin zeigt sich freilich ein meist ideologisch bedingtes Bedürfnis, keinen Schatten auf das Leben und Lebenswerk Francos fallen zu lassen.

Viele Biographen Francos können sich darüber hinaus der Suggestivkraft von vermeintlich durch die Landschaft bedingten Prägungen und Charaktereigenschaften nicht entziehen. So wird Galiciern nachgesagt, nachdenkliche Naturen, zurückhaltend, vorsichtig, misstrauisch gegenüber fremden Menschen und neuen Ideen zu sein. Diese Wesensart entspräche in außerordentlicher Weise jener Francos. Diese Behauptung erweist sich auch dann als beständig wenn gleichzeitig festgestellt wird, dass das hermetische Milieu, in dem Franco aufwuchs, wohl nur wenig Kontakt mit der ortsansässigen Bevölkerung hatte.[24] Das Bild des »typischen langsamen, schlauen und undurchdringlichen Galiciers«,[25] der ein Talent für sphynxartige Zweideutigkeiten entwickelte, mit denen er die unterschiedlichsten Personen glauben machen konnte, er stehe auf ihrer Seite, prägte schon zu Lebzeiten die stereotype Vorstellung von Franco und ist außerordentlich gerne auf sein Agieren als Staatsmann übertragen worden.[26] Mit dieser Art Zuschreibungen setzt sich letztlich nahezu jede biographische Annäherung an Franco auseinander, sei es auch nur, um im Gegenteil festzustellen, dass er alles andere als die den Galiciern zugesprochenen Eigenschaften besessen habe und sein Verhalten lediglich halsstarrig gewesen sei.[27]

Schließlich wird im Zusammenhang mit dem familiären Umfeld gerne noch ein weiterer Aspekt aufgegriffen, nämlich die vermeintliche jüdische Abstammung Francos. Hierauf wird meistens mit Blick auf Francos Haltung gegenüber dem nationalsozialistischen Antisemitismus sowie die Behauptung Bezug genommen, Franco habe im Zweiten Weltkrieg zigtausende Juden vor dem Gang in die Vernichtungslager gerettet. So stellt José María Fontana, Mitbegründer der faschistischen Partei JONS, in seiner 1979 erschienenen Biographie unbekümmert fest:

> »Sein Äußeres war durchaus sephardisch. Seine Anatomie, der olivfarbene Teint, der leicht gelockte und fettige Haaransatz, seine lebhaften und melancholischen Augen, der nicht besonders ausgeprägte muskuläre Aufbau bildeten zusammengenommen eine Erscheinung, die in den Nazis heftigen Widerwillen hervorrief.«

Mit bemerkenswerter Sorglosigkeit übernimmt dieser Biograph völkerkundliche Kategorien der Vorkriegszeit, indem er bilanzierend feststellt:

> »Er war kein reiner Jude, sondern ein Mestize, allerdings mit recht ausgeprägten jüdischen Merkmalen. Seine physische Erscheinung hatte rein gar nichts von der eines Kelten oder Galliers.«[28]

In diesem Zusammenhang wird gerne darauf verwiesen, dass sowohl der väterliche Nachname Franco als auch der mütterliche Bahamonde jüdischen Ursprungs seien.[29] Bei aller genealogischen und namenskundlichen Spurensuche, zu der auch einschränkend gehört, dass eine Vielzahl spanischer Nachnamen auf jüdische Ursprünge zurückzuführen sind, sei sich aber Franco dieser Abkunft bewusst gewesen. Autoren wie der Rabbiner Chaim U. Lipschitz suggerieren sogar, Franco habe sich darüber hinaus diesem Erbe verpflichtet gefühlt. Hierdurch sei die Rettung sephardischer Juden überhaupt erst möglich gewesen.[30]

Die Behauptung, Franco sei Jude oder habe zumindest eine jüdische Abstammung, war im Spanien der Diktatur allgegenwärtig, wenngleich Franco zu keinem Zeitpunkt den Eindruck erweckt hat, dass er sich in irgendeiner Weise dem Judentum zugehörig fühlte. Er hat sich aber auch nicht von solchen Behauptungen distanziert. Vielmehr kamen sie ihm vor allem nach 1945 im Rahmen der Lobbyarbeit des Regimes in Washington zupass, da die US-Regierung als durch jüdische (und freimaurerische) Organisationen dominiert wahrgenommen wurde und nun die Rettungsmaßnahmen für Sepharden erfolgreich propagandistisch genutzt wurden.

Während bei Franco auch für die Jahre der »neuen europäischen Ordnung« nur wenige antisemitische Ausfälle festgestellt werden können, ist sein Hass auf die Freimaurerei zahlreich belegbar. Zur Erklärung werden vor allem persönliche Erfahrungen kolportiert: Franco habe sich Mitte der 1920er Jahre und Anfang der 1930er Jahre – anders als im Fall seiner Brüder – vergeblich darum bemüht, in eine der im spanischen Establishment stark präsenten Logen aufgenommen zu werden. Dabei sei der Widerstand bemerkenswerter Weise vor allem seitens jener Logenmitglieder erfolgt, die selber Offiziere waren.[31] Diese als erniedrigend empfundene Erfahrung bringt Francisco Umbral auf den Punkt, indem er Franco als »frustrierten Freimaurer« charakterisiert.[32] Auf diese Frustration sei wiederum die zeitlebens bestandene, tief empfundene Abscheu gegenüber der Geheimgesellschaft zurückzuführen.

Nachdem Franco die Erfüllung seines Traums einer Marineoffizierslaufbahn verwehrt blieb, bestand sein Wunsch fort,

Soldat zu werden. 1907 mit gerade einmal 14 Jahren trat er als einer der jüngsten Kadetten seines Jahrganges in die Akademie der Infanterie in Toledo ein. Diese war im Alcázar untergebracht, einer Befestigungsanlage aus der Zeit Kaiser Karls V., die die Stadtsilhouette dominierte. Damals bewarben sich noch zwei weitere Spielkameraden aus Ferrol um die Aufnahme in die Militärakademie. Der eine war sein Cousin[33] Francisco Franco Salgado-Araujo, der zunächst allerdings die Aufnahmeprüfung nicht bestand und erst im Jahr darauf den Lehrgang antreten konnte. Er würde später zeitlebens Adjutant Francos sein. Der andere war Camilo Alonso Vega, dessen militärische Laufbahn ebenfalls eng mit der Francos verbunden war und der an der Seite des Diktators zentrale Schaltstellen des politischen Systems übernehmen würde. Zu diesem Jahrgang gehörten auch die engen Weggefährten Emilio Esteban Infantes und Juan Yagüe.

Mit dem Eintritt in die Militärakademie begab sich Franco erstmals außerhalb seines familiären Umfeldes. Sein junges Alter, das im Vorfeld des Entschlusses offenbar auch im elterlichen Haus für Vorbehalte gesorgt hatte, gepaart mit seiner schmächtigen Konstitution, hat Franco in Toledo unterschiedlichen Überlieferungen zufolge zunächst zu schaffen gemacht. Als Internatszögling musste er auch die derben Späße und Streiche über sich ergehen lassen, die ältere Kadetten traditionell mit den neu hinzugekommenen anstellten. Was für manche als Initiationsritus innerhalb einer verschworenen Gemeinschaft im Nachhinein positiv besetzt sein mag, hat bei Franco vielmehr negative und besonders schmerzliche Erinnerungen hinterlassen. Noch im hohen Alter erinnerte sich Franco mit Bitterkeit daran zurück und sprach von einem »Leid geplagten Gang«, der den jungen Kadetten die Illusion eines brüderlichen Eintritts in die große Familie der Streitkräfte raubte.[34] Bezeichnender Weise untersagte Franco in späteren Jahren als Kommandeur der Militärakademie von Zaragoza diese Tradition.

Gleichzeitig wird in Biographien gerne darauf verwiesen, dass Francos Reaktionsweise auf solche Späße sein Ehrgefühl und seine Durchsetzungsfähigkeit offenbare. So wird etwa eine Begebenheit im Zuge der Waffenausgabe kolportiert, bei der Franco aufgrund seiner Statur mit einem Gewehr ausgestattet wurde, dessen Gewehrlauf gekürzt worden war. Wenngleich diese Anekdote in unterschiedlichen Varianten kursiert und es dazu auch heißt, dass die Ausgabe solcher kleineren Waffen im Fall der jüngeren Kadetten üblich gewesen sei, wird hierin gängigerweise eine erniedrigende Sonderbehandlung gesehen, die Franco entrüstet zurückgewiesen habe. In einer weiteren ebenfalls unterschiedlich überlieferten Anekdote heißt es, dass die Zimmergenossen Francos, diesem einen Streich spielten, indem sie eine Reihe seiner Bücher versteckten. In der Folge habe Franco aus Verärgerung einen Lampenleuchter gegen seine Kameraden geschleudert. Als die daraus resultierenden Rangeleien zwischen den Kadetten disziplinarische Folgen für Franco hatten, habe sich dieser nicht mit einer Schuldzuweisung gegenüber seinen Kameraden verteidigt. Das habe gro-

Franco als Kadett an der Militärakademie von Toledo (Aufnahme aus dem Erinnerungsband des Offiziersjahrganges von 1907)

ßen Eindruck auf die Beteiligten gemacht.[35] Ungeachtet der Plausibilität solcher Anekdoten liegt dahinter stets die Absicht der Biographen, herauszustreichen, dass in Toledo nicht nur Francos Entschlossenheit und Ehrgefühl zum Tragen gekommen seien, sondern er damals vor allem gelernt habe, sich jenen Respekt zu verschaffen, der ihm sein gesamtes Leben hindurch attestiert wurde.

Fern von der Heimat begann die Offiziersausbildung, in der Ehre, Gehorsam und Disziplin die zentralen Begriffe darstellten. Sie behielten für Franco nicht nur im Militärischen Gültigkeit, sondern wurden von ihm in späteren Jahren auch auf das politische Leben übertragen. Über allem stand der Kult des Nationalen, der nicht zuletzt in der Erinnerung an die imperiale Größe Spaniens gründete.

Die Ausbildung orientierte sich an den Maßstäben des ausgehenden 19. Jahrhunderts und nicht zuletzt an den Erfahrungen des Deutsch-Französischen Krieges von 1870/71, wobei der Infanterie und der Kavallerie die zentrale Rolle innerhalb der Streitkräfte beigemessen wurde. Militärische Innovationen und Rüstungsanstrengungen, wie sie von den großen europäischen Mächten zu der Zeit unternommen wurden, hatten indes keinen Einzug gehalten. Militärhistoriker streichen in diesem Zusammenhang heraus, dass die sehr begrenzten finanziellen Möglichkeiten Spaniens, kostspielige Investitionen in moderne Waffentechnik, insbesondere im Bereich der Artillerie, unmöglich machten und das Augenmerk letztlich konsequenter Weise auf den Korpsgeist und die Offensivkraft der Infanterie gelegt wurde.[36]

In der Erinnerung Francos stellte ganz in diesem Sinne die Anwesenheit hochdekorierter Veteranen als leuchtendes und heldenhaftes Vorbild das prägendste Erlebnis seiner Militärakademiezeit dar. Selbst in seinen knappen fragmentarisch überlieferten Erinnerungen beschreibt der über Achtzigjährige noch sichtlich beeindruckt das Auftreten eines Majors, der die *Laureada*, die höchste militärische Tapferkeitsauszeichnung erhalten hatte:

»Er hatte sich mit einer schieren Klinge bewaffnet dem Feind gestellt; sein Schädel war gezeichnet durch die ruhmreichen Narben der erlittenen Hiebe des gegnerischen Hackmessers. Das allein lehrte uns mehr als alle anderen Unterrichtsfächer«.[37]

Mit solchen Anekdoten wird Francos späteres Verhalten im Kolonialkrieg und vor allem im Bürgerkrieg allzu gerne plausibilisiert.

Gerade in einem innerhalb der Mauern der Militärakademie von Männlichkeitsritualen dominierten Milieu scheint Franco ein Außenseiter geblieben zu sein, der sich nicht nur den Respekt seiner Kameraden hatte erarbeiten müssen. Der Überlieferung zufolge zeigte er auch keine Neigung zu den in Offizierskreisen verbreiteten Alkoholexzessen und amourösen Eskapaden. Seine Beobachtungen scheinen ihn jedoch sichtlich beeindruckt zu haben, gehörte es doch zu einem seiner zentralen Anliegen in der Zeit als Chef der Militärakademie von Zaragoza, venerischen Krankheiten vorzubeugen, etwa durch die befohlene Nutzung von Präservativen. Zuweilen habe Franco außerhalb der Kaserne das vorgeschriebene Mitführen von Präservativen persönlich überprüft.

In die Zeit der Ausbildung in Toledo fiel auch der durch Berberstämme verübte Überfall im Hinterland der spanischen Küstenstadt Melilla im Juli 1909, der den Auftakt eines Kräfte zehrenden Krieges in Marokko bildete. Gerade für Offiziersanwärter stellte diese erste militärische Auseinandersetzung seit dem »Desaster von 1898« ein besonders aufwühlendes und intensiv verfolgtes Ereignis dar. In jenem Jahr erfuhr Franco auch von den blutigen Aufständen in Barcelona, die sich gegen die Einberufung von Reservisten für den Einsatz in Marokko wandten, und die als »tragische Woche« Einzug in die Geschichtsbücher fanden. Während es für die sich auflehnende Arbeiterschaft in diesem Krieg um die Wahrung der Interessen spanischer Bergbauunternehmer in Marokko ging und die betroffenen Familien aus dem Arbeitermilieu mit der Einberufung der Familienväter meist vor kaum lösbare Existenzprobleme gestellt wurden, stand für das Madrider Establishment und nicht zuletzt für das Offizierskorps die Verteidigung der nationalen Ehre und des Wohlergehens des Vaterlandes im Vordergrund. Die Proteste wurden als antipatriotisch und als Angriff auf die Pflichterfüllung der Streitkräfte empfunden. Die Kadetten erfuhren am Beispiel der blutgetränkten Unterdrückung der Aufstände in Barcelona aber auch, dass es zu den Pflichten der Streitkräfte gehörte, gegen innere Feinde des Vaterlandes vorzugehen. Hier zeigte sich ein durch die Gesellschaft verlaufender Graben, der sich in den folgenden Jahrzehnten weiter vertiefen würde. Der Aufschrei der ausländischen Presse, insbesondere Frankreichs, gegen die rücksichtslose Niederschlagung der Aufstände und die sich daran anschließende brutale Strafverfolgung schürten wiederum das Misstrauen gegen ausländische Mächte und vor allem den als Rivalen verstandenen Nachbarn nördlich der Pyrenäen.

Franco beendete seine Offiziersausbildung im Frühsommer 1910. Sein Leistungsergebnis lag weit unter dem Durchschnitt. Es sagte freilich nichts über seine weitere Laufbahn aus. Franco sollte der erste seines Jahrganges sein, der den Generalsrang erreichte. Wohlwollende Franco-Biographen, die das Leistungsergebnis gerne übergehen, streichen entsprechend vor allem die Entschlossenheit und den Mut des jungen Offiziers heraus, der unmittelbar mit dem Ende seiner Ausbildung den Antrag gestellt habe, nach Afrika abkommandiert zu werden.[38] Allem Anschein nach hatte jedoch die Gesamtheit der Absolventen einen entsprechenden Antrag gestellt, der im Falle Francos, sei es aufgrund des fehlenden Bedarfs an Offizieren, seines jungen Alters oder seines Abschlussergebnisses, abschlägig beschieden wurde.

Franco wurde zunächst einem regulären Regiment unweit seines Geburtsortes zugeteilt. Erst Anfang 1912 erhielt er zusammen mit seinen Weggefährten Camilo Alonso Vega und Francisco Franco Salgado-Araujo den Versetzungsbefehl zum Einsatz in Marokko, wo bereits manche seines Jahrganges aufgrund von Kriegsmeriten befördert, andere wiederum gefallen waren. Selbst in diesem Zusammenhang streichen Hagiographen den Wagemut Francos heraus: So habe er bei gefährlich stürmischem Wetter seine Weggefährten dazu gebracht, von Ferrol aus ein kleines Boot zur Fahrt in die Provinzhauptstadt zu besteigen, um möglichst frühzeitig nach Melilla zu gelangen.

Offizier im Kolonialkrieg

»Meine Jahre in Afrika leben mit einer unsagbaren Kraft in mir fort. Dort erwuchs die Möglichkeit der Errettung des großen spanischen Vaterlandes. Dort entstand die Begründung jenes Ideals, das uns nun erlöst. Ohne Afrika kann ich mich kaum selbst erklären und mich auch nicht meinen Waffenbrüdern gegenüber begreifbar machen«.[1]

Dieser Satz fiel Ende 1938 unter dem Eindruck des absehbaren Sieges im Bürgerkrieg. Er wird häufig zitiert, um die Mentalität des Diktators zu versinnbildlichen, und kann als programmatisch und grundlegend für das Selbstbild Francos verstanden werden. Daher widmet die Franco-Biographik dem marokkanischen Kolonialkrieg eine große Aufmerksamkeit. Hier habe Franco ganz im Sinne des Zitates Verhaltensweisen verinnerlicht, die auch für den weiteren Lebensweg prägend blieben. In diesem Sinne streicht auch die Forschung zum Spanischen Bürgerkrieg eine starke Parallelität in der Art der Kriegführung und des Verständnisses militärischen Handelns in Marokko und später im Mutterland heraus.[2]

Franco machte auf den Schlachtfeldern des Kolonialkrieges eine meteoritenhafte militärische Karriere, die im Jahr 1926 nach der Entscheidungsschlacht dieses Krieges in seiner Ernennung zum »jüngsten General Europas«[3], manche behaupten sogar seit Napoleon,[4] gipfelte. Er war damals gerade einmal 33 Jahre alt. Für das Denken und Wesen Francos im Sinne des Eingangszitates steht dabei vor allem, dass seine Offizierslaufbahn innerhalb der unter besonders harten Bedingungen kämpfenden, gleichzeitig jedoch größeren militärischen Ruhm versprechenden kolonialen Stoßtruppen sowie in der Fremdenlegion verlief. Als junger Leutnant beantragte er bereits kurze Zeit nach seiner Ankunft in Marokko seine Versetzung zu den noch im Aufbau befindlichen, nach dem Vorbild anderer Kolonialmächte aus einheimischen marokkanischen Söldnern zusammengesetzten und unter der Führung spanischer Offiziere stehenden *Regulares*. Manche Biographen unterstellen ihm dabei, er habe dies mit aus Gründen der nicht erwiderten Liebe zur Tochter eines Offiziers getan. Vielmehr mag aber hier die Überlegung Pate gestanden haben, dass in solchen an vorderster Front kämpfenden Einheiten eine bessere Aussicht auf militärische Lorbeeren bestand und Franco – psychologisch betrachtet – sich selbst zu bestätigen suchte.[5]

Franco während des Marokkokrieges im Rang eines Majors

Franco betonte später immer wieder, dass er in Marokko die in der Militärakademie von Toledo unterrichteten »archaischen Reglements«, die theoretische Ausbildung in Taktik und Strategie und die Erfahrungen des Garnisonsalltags allesamt über Bord werfen musste, da sie der Realität des Krieges und erst recht eines Kolonialkrieges in keiner Weise gerecht wurden.[6] Erst die Schule des Krieges habe schlagfertige Einheiten hervorgebracht. So ist überliefert, dass Franco unmittelbar nach seinem Eintreffen in Afrika von seinem Kommandeur den Befehl erhalten habe, den Schaft seines Offiziersdegens mit mattem Leder zu ummanteln, um Lichtreflexe zu vermeiden, die ein leichtes Ziel für maurische Heckenschützen abgaben. Vor allem aber gehörte das Wissen über Verhaltensweisen marokkanischer Krieger zum wichtigsten Erfahrungsschatz in diesem Konflikt, der keine reguläre Kriegführung kannte und eine entsprechende Militärkultur hervorbrachte.

Zu den Grundfesten im Denken Francos gehört eine eiserne Disziplin, die er als Maxime sowohl bei den *Regulares* als auch später in der Fremdenlegion einforderte. Im *Diario de una bandera* erwartet er von seinen Soldaten, auch dann nicht zu zucken, wenn bereits das Weiße in den hasserfüllten Augen mordslüsterner Feinde zu erkennen sei. Im Zusammenhang mit der eingeforderten bedingungslosen Ausführung von Befehlen wird gerne eine Anekdote aus dem Jahr 1922 kolportiert, die Franco, damals im Rang eines Majors, im Gespräch mit einem Journalisten zum Besten gab. Es ging es um den schwierigen Abzug von einer Stellung, die durch den Gegner unter Feuer genommen worden war:

> »Der Rückzug musste nach einem intensiven Schusswechsel möglichst schnell durchgeführt werden, um zu verhindern, dass der Feind etwas davon mitbekam. Auf ein Zeichen hin begann der Trupp mit dem Abrücken, doch kurz vor der nächsten Deckung fiel ein Verwundeter zu Boden. Also musste die Einheit wieder hinauf, um den Verletzten zu bergen. Daraufhin erfolgte ein neuerlicher Rückzug, bei dem jedoch ein Toter zu beklagen war. Damit musste der Trupp noch einmal hinauf, um den Leichnam zu bergen. Als es der Einheit schließlich schon gelungen

war, dem Kugelhagel zu entkommen, sah Franco, dass ein paar Munitionskisten liegen geblieben waren. Der Rückzug wurde daraufhin noch einmal unterbrochen und es erfolgte der Befehl, die Kisten zu holen. Als dann festgestellt wurde, dass die Kisten leer waren, rief Franco: ›Das macht nichts. Heute ist ein Tag, an dem man nicht einmal leere Kisten zurücklässt‹.«[7]

Diese Art Berichterstattung bot natürlich die Hintergrundfolie für nationale Heldengeschichten. Solche Befehle mögen zudem als zweckdienlich zur Erhaltung der Disziplin erschienen haben. Die Forschung sieht aber hierin vor allem einen unerbittlichen Offizier, der die unumschränkte Macht über seine Untergebenen genoss. Außerdem sei er aus persönlicher Ruhmsucht mit rücksichtsloser Härte gegenüber seinen Soldaten vorgegangen.[8] Behauptungen, Franco habe sich durch die Schonung der ihm anvertrauten Männer hervorgetan, erscheinen in diesem Licht als fragwürdig.

Um die geforderte Disziplin zu erwirken, wurden mitunter auch drakonische Strafen verhängt, wie etwa die standrechtliche Erschießung von Deserteuren. In den Tagebuchaufzeichnungen von Francos Cousin wird hierzu jene gern zitierte Begebenheit beschrieben, wonach sich ein Legionär über das schlechte Essen beschwert und seinen Teller aus Protest gegen einen Offizier geschleudert haben soll. Er sei auf Befehl Francos unverzüglich erschossen worden. Anschließend habe Franco seine Abteilung an dem Leichnam vorbeimarschieren lassen. Während es für manche Autoren wie dem Militärhistoriker Blanco Escolá Franco bei solchen Befehlen in erster Linie darum gegangen sei, »der Grausamkeit, die er in sich trug, freien Lauf zu lassen«,[9] war diese Härte sicherlich kennzeichnend für Kolonialoffiziere. So ist als Parallele herausgestrichen worden, dass in den Anfangstagen des Bürgerkrieges wankelmütige Offiziere, sogar im Generalsrang, von den Aufständischen kurzerhand erschossen wurden.

Brutalität und Grausamkeit in der Kriegführung waren im Marokkokrieg programmatisch angelegt. So schrieb Franco in einem Beitrag für die Zeitschrift der Kolonialarmee:

»Alles, was im Krieg zur Verringerung unserer Verluste und zur Erhöhung der Verluste des Gegners beiträgt und damit unsere Überlegenheit und Prestige zu mehren hilft, sollte uneingeschränkt unterstützt werden. Andernfalls wäre es eine schwerwiegende sündhafte Nachlässigkeit auf den geheiligten Pfaden des Vaterlandes«.[10]

Hierzu gehörte nicht zuletzt der massive Einsatz von Giftgas.[11]

Franco ließ seinen Soldaten freie Hand zur »Bestrafung« des Gegners, wie es immer wieder euphemistisch im *Diario* heißt, wenn es um Massaker an Gefangenen, Verstümmelung von Gegnern, Plünderungen, Brandschatzung, Frauenraub und Vergewaltigungen geht. Solche Verbrechen galten als angemessen und gerechtfertigt. So hat eine Vielzahl grauslicher Berichte Einzug in Kriegserinnerungen gefunden. Zudem sind Fotos überliefert, in denen Legionäre und *Regulares* die Köpfe von Berbern auf Bajonetten als Trophäen exhibieren. Franco beschrieb im *Diario* auch derartige Szenen, wie jene eines bübisch aussehenden Legionärs, der einen um sein Leben flehenden Mauren meuchelt und ihm dann die Ohren als Trophäen abschneidet. Die deutsche Franco-Biographik der 1930er Jahre, die diese Beschreibungen aufgriff, sah solche Kriegsgräuel ganz im Sinne der damaligen Völkerkunde weniger als Folge der Verrohung der Sitten im Krieg, sondern führte sie auf den im Zuge der Jahrhunderte maurischer Herrschaft auf der Iberischen Halbinsel herausgebildeten afrikanischen Charakter der Spanier zurück.[12]

Während die nach dem Zweiten Weltkrieg entstandene wohlwollende Biographik solche »Begleitumstände« des Kolonialkrieges gerne ausblendet und verharmlosend von Francos »strenger Gesinnungsart«[13] schreibt, hat die jüngere Forschung herausgestrichen, dass dieser in Marokko völlig entmenschlichte, indem er den Kolonialkrieg kennzeichnende Verhaltensweisen verinnerlichte.

Franco habe als Kolonialoffizier kein persönliches Risiko gescheut. Er sei wagemutig, kaltblütig, unerschrocken, verwegen gewesen. So schrieben Weggefährten wie der Begründer der spanischen Fremdenlegion, José Millán Astray, voller Bewunderung, wie Franco dem Gegner aufrechten Ganges gegenübertrat; andere wie Emilio Esteban Infantes rühmten die kühle Gelassenheit, mit der Franco in der Hitze des Gefechtes agierte und dabei stets die Kontrolle über die Lage behielt. Der Verfasser der ersten »offiziellen« Biographie, Joaquín Arrarás, bemerkte dazu, dass »den Feind nichts so nervös macht wie die eiserne Ruhe seines Gegners. Der Mann, der seine Nerven behält, hat immer die Oberhand«.[14] Dieser Autor gibt in diesem Zusammenhang eine gern nacherzählte Anekdote wieder: So sei Franco einmal der Korken seiner Trinkflasche aus der Hand geschossen worden. Seelenruhig habe er daraufhin die Tasse zunächst einmal ausgetrunken, sich dann der Richtung zugewandt, aus der die Kugel gekommen war, und hinübergerufen: »Ob ihr das nächste Mal wohl besser zielt?«[15] In der zeitgenössischen Presse wurde wiederum General José Sanjurjo zitiert, der sich am Rande der Kämpfe einmal an Franco mit folgenden Worten gewandt haben soll:

> »Sie werden nicht aufgrund der Kugel eines Mauren in der Krankenstation landen, sondern von einem Steinwurf, der von mir stammt, sollte ich Sie noch einmal mitten im Gefecht zu Pferd sehen.«[16]

Aus solchen Geschichten entwickelten sich rasch Legenden und Mythen. So soll Franco in seiner Zeit bei den *Regulares* von den maurischen Kämpfern nicht nur aufgrund seines Mutes bewundert, sondern auch verehrungsvoll für einen Krieger gehalten worden sein, der göttlichen Schutz genoss, da er auch bei den waghalsigsten Aktionen von keiner Kugel getroffen wurde. In diesem Sinne wird Franco mit den Worten zitiert: »Ich sah den Tod oftmals an mir vorübergehen, doch glücklicherweise hat er mich nie erkannt.«[17] So fand das Bild der Vorsehung Einzug in die apologetische Biographik:

> »Das Schicksal hatte ihn, so möchte man meinen, für eine höhere Berufung aufgespart und ihn in den vierzehn Jahren einer harten Vorbereitungszeit zu dem Mann gemacht, der diese Berufung auch zu erfüllen fähig wurde«.[18]

Francos Wagemut und militärischen Leistungen werden aber auch anhand seiner Laufbahn belegt: Die Beförderung zum Leutnant im Jahr 1912 blieb die einzige, die er aufgrund seines Dienstalters erreichte. Alle weiteren erfolgten aufgrund von Kriegsverdiensten.

Selbst Franco gegenüber kritische Stimmen wie jene von Luis Ramírez kommen nicht umhin, seinem militärischen Mut und seiner Todesverachtung Respekt zu zollen. So habe Franco allen nur das abgefordert, was für ihn selbst gegolten habe, und bei aller Grausamkeit sei er nicht von Hass und Rachegefühlen getrieben worden. Er sei auch kein Sadist gewesen, der die Verfolgung und Vernichtung des Gegners aus vollen Zügen genossen habe, und habe im Augenblick der Revanche kein Glück empfunden[19] – was psychologischen Deutungen zufolge allerdings auf eine völlig fehlende Fähigkeit zur Leidenschaft zurückzuführen ist.[20] Wenn schon Kritiker Francos eine gewisse Bewunderung nicht verbergen können, fällt die Bilanz bei Hagiographen erwartungsgemäß apotheotisch aus:

> »Mit der reichhaltigen Überlieferung wird auch das Format des Taktikers deutlich sichtbar – eine Gerissenheit, die ihn noch als Politiker und Staatsmann auszeichnete, und sein starkes Selbstvertrauen. Franco übte oft Geduld wie ein Jäger auf dem Anstand. Er war skeptisch, gelassen und vorsichtig, kühl und berechnend. Doch wer da wähnen mochte, einen Zauderer zu sehen, konnte [...] erleben, wie dieser Meister des Gefechtsfeldes blitzschnelle Entschlüsse fasste und Befehle von hinreißender Verve gab.«[21]

Über die hinter der Verwegenheit und Kaltblütigkeit liegenden Antriebskräfte schreibt wiederum der Psychologe González Duro:

> »Die Angst vor der Angst, die Angst, von den Vorgesetzten und Untergebenen als feige wahrgenommen zu werden und vor allem – gemäß dem Leitspruch, eher zu sterben, als die Ehre zu verlieren – die Angst, in der Erfüllung einer Aufgabe zu scheitern, trieben ihn häufig dazu, jenseits der Pflichterfüllung mutig zu handeln, und verhalfen ihm auf diese Weise das eigene Selbstwertgefühl zu steigern und allseitig Bewunderung zu ernten«.[22]

Allerdings haben wohl auch seine organisatorischen Fähigkeiten und Akribie in der Planungsarbeit dazu geführt, dass alsbald höhere Kommandoebenen auf ihn aufmerksam wurden.

Dennoch: Die Forschung sieht in Franco zwar durchaus einen tapferen und akribischen Offizier, nicht aber einen großen Strategen. So führt der um Unparteilichkeit bemühte Biograph Juan Pablo Fusi aus:

> »In Afrika war Franco zwar ein hervorragender Befehlshaber, nicht aber ein Stratege. Er führte bestimmte taktische Neuerungen ein, beherrschte jedoch nicht die moderne Kriegführung«.[23]

Franco habe sich stets in der Gedankenwelt eines Kolonialoffiziers der Infanterie bewegt. So sei sein taktisches Vorgehen der schrittweisen Einnahme und Sicherung von gewonnenem Gelände zur Vermeidung von Hinterhalten sowie einer zwanghaft anmutenden, um jeden Preis zu erfolgenden Rückgewinnung von verlorenem Terrain charakteristisch gewesen. In diesem Sinne wird Franco zwar im Vorfeld eines Angriffs ein höchstes Maß an Gewissenhaftigkeit in der Analyse des Geländes, des Nachschubs und des Gegners attestiert,[24] doch bringen auch seine eigenen Schriften eine ausgeprägte Zurückhaltung gegenüber modernen Waffensystemen wie Kampfflugzeugen und Panzerwagen zum Ausdruck, die er auch später im Bürgerkrieg beibehielt. Für Franco waren solche neuartigen Waffen genauso wie die Artillerie stets nur Mittel zur Unterstützung der Infanterie.[25]

Inzwischen wird selbst der Franco attestierte herausragende Wagemut relativiert. Seine militärischen Leistungen werden vielmehr in die übliche Praxis eines irregulär geführten Kolonialkrieges einordnet. Die Glorifizierungen hätten demnach zu großen Teilen dem Ziel der Erlangung von Beförderungen oder Auszeichnungen im Verlauf des Kolonialkrieges und vor allem der apologetischen Konstruktion im Zuge der Erhebung Francos zum mythischen Führer nach 1936 gedient. So habe Franco zwar eine glänzende Militärkarriere gemacht, doch seien auch andere Offiziere wie

Manuel Goded ähnlich ehrgeizig und ruhmsüchtig gewesen sowie vergleichbar rasch befördert worden. Zudem habe Franco die höchste Tapferkeitsauszeichnung, die *Laureada*, nicht erhalten. Militärhistoriker wie Blanco Escolá sind der Überzeugung, dass selbst Francos Beförderungen weniger auf das Außerordentliche seiner Kriegsleistungen zurückzuführen sind, als vielmehr auf eine geschickte Ausnutzung des bestehenden Reglements und die Kumpanei innerhalb des Afrikaheeres.[26] Der Marokkokrieg wird demnach als Jahrmarkt zur Befriedigung der Sucht nach Ruhm samt einer dazu gehörigen Korruption verstanden, was wiederum innerhalb des Offizierskorps auf der Iberischen Halbinsel zu wachsendem Unmut führen würde. Trotz allem bestimmt das Bild des Ausnahmeoffiziers bis heute die Lebensbeschreibungen Francos in Marokko.

Ende Juni 1916 erlitt Franco schließlich doch noch einen Schuss in den Unterleib, der zwar die einzige ernsthafte Kriegsverletzung blieb, jedoch beinahe seinen Tod bedeutet hätte. Die Verletzung gab in späteren Jahren vor allem Anlass zu hartnäckigen Gerüchten. So ist immer wieder behauptet worden, dass sie zur Zeugungsunfähigkeit Francos geführt hat.[27] Entsprechend handle es sich bei der 1926 geborenen Tochter Francos nicht um sein leibliches Kind, sondern vielmehr um eine Tochter des Bruders Ramón, die durch das Ehepaar Franco angenommen worden sei.[28] Hierzu werden unterschiedliche Indizien angeführt. Dazu gehören im Tag, Monat und sogar Jahr divergierende Angaben von Verwandten und Personen aus dem Umfeld Francos über den Zeitpunkt der Geburt.[29] Zudem wird darauf hingewiesen, dass keine fotografischen Aufnahmen der Tochter aus den ersten zehn Lebensjahren bekannt seien. Schließlich wird gerne auf ein Interview der Eheleute Franco aus dem Jahr 1928 verwiesen, in dem Francos Ehefrau, gefragt nach den glücklichsten gemeinsamen Tagen, zwar die Hochzeit, nicht aber die Geburt der Tochter erwähnt.[30]

Jenseits dieses eher anekdotischen Aspekts ist die Frage nach Francos Verwundung und Zeugungsfähigkeit insoweit von Interesse, weil sie auch zur psychologischen Deutung der Person beigetragen hat. Franco entspricht in keiner Weise dem üblichen, Offizieren zugeschriebenen promiskuitiven Sozialverhalten. Auch als Diktator stand Franco diesbezüglich im eklatanten Widerspruch zu General Primo de Rivera oder auch Alfons XIII. Von ihm sind keinerlei außerehelichen Affären überliefert. Manche Biographen führen in diesem Zusammenhang die Abscheu Francos gegenüber dem eigenen Vater als ausreichendes Argument an, zumal auch für die Zeit vor seiner Verletzung keine besonderen amourösen Abenteuer bekannt sind. Psychologische Analysen verweisen jedoch auf die Korrelation zwischen dem Willen nach unbedingter Machtausübung und sexueller Impotenz.[31] Der in diesem Zusammenhang beschriebene Kastrationskomplex, könne aber auch auf die geringe Körpergröße und die Falsettstimme zurückgeführt werden. Daraus ließe sich nicht nur die Unsicherheit Francos, sondern als Kompensationshandlung auch eine übersteigerte Erbarmungslosigkeit ableiten.[32]

Über den stets undurchdringlichen und distanziert wirkenden Franco wird schließlich angesichts eines grundlegend veränderten Verhaltens in späteren Jahren gerne hervorgehoben, dass er in seiner Zeit in Marokko keinerlei religiöses Bedürfnis gezeigt habe. Dabei ist durchaus bezeichnend, dass in dem an eine katholisch geprägte Leserschaft gerichteten *Diario religiöse* Handlungen wie Feldgottesdienste nur sehr vereinzelt und völlig beiläufig erwähnt werden. So wird Franco pointiert als Mann bezeichnet, der in Afrika weder Furcht, noch Frauen, noch Messen gekannt habe.

In der Folge des Einsatzes, der zu der Unterleibsverletzung geführt hatte, wurde Franco im Alter von nur 23 Jahren zum Major befördert, allerdings erst nach einem persönlich an den König gerichteten Einspruch, war doch ein entsprechender Vorschlag unter Hinweis auf das junge Alter zunächst einmal abgelehnt worden. Auch aus dieser Episode wird herausgelesen, dass Franco nicht nur über ein beträchtliches Selbstbewusstsein verfügte, sondern wieder einmal jene Anerkennung eingefordert habe, die er von seinem Vater nie erhalten habe.³³ Damit war er zwar der jüngste spanische Offizier im Majorsrang, was ihm als Verkleinerungsform den Beinamen *comandantín* einbrachte, dem weiteren Vorschlag, ihm zudem die *Laureada* als höchste militärische Auszeichnung zuzuerkennen, wurde aufgrund von Zweifeln am zur Begründung vorgebrachten Hergang nicht stattgegeben. Die Tatsache, dass Franco die *Laureada* im Marokkokrieg letztlich gänzlich verwehrt blieb, hat ihn zweifelsohne stark verdrossen. So betont Arrarás, der die »offizielle« Biographie nicht zuletzt auf der Grundlage von Gesprächen mit Franco verfasste, dass ihm diese Auszeichnung, den im Reglement enthaltenen Anforderungen gemäß, gleich mehrfach hätte verliehen werden müssen. Der Verdruss zeigt sich aber auch daran, dass sich Franco die *Laureada* als Generalissimus und Staatschef am Ende des Bürgerkrieges schließlich selbst verlieh.

Mit der Beförderung zum Major wurde er erst einmal aufs spanische Festland zu einer Garnison im asturischen Oviedo versetzt. Dort führte ihn der Lebensweg nicht nur wieder mit Camilo Alonso Vega und seinem Cousin Franco Salgado-Araujo zusammen. Im bürgerlichen Milieu der Provinzstadt lernte er aber vor allem – nachdem zunächst eine Verbindung mit der Tochter aus einer tonangebenden Familie der Stadt an deren väterlichem Widerstand gescheitert war – seine spätere Ehefrau Carmen Polo kennen. Sie gehörte ebenfalls der vermögenden städtischen Oberschicht an, und auch ihr Vater hielt eine Verbindung mit dem schneidigen Offizier zunächst für nicht angemessen. Das hartnäckige Werben um sie, die damals noch Zögling einer Klosterschule war, hat Franco offenbar sogar dazu getrieben, nahezu täglich in der Frühmesse zu erscheinen, um auf diese Weise hinter einem trennenden Gitter einen Blick auf die Ersehnte zu erhaschen.³⁴

In Asturien, einer Gegend, die aufgrund des Bergbaus und der florierenden Schwerindustrie einen höheren Industrialisierungsgrad als andere Regionen Spaniens aufwies, wurden gleichzeitig aber auch die Schattenseiten des Modernisierungsprozesses mit ihren sozialen Verwerfungen sichtbar. Die daraus resultierenden Konflikte brachen im Zuge der Weltkriegskonjunktur, die den Unternehmern zwar ungeahnte Gewinne einbrachte, die wirtschaftliche Lage der Arbeiterschaft aufgrund eines verknappten inländischen Angebots und steigender Preise jedoch dramatisch verschlechterte, mit besonderer Heftigkeit aus. Hier erlebte Franco den revolutionären Generalstreik des Sommers 1917, der nicht zuletzt unter dem Eindruck der revolutionären Vorgänge in Russland durch Sozialisten und Anarchisten ausgerufen worden war und im asturischen Bergbaugebiet besonders stark befolgt wurde. Die Aufstände konnten erst nach drei Wochen und durch den Einsatz der Streitkräfte niedergeschlagen werden. Dabei ging es darum, wie selbst Franco rückblickend eingestand, »die Arbeiter wie Raubtiere zu bekämpfen«.³⁵ Im Rahmen der »Wiederherstellung der Ordnung«, zu der auch Major Franco in Marsch gesetzt wurde, fielen in Asturien Dutzende der tödlichen Gewalt zum Opfer; hinzu kamen zahllose Verhaftungen und Misshandlungen. Betroffene Zeitzeugen sprachen vom »afrikanischen Hass«, der eine regelrechte Orgie der Gewalt entfacht habe. Am Grundproblem und an der Lage der Arbeiterschaft änderte sich indes nichts.

Diese Krise fiel zusammen mit dem Aufbegehren des selbstbewussten katalanischen Bürgertums. Der Großraum Barcelona nahm in dieser Zeit eine industrielle, aber auch kulturelle Vorreiterstellung ein. Aus dem dynamisch sich entwickelnden Katalonien erklang aber vor allem die Forderung nach einer grundlegenden Reform des politischen Systems, da sich dieses als unfähig erwiesen habe, die in der Folge des »Desasters von 1898« vielfach beschworene Erneuerung Spaniens tatkräftig in die Wege zu leiten. Die angestrebte Föderalisierung des Landes im Rahmen einer Verfassungsreform stellte für das Madrider Establishment allerdings einen nicht hinnehmbaren Affront dar. Da die revolutionären Unruhen das katalanische Bürgertum jedoch in der eigenen materiellen Grundlage bedrohten, wurde das Kräftemessen schließlich beendet. Dessen ungeachtet, blieb das Spannungsverhältnis zwischen der Zentralregierung und einem weiter an Schwung gewinnenden katalanischen Nationalismus bestehen, zu dem alsbald auch noch ein baskischer hinzutreten würde.

Wenngleich auch in den Streitkräften die Unruhen in Asturien und anderswo, sowie das Aufbegehren in Katalonien sorgenvoll als subversive sozialistische und separatistische Agitation verstanden wurden, konzentrierte sich die Aufmerksamkeit auf einen innerhalb der Armee seit längerem schwelenden Konflikt, der ebenfalls im Jahr 1917 einen Höhepunkt erreichte. Die Missstimmung in den Streitkräften war nicht zuletzt durch die an Kriegsverdiensten in Marokko orientierte Beförderungspraxis bedingt. Hiervon fühlten sich die auf dem spanischen Festland stationierten Offiziere benachteiligt. Zudem sahen sich Artilleristen und Ingenieure im Nachteil, die naturgemäß nicht an vorderster Front standen, entsprechend wenig Gelegenheit hatten, sich persönlich hervorzutun, und somit bei Beförderungen nachrangig berücksichtigt wurden. Schließlich wirkten sich die Preissteigerungen und die Versorgungslage auch auf den Lebensstandard der Offiziere aus. Der Unmut des Offizierskorps richtete sich aber ebenfalls gegen das für die bestehende Situation verantwortlich gemachte politische System, das als korrupt und klientelistisch wahrgenommen wurde. In der Folge entstanden Militärjuntas als Interessensvertretungen gegenüber der politischen Führung.

Aber auch das Militär in Marokko zeigte sich ernüchtert und fühlte sich im Kolonialkrieg von der Regierung, die auf politische Befindlichkeiten Rücksicht nahm, unzureichend unterstützt. So befand sich bei weitem noch nicht das gesamte Gebiet des spanischen Protektorats unter Kontrolle, sondern lediglich das Hinterland der Festungen an der Küste. Das östliche Gebiet um die Stadt Melilla und das westliche um Ceuta waren lediglich auf dem Seeweg miteinander verbunden.

Die antiquierte, für einen Kolonialkrieg zudem völlig unzureichende Ausbildung sowie der Mangel an kostspieligen modernen Waffensystemen werden als Hauptursachen dafür ausgemacht, dass Spanien die Situation nicht in den Griff bekam. Hinzu kam, dass die Truppe demotiviert war, zumal der Gegner aufgrund seiner brutalen und grausamen Kriegführung Angst und Schrecken verbreitete und darüber hinaus überlegene Ortskenntnisse hatte. Außerdem konnten sich die aufständischen Kabylenstämme die spanisch-französische Rivalität in der Region zunutze machen, indem aus dem französischen Teil Marokkos die Versorgungswege offen standen.

Die ausbleibenden nachhaltigen Erfolge und der hohe Blutzoll mit Tausenden von Toten verstärkten die ablehnende Haltung gegenüber dem Kolonialkrieg, der den Staatshaushalt gewaltig belastete. Die Exekutive bemühte sich angesichts der Unpopularität des Krieges, Kosten und Verluste durch eine defensive Militärstrategie zu minimieren. Die unaufhörlichen Guerilla-Angriffe aus dem Hinterland bedingten jedoch einen fortwährenden Kräfteverschleiß, der endlos zu werden drohte. Die Politik, die mit schweren innenpolitischen und wirtschaftlichen Problemen zu kämpfen hatte, geriet bei diesem unpopulären Thema immer weiter in die Defensive. Entsprechend wurde Marokko anders als die Kolonialunternehmungen anderer Mächte, deren Interessen durch einflussreiche Kolonialverbände vertreten wurden, vor allem zu einem militärischen Prestigeprojekt. Afrika wurde zum Sinnbild für militärische Träume und Alpträume.

Der Regierung wurden von den Streitkräften in Marokko ein fehlender notwendiger Wille und eine mangelnde Tatkraft angekreidet. Der Parlamentarismus schien demnach in schweren Stunden unfähig, zum Wohle und im Sinne der Ehre der Nation zu handeln. Dem entgegen wurden Forderungen nach Bereitstellung ausreichender Ressourcen sowie Gewährung von Handlungsfreiheit laut, um nach rein militärischen Kriterien den Krieg effizient führen und damit schließlich gewinnen zu können. Anders sei keine »Befriedung« des Protektorats möglich. Ganz in diesem Sinne machte auch Franco im *Diario* seinem Ärger Luft:

»In Chaouen erreicht uns das Echo aus Spanien. Das Land lebt weit weg von dem Geschehen im Protektorat und betrachtet mit Indifferenz die Taten und das Opfer der Streitkräfte sowie dieses selbstlosen Offizierskorps, das Tag für Tag auf diesen brennendheißen Felsen einen Blutzoll zahlt. Welch eine Gefühllosigkeit! Damit schwindet auch die innere Zufriedenheit eines Offizierskorps, das noch vor nicht allzu langer Zeit darum wetteiferte, an vorderster Front zu stehen.«[36]

Das wachsende Ressentiment wurde zudem dadurch genährt, dass sich die in Afrika kämpfenden Offiziere als Rückgrat der Armee empfanden. Ganz in diesem Sinne stellte Franco fest:

»Die Afrika-Feldzüge sind die beste und gleichzeitig einzige Schule unserer Streitkräfte. Hier werden Werte und Verdienste sichtbar, und das Offizierskorps, das in Afrika mit Einsatzfreude kämpft, wird eines Tages den Nerv und die Seele der Streitkräfte auf dem Festland bilden«.[37]

Ende 1919 machte Franco Bekanntschaft mit dem bereits im Einsatz gegen Aufständische auf den Philippinen hoch dekorierten Offizier José Millán Astray, der das Projekt betrieb, nach Vorbild der französischen Fremdenlegion eine Freiwilligeneinheit für den Krieg in Marokko aufzustellen und den erfahrenen Afrikakämpfer Franco dafür zu gewinnen versuchte. Dieser sagte nach offenbar anfänglichem Zögern und trotz seiner sich festigenden Beziehung zu Carmen Polo zu – sei es aufgrund des »afrikanischen Fiebers«, wie Arrarás attestierte,[38] oder vom Ehrgeiz getrieben,[39] denn eine reglementäre Beförderung hätte in Oviedo noch lange auf sich warten lassen. Mitte Oktober 1920 setzte Franco mit der ersten Gruppe Freiwilligen, die ihr bisheriges Leben hinter sich ließen, nach Ceuta über und übernahm das Kommando über eines der aufzustellenden Bataillone. Camilo Alonso Vega und Francos Cousin stießen ebenfalls dazu.

In der Fremdenlegion herrschte ein durch Millán Astray und Franco befeuerter Kult des Todes. Der Tod und nicht das Gewehr stellte hier die Braut der Legionäre dar. Den Torbogen der Kaserne zierte der (auch heute noch gebräuchliche) Leitspruch: »Legionäre in den Kampf. Legionäre in den Tod«. Opferbereitschaft, Gehorsam, Disziplin, Brutalität, Gewalt und Tod bestimmten das Denken und Handeln dieser Stoßtruppe und verliehen ihr einen Furcht einflößenden Ruf. Bei Franco schwingt der Stolz über diese unerschrockene und entgrenzte Truppe mit, als er im *Diario* eines der Lieder der Fremdenlegion pries, dessen zweite Strophe lautet:

> »Wenn sie kampfesdurstig vorangehen,
> diese Besessenen, diese Ausgeburten der Hölle,
> dann hält keine Macht sie mehr auf.
> Sie verwüsten, brandschatzen und töten.
> Die Sensen des Lebens werden sie genannt.
> Ein jeder gleicht einem Titan.
> Genüsslich ergreifen sie das Messer,
> den spitzen, stählernen Dolch.«[40]

Hinter der Doktrin der Fremdenlegion standen Militärhistorikern zufolge auch die Erfahrungen des Russisch-Japanischen Krieges von 1904/05, bei dem die offensiven japanischen Einheiten trotz materieller Unterlegenheit obsiegt hatten.[41] Millán Astray hatte schon als Ausbilder in der Infanterieakademie von Toledo Bushido bei der Vermittlung von Kampfmoral in den Lehrplan eingeführt und prägte nun die Fremdenlegion in diesem Geist.

Die Fremdenlegion sollte als Stoßtrupp überall dort eingesetzt werden, wo die Moral der regulären Einheiten für die Durchführung von Operationen nicht als ausreichend erachtet wurde. Entsprechend machte die Legion häufig von sich reden. Zu dieser Zeit hatte sich die politische Führung zudem zu einem Strategiewechsel durchgerungen, indem das Vorhaben angegangen wurde, das Protektoratsgebiet sukzessive militärisch unter Kontrolle zu bekommen. Die Einnahme von Chaouen im Oktober 1920 setzte dabei ein eindrucksvolles Zeichen. Nach anfänglichen Erfolgen, auch im Gebiet um Melilla, führte im Juli des darauf folgenden Jahres der im Ergebnis allzu gewagte Angriff in die als Kerngebiet der Aufständischen verstandene Gegend hinter Annual zu einer vernichtenden Niederlage des Expeditionsheeres mit Tausenden von Toten. Mit den in der Folge in der gesamten Gegend aufflammenden Kämpfen verloren die Spanier im östlichen Teil des Protektorates völlig die Kontrolle und wurden auf die Stadt Melilla zurückgeworfen.

Angesichts des nun unmittelbar bedrohten Melilla wurden vom westlichen Marokko aus eiligst Truppen dorthin beordert. Dazu gehörte auch die Einheit unter dem Kommando Francos. Wenngleich diese nur einen Teil der eintreffenden Soldaten darstellte, steht für die Rettung von Melilla vor allem Francos Name. Hierzu haben sicherlich das 1922 erschienene *Diario de una bandera*, vor allem aber Hagiographien und historische Propaganda während der Diktatur beigetragen, die den Eindruck erweckten, das Bataillon Francos sei im Grunde das einzige gewesen, das in allerhöchster Not am Hafen von Melilla von Bord ging. In dieser Stadt befindet sich auch noch das letzte Standbild Francos im öffentlichen Raum, und bezeichnenderweise rechtfertigt sich die Stadtverwaltung gerade mit dem Argument, das Denkmal sei dem Andenken Major Francos als Retter Melillas gewidmet und nicht dem Diktator.

Mit der Publikation des *Diario* sowie mit der Übernahme leitender redaktioneller Aufgaben in der *Revista de Tropas Coloniales*, einem Presseorgan zur Vertretung der Interessen der Afrikaarmee, zeigte Franco wiederum, dass er jenseits seines rein militärischen Ehrgeizes auch sein öffentliches Bild zu pflegen begann, auf die Öffentlichkeit einwirken wollte und sich damit letztlich auch für höhere Aufgaben empfahl. In diesem Zusammenhang kontrastiert das Bild des verwegenen Kolonialoffiziers in frappierender Weise mit der durch Franco gepflegten Erscheinung eines bescheidenen Soldaten, für den die Pflichterfüllung an erster Stelle rangiert und der die Leistungen seiner Einheit in den Vordergrund stellt. So konnte ein Journalist, der Franco im Februar 1922 in Madrid interviewte und seinen Beitrag dem *Ass der Fremdenlegion* widmete, nach der bunten Beschreibung der Husarenstücke Francos nicht umhin, mit Bewunderung anzumerken:

> »All das riefen wir in unser Gedächtnis zurück, während wir mit Franco durch Madrid spazierten, der darüber verschämt war,

dass er, als ihn die Leute erkannten, die Aufmerksamkeit auf sich lenkte. Franco ist weit und breit der bescheidenste Mann, den wir kennen, doch dies nicht aus Gründen der Erziehung oder der Selbstdarstellung. Er gibt seiner Person tatsächlich keine Bedeutung; so hoch rangiert bei ihm die Pflichterfüllung«.[42]

Dieser Bescheidenheitsgestus begleitete in diesen Jahren alle seine öffentlichen Auftritte, so vor allem im Rahmen von ihm in Ferrol und Oviedo entgegengebrachten Ehrungen. Selbst der damalige Kriegsminister und spätere republikanische Staatspräsident Niceto Alcalá Zamora zeigte sich angesichts anderer junger, ehrgeiziger und miteinander rivalisierenden Offiziere angetan von dem bescheidenen Auftreten Francos.[43]

Anfang 1923 verließ Franco die Fremdenlegion, nachdem Millán Astray aufgrund missliebiger öffentlicher Äußerungen das Kommando entzogen worden war und ihm die Übernahme dieser Stelle sowie die dazu notwendige Beförderung zum Oberstleutnant versagt blieben. Immerhin wurde er jedoch mit der prestigereichen *Medalla Militar* ausgezeichnet und bekam durch Alfons XIII. den Ehrentitel eines Kammerherrn verliehen. Da sich in den folgenden Jahren die Audienzen beim König wiederholten, ist Franco alsbald als Lieblingsoffizier des Monarchen bezeichnet worden. In jedem Fall waren inzwischen die höchsten Stellen im Staat auf ihn aufmerksam geworden.

Franco ging zurück nach Oviedo. Zu der für Juni 1923 angesetzten Hochzeit kam es jedoch zunächst nicht, denn nach dem Tod des gerade erst ernannten neuen Kommandeurs der Fremdenlegion wurde nun er mit dieser Aufgabe betraut und dazu entsprechend befördert. Höchste Ehrbekundungen sowie eine überschwängliche Berichterstattung begleiteten Franco auf seinem Weg nach Marokko. Er galt als Idealbild eines jungen Helden, der ohne zu zögern die private Lebensplanung der Pflichterfüllung unterordnete. Im Oktober konnte jedoch unter großer Anteilnahme der Bevölkerung Oviedos die verschobene Hochzeit schließlich nachgeholt werden. Als Trauzeuge fungierte, bedingt durch seinen

Rang als Kammerherr, der durch den Militärgouverneur von Asturien vertretene König.

Vor dem Hintergrund der innerhalb der Streitkräfte umstrittenen Ermittlungen zu den Verantwortlichkeiten für das »Desaster von Annual« sowie einer zunehmend angespannten sozialen Lage mit zahllosen Arbeitsniederlegungen, Unruhen und einer vor allem in Katalonien eskalierenden Straßengewalt erhob sich Mitte September 1923 mit der Duldung Alfons' XIII. der Oberkommandierende der Militärregion Katalonien, General Miguel Primo de Rivera, gegen die parlamentarische Ordnung. Das Militär schwang sich damit – nicht zum letzten Mal – zum Interpreten der Interessen der Nation auf und übernahm die politischen Zügel. Tatsächlich bestand angesichts des diskreditierten politischen Systems, das der allgemeinen Überzeugung nach lediglich die Interessen einer kleinen oligarchischen Schicht bediente, eine gespannte Erwartungshaltung gegenüber dem Militärdirektorium unter der Führung jenes »eisernen Chirurgen«, nach dem immer wieder gerufen worden war und der die korrupte Politikerkaste schlichtweg hinwegfegen sollte. Mit Primo de Rivera zeigte sich nicht nur die Verachtung gegenüber liberalen und demokratischen Gesellschaftsordnungen, sondern auch die Grundhaltung der Überlegenheit militärischen Denkens in Kategorien von Hierarchie, Befehl und Gehorsam.

Eine der schweren Bürden, die Primo de Rivera übernahm, war die verfahrene Situation in Marokko. Der von Madrid aus halbherzig geführte und unpopuläre Krieg, den die Regierung nun vor allem auf dem Verhandlungsweg mit den Stammesführern zu begegnen versuchte, bedingte eine widersprüchliche und die kämpfenden Einheiten demotivierende Situation, die zudem keine Aussicht auf eine dauerhafte Lösung bot. Horrende Kriegskosten und die hohen Verluste schienen längerfristig kaum vertretbar zu sein, zumal mit dem Stammesführer Abd el-Krim eine starke Führungsfigur in den von den Berbern kontrollierten Gebieten entstanden war. Vor diesem Hintergrund neigte auch Primo de Rivera zu dem Entschluss, dass sich Spanien aus Teilen des noch kontrollierten Gebietes zurückzuziehen habe und lediglich das Hinterland wichtiger Küstenpositionen sichern sollte. Bei aller Sympathie für die Militärdiktatur, die mit den »zersetzenden Missständen« aufgeräumt und die ersehnte »Ruhe und Ordnung« wiederhergestellt hatte, stieß diese Haltung im Offizierskorps in Marokko auf ein weit verbreitetes Unverständnis und nicht zuletzt innerhalb der Fremdenlegion auf eine kaum verhohlene Kritik. Bei einem Besuch Primo de Riveras in Marokko im Juli 1924, einer Reise, die den Teilrückzug anzukündigen schien, kam es sogar zu einer in der Literatur häufig zitierten Auseinandersetzung zwischen Franco und dem Diktator. Dabei habe Franco harsche Worte an den Diktator gerichtet:

> »Wir stehen hier auf spanischem Boden. Er ist zu dem teuersten Preis erkauft und mit der kostbarsten Münze bezahlt worden: mit dem vergossenen spanischen Blut. [...] Wir verwerfen die Vorstellung eines Rückzuges, denn wir sind davon überzeugt, dass Spanien in der Lage ist, das Gebiet, das ihm zusteht, unter Kontrolle zu bekommen und die eigene Autorität in Marokko durchzusetzen.«[44]

Ob diese auf Arrarás zurückgehenden Sätze tatsächlich so gefallen sind, sei dahingestellt. Der beruflich ambitionierte, gerade einmal dreißigjährige Offizier war zweifellos vorsichtig genug, anders als zuvor Millán Astray und andere ungestüme Offiziere, sich nicht offen gegen die Regierung zu stellen und keinen folgenschweren Eklat zu provozieren, was das jähe Ende seiner bislang rasanten Karriere hätte bedeuten können.

Die spanischen Einheiten gerieten weiter unter Druck, als Abd el-Krim, von den Rückzugsgerüchten beflügelt, in die Offensive ging und es ihm gelang, den Verbindungsweg nach Chaouen zu unterbrechen. Die Fremdenlegion unter dem Kommando Francos wurde daraufhin zusammen mit weiteren Einheiten im Herbst 1924 in Marsch gesetzt, um in die eingeschlossene Stadt vorzudringen und die Evakuierung durchzuführen. Apologeten sprachen von der schwierigsten Unternehmung der Kolonialgeschichte und zitieren Primo de Rivera mit den auf Franco bezogenen Worten: »Niemand hat in Marokko mit größerer Tapferkeit und größeren Fähigkeiten gekämpft.«[45] Franco wurde nun zum Obersten befördert und war damit wieder einmal der jüngste seines Ranges innerhalb der spanischen Streitkräfte; wenig später erhielt er vom König eine Gedenkmedaille als besonderes Zeichen der Wertschätzung. Eine überschwängliche Presse erhob die Beförderung sogar zum Plebiszit:

> »Das Dekret von Francos Beförderung ist nicht durch die Regierung, sondern von der öffentlichen Meinung des ganzen Landes unterzeichnet worden, denn in diesem Fall besteht seltene Einmütigkeit: Franco verkörpert die unverfälschte spanische Tapferkeit«.[46]

Schließlich kam es doch noch zu einer Wende im Marokkokrieg, nachdem Abd el-Krim nach dem Einzug in Chaouen damit begann, die Kabylenstämme im französischen Marokko-Protektorat aufzuwiegeln. Vor diesem Hintergrund fanden die französische und die spanische Kolonialmacht zu einer einvernehmlichen Haltung. Die nun anlaufenden Vorbereitungen zu einer breit angelegten Landungsoperation in der Bucht« von Alhucemas versprachen den ersehnten Erfolg zu bringen.

In diesem Zusammenhang ist für das Selbstbild Francos außerordentlich bezeichnend, wie er rückblickend die Vorgeschichte der Landungsoperation darstellte. So habe er sich im Rahmen einer Audienz beim König dezidiert gegen die pessimistische Haltung von Primo de Rivera gewandt und einen militärischen Sieg sowie die dauerhafte Befriedung des Protektorats mit einer Landung in dieser Bucht in Aussicht gestellt. Der König sei vom jungen Offizier derart beeindruckt gewesen, dass er ein persönliches Treffen Francos mit Primo de Rivera zur Besprechung der Angelegenheit angeordnet habe. Hierzu erinnerte sich Franco gegenüber seinem Cousin: »Damit änderte der König schlagartig und grundlegend seine Einschätzung einer Lage, die doch von weitestreichender Tragweite für unsere Nation war.«[47] In diesem Sinn ist schon in frühen Hagiographien Franco die Urheberschaft der Landungspläne zugeschrieben worden, und dank seiner Hartnäckigkeit sei auch bei Primo de Rivera eine Abkehr von dem defätistischen Denken erfolgt.[48] Für die Forschung, die diesen Ausführungen ohnehin nicht traut, steht außer Frage, dass in Militärkreisen die Bucht von Alhucemas längst als ein viel versprechendes, allerdings mit unkalkulierbaren Risiken verbundenes Einfallstor gesehen wurde. Zudem besteht Einigkeit darin, dass allein die Kooperation mit den Franzosen den Sieg tatsächlich in Aussicht stellte.[49] Die Tage der Herrschaft Abd el-Krims waren damit gezählt.

Der Erfolg der Landungsoperation, die Anfang September 1925 begann, und bei der die Fremdenlegion unter widrigen Wetterbedingungen, unvorhergesehenen Landungsbedingungen und erbittertem Widerstand die Aufgabe hatte, den Brückenkopf herzustellen, erbrachte für Franco einen neuerlichen Karriereschub: Er wurde im Februar 1926 mit nur 33 Jahren in den Generalsrang erhoben sowie zum zweiten Mal mit der *Medalla Militar* ausgezeichnet (und zudem mit dem Komturkreuz der französischen Ehrenlegion bedacht). Überschwänglich wurde er auch von den Absolventen seines Offiziersjahrganges der Akademie in Toledo gefeiert, von denen die meisten zwischenzeitlich erst den Rang eines Hauptmanns oder Majors erreicht hatten. Dabei wurde er in eine Reihe mit den größten Feldherren der spanischen Geschichte gestellt. Für Franco stand später außer Frage, dass ein solch rasanter Aufstieg und das erreichte Prestige bereits damals den Schluss zugelassen hätten, dass er dazu auserwählt sei, »der Nation Dienste von größter Tragweite zu erweisen«.[50] Bei Francos Hagiographen Galinsoga liest sich das unmissverständlich: »General Franco fühlte sich im Grunde seines Herzens zur Führung einer Nation in Waffen [...] in der historischen Aufgabe auserkoren, Spanien zu erretten«.[51]

Im Rang eines Brigadegenerals musste Franco die Führung der Fremdenlegion abgeben. Er übernahm ein prestigereiches Kommando in Madrid. Im Herbst 1927, nach dem offiziellen Abschluss des Krieges, kehrte er jedoch noch einmal an der Seite des Königs auf Besuchsreise nach Marokko zurück. Damit beendete Franco seine Jahre in Afrika, die ihn auf Dauer gezeichnet hatten.

Zeitgleich mit seiner Ernennung zum Brigadegeneral sorgte eine weitere spektakuläre Nachricht landesweit für Aufsehen: Francos Bruder Ramón hatte in einem Dornier Wasserflugzeug, das in Anspielung auf die Entdeckung Amerikas und die Devise im spanischen Wappen den Namen *Plus Ultra* trug, den Südatlantik bis zur Mündung des La Plata überquert – ein Husarenstück, das in eine Reihe mit den Fahrten des Kolumbus gestellt wurde. Ramón und Francisco wurden nicht zuletzt in der Heimatstadt Ferrol als nationale Helden gefeiert.

Franco wuchs nun in ein Leben repräsentativer und gesellschaftlicher Aufgaben in Cafés und Salons hinein. Seine privilegierte Stellung und die Patronage durch Primo de Rivera[52] prädestinierten ihn für höhere Aufgaben. Bereits Anfang 1928 übernahm Franco den Aufbau und die Leitung der neu gegründeten Allgemeinen Militärakademie in Zaragoza, die künftig alle Offiziersanwärter des Heeres einheitlich zu absolvieren hatten, bevor sie eine nach Waffengattungen getrennte weiterführende Ausbildung erhielten.

Wenngleich Franco vorbereitend eine Reihe vergleichbarer Ausbildungseinrichtungen im Ausland besuchte, wurden in Zaragoza vor allem jene Prinzipien zur Maxime für die neuen Rekruten erhoben, die sein Leben im Kolonialkrieg bestimmt hatten. So lauteten die Schlusssätze seiner Eröffnungsansprache vor den versammelten Kadetten:

>»Vergesst niemals, dass derjenige, der leidet, siegen wird, und dass dieses tagtägliche Durchhalten und Überwinden die Schule des Triumphes darstellt und den Weg des Heldentums weist«.[53]

Hier wurden aber nicht nur bedingungslose Disziplin und ein blinder Gehorsam eingefordert, sondern auch die Vorstellung vermittelt, wonach das Offizierskorps die ewig währenden Werte der Nation verkörpere. Als Franco 1928 in einem Interview nach seinem höchsten Ziel gefragt wurde, gab er zur Antwort: »Dass Spanien wieder die Größe von einst erlange«.⁵⁴ Dies mögen noch Leitsätze gewesen sein, die auch in anderen europäischen Militärakademien jener Zeit üblich waren. Franco konnte nun aber vor allem das umsetzen, was er in seinen früheren Schriften gefordert und an der eigenen Ausbildung bemängelt hatte: eine am Kriegsalltag und der Kampferfahrung von Offizieren orientierte Ausbildung. Die theoretische Ausbildung, in der traditionell das Pauken von Lehrwerken im Mittelpunkt stand, rückte in den Hintergrund. Die Auswahl der Ausbilder erfolgte vor allem nach der Kriegserfahrung, so insbesondere aus den Reihen der marokkanischen Kolonialkriegsveteranen mit einem beträchtlichen Anteil ehemaliger Fremdenlegionäre. Dazu stellte Franco viele Jahre später bildhaft fest:

> »Nicht ohne Grund stellt die Brust der Soldaten jenen Spiegel dar, mit dem sich die Untergebenen messen, und unter den Kreuzen und Medaillen, die sie schmückt, wecken die des Kampfes die größte Bewunderung und Respekt«.⁵⁵

Wenngleich wohlwollende Autoren die Aufbauleistung und organisatorischen Fähigkeiten Francos in Zaragoza rühmen und hierzu den französischen Kriegsminister André Maginot als Zeugen anführen, der die Ausbildungseinrichtung nach einem Besuch Ende Oktober 1930 als die modernste ihrer Art lobte,⁵⁶ messen Biographen wie Bartolomé Bennassar solchen diplomatischen Höflichkeitsfloskeln wenig Beweiskraft bei.⁵⁷ Kritiker heben vielmehr hervor, dass in Zaragoza den neuen Offiziersjahrgängen der Geist der »Afrikanisten« vermittelt wurde. Diese Offiziersausbildung habe nicht zuletzt dazu gedient, die Absolventen im Zuge der Verinnerlichung der »Werte der Nation« auf einen inneren Feind vorzubereiten.

In dieser Zeit festigten sich darüber hinaus die antikommunistischen Überzeugungen Francos. Eine wichtige Grundlage hierfür bildete, wie er später angesichts des Kalten Krieges besonders gerne herausstrich, das in Genf herausgegebene *Bulletin de L'Entente Internationale contre la Troisième Internationale*, das er in dieser Zeit zu beziehen begann. Dieses Magazin habe ihm die Augen für die Ziele und Methoden des Kommunismus geöffnet. Entsprechend prägte es seine Vorstellung von sozialen Unruhen als Ausdruck subversiver kommunistischer Agitation. Herbert Southworth hat frühzeitig herausgestrichen, dass Franco in der Folge allenorts eine kommunistische Bedrohung sah und obsessiv daran glaubte, dass die Linke in Spanien bewusst oder unwissentlich der Kommunistischen Internationalen in die Hände arbeitete.[58] Die in Afrika erlernte Vorsicht und das Misstrauen gegenüber den maurischen Stämmen wurden damit »folgerichtig« auf die spanische Gesellschaft übertragen.

Die in Primo de Rivera gesetzten Hoffnungen erfüllten sich trotz verheißungsvoller Anfänge nicht auf längere Sicht. Vor allem machten sich die Folgen der Weltwirtschaftskrise bemerkbar. Als Primo de Rivera schließlich auch noch das Vertrauen des Königs verlor, dessen Ansehen angesichts des sinkenden Sterns des Diktators ebenfalls Schaden zu nehmen drohte, trat er Ende Januar 1930 von seinem Amt zurück und ging ins Exil nach Paris, wo er kurze Zeit später verstarb.

Franco behielt die Diktatur jedoch in guter Erinnerung. Der einzige, zudem bezeichnende Vorwurf, den Franco laut den Erinnerungen des Monarchisten Pedro Sainz Rodríguez später erhob, lautete, dass Primo de Rivera erklärtermaßen als Übergangsfigur zur Lösung der drängendsten Probleme angetreten war. Dies sei, so Franco, ein Fehler gewesen, denn »wenn man das Kommando übernimmt, [...] muss man es an sich nehmen, als sei es für immer.«[59] Der damit intendierte Verweis auf die spätere Diktatur Francos ist evident.

Der neuen Regierung gelang jedoch nicht, die politische Situation zu stabilisieren und das erneute Aufflammen sozialer Unruhen zu verhindern. Während sie zunehmend hilflos agierte, erhielt der Republikanismus, auch in den Reihen des Offizierskorps, stetigen Aufwind. Im August fand hinter den Kulissen ein breites politisches Bündnis zum *Pakt von San Sebastián* zusammen, mit dem die Grundlagen einer künftigen republikanischen Ordnung gesetzt wurden. In Verschwörerzirkeln bewegte sich auch der ungestüme und vom Zeitgeist ergriffene Ramón Franco. Seine Tätigkeit blieb den Sicherheitsorganen nicht verborgen. Allerdings scheute sich der Chef der spanischen Sicherheitspolizei und spätere Koordinator des Putsches von 1936, Emilio Mola, aufgrund der herausgehobenen Stellung von General Franco und des Bekanntheitsgrades von Ramón unmittelbar einzugreifen. Die Versuche Francos, auf seinen Bruder einzuwirken, scheiterten jedoch. Ramón tauchte unter und beteiligte sich weiter an Umsturzplänen, in die auch der spätere Putschist gegen die Republik, General Gonzalo Queipo de Llano, maßgeblich verwickelt war. Ein im Dezember 1930 in der an den Pyrenäenausläufern gelegenen kleinen Garnisonsstadt Jaca voreilig angegangener Putschversuch scheiterte jedoch genauso wie der in jenen Tagen unternommene Versuch von Ramón Franco, mit über dem Königsschloss abgeworfenen revolutionären Flugblättern einen Aufstand zu entfachen. Für Franco war das Verhalten seines Bruders zutiefst verwerflich. Er hielt ganz genauso die gegen die Aufständischen von Jaca verhängten Todesurteile für gerechtfertigt. Die Familienbande waren dennoch so stark, dass er auch nach diesen Geschehnissen den Kontakt zu seinem Bruder nicht abbrach.

Nach Kommunalwahlen im April 1931, die in den Städten eine breite Mehrheit gegen die Monarchie ergeben hatten, überschlugen sich schließlich die Ereignisse. Inmitten einer aufkommenden allgemeinen Euphorie wurde in verschiedenen Städten kurzerhand die Republik ausgerufen. Die Haltung innerhalb der Streitkräfte war nicht eindeutig, die Militärführung unschlüssig, und Kriegsminister General Dámaso Berenguer verhielt sich abwartend; als aber vor allem der Chef der *Guardia Civil*, General José Sanjurjo, nicht für die Loyalität seiner Einheiten garantieren wollte und sich nicht bereit zeigte, die Waffen zur Verteidigung der Monarchie zu ergreifen, schwand der Rückhalt für den König. Alfons XIII. legte daraufhin, ohne auf seine Thronrechte zu verzichten, die Amtsgeschäfte nieder und ging in der Hoffnung auf eine baldige Rückkehr ins Exil. In dieser spannungsgeladenen Situation setzte auch Franco auf Zurückhaltung. Sein Tagesbefehl am Tag nach der Ausrufung der Republik am 14. April spricht indes Bände:

> »Zu jeder Zeit haben an diesem Ort Disziplin und exakte Diensterfüllung geherrscht. Umso wichtiger ist das am heutigen Tag, an dem den Streitkräften abgefordert wird, mit Fassung und als Einheit alle Ideale und Ideologien zum Wohl der Nation und zur Beruhigung des Vaterlandes zu opfern.«[60]

Für Franco und einen Großteil seiner Waffenbrüder blieb unter den gegebenen Umständen kein anderer Weg, als sich der neu entstehenden politischen Ordnung zu fügen.

Der General und die Demokratie

Franco hat den Systemwechsel von der Diktatur zur Demokratie wie viele seiner Waffenbrüder mit Argwohn beobachtet. Dies zeigt sich bereits an einer Begebenheit im Zusammenhang mit der Einführung der neuen Staatsflagge, eine Maßnahme, die aufgrund des gerade für die Streitkräfte hohen Identifikationsgehaltes dieses nationalen Symbols eine starke emotionale Reaktion hervorrief. Franco weigerte sich zunächst, den Fahnenwechsel zu vollziehen und tat dies erst Tage später, nachdem er einen schriftlichen Befehl dazu erhalten hatte. Kurz darauf reagierte er wiederum mit Entschiedenheit auf Gerüchte, wonach er zum Hochkommissar für Marokko ernannt worden sei, ein Amt, das er unter Alfons XIII. mit größter Genugtuung angetreten hätte. In einem an die monarchistische Tageszeitung *ABC* gerichteten Schreiben stellte Franco dazu fest, dass er keinerlei Posten als Zeichen des Wohlgefallens gegenüber dem neuen Regime oder der Distanzierung gegenüber der Monarchie angenommen habe. Gleichzeitig beteuerte Franco jedoch, dass er auch weiterhin dem Staat und einer legal konstituierten Regierung zu Gehorsam verpflichtet sei.[1] Damit bezog er öffentlich Position und ging auf kritische Distanz zur republikanischen Ordnung, ohne jedoch in offene Konfrontation überzugehen, wie es General Alfredo Kindelán mit seinem Gang ins Exil tat.

Die erste republikanische Regierung ging ein umfangreiches Reformprojekt mit dem Ziel der Schaffung einer freiheitlich-demokratischen Grundordnung an. Hierzu gehörte neben der Durchführung einer Bodenreform zur Behebung der katastrophalen Bedingungen im landwirtschaftlichen Sektor, sowie der strikten Trennung der Sphären von Staat und Kirche nach dem Vorbild der Dritten französischen Republik auch eine Heeresreform, die das Ziel verfolgte, die Streitkräfte zu professionalisieren und vor allem der politischen Kontrolle unterzuordnen. In diesem Sinne wurde auch das Gesetz zur Militärgerichtsbarkeit von 1906 abgeschafft. Die Regierung misstraute den Streitkräften und die ergriffenen Reformmaßnahmen zielten nicht zuletzt darauf, eine schlagkräftige monarchistische Opposition und vor allem einen Staatsstreich zu verhindern.

Zu den Maßnahmen der Regierung gehörte auch die im Grunde überfällige drastische Verkleinerung des Offizierskorps. Dabei wurde den Offizieren die Möglichkeit angeboten, einen ehrenvollen Abschied bei unveränderten Bezügen einzureichen. Da mit der Fortsetzung des Dienstes auch der Treueschwur gegenüber der Republik verbunden war, hoffte die Regierung darauf, in ihrem Sinne die »Spreu vom Weizen« zu trennen und anti-republikanischen Offizieren damit das Truppenkommando zu entziehen. Monarchistische Offiziere wie Juan Vigón oder Graf Jordana quittierten daraufhin den Dienst. Für Franco wiederum kam dieser Schritt nicht in Frage. Nach den Worten seines Cousins bestand für ihn kein Zweifel, dass »das Vaterland gerade jetzt auf ein patriotisch gesinntes Offizierkorps angewiesen war«.[2] Demnach war das Militär unverändert eine politische Kraft, die notfalls dazu legitimiert sei, »zum Wohle des Vaterlandes« in die politischen Geschicke einzugreifen.

Für weiteren Unmut im Offizierskorps sorgten wiederum das Vorgehen gegen Verantwortliche im Zusammenhang mit der Hinrichtung der nun als Märtyrer gefeierten Aufständischen von Jaca sowie die Ermittlungen zum »Desaster von Annual«, zu den zwischen 1919 und 1923 seitens der Sicherheitsorgane verübten Gewaltakte in Katalonien sowie zum Putsch und zur Diktatur von Primo de Rivera. Die eingeleiteten Verfahren wurden als »Hexenprozesse« und die Betroffenen als Opfer einer rachsüchtigen neuen politischen Clique wahrgenommen.

Zudem ereiferte sich nicht zuletzt Franco darüber, dass zwar gegen Vetternwirtschaft aus der Zeit von Primo de Rivera vorgegangen wurde, die Republik gleichzeitig aber eigene Parteigänger großzügig bedachte. Erklärte republikanische Offiziere wie Queipo de Llano oder solche, die wie Sanjurjo der Republik den Weg gebahnt hatten, übernahmen Schlüsselpositionen innerhalb der Streitkräfte, was in den Augen Francos einen Judaslohn für den aus persönlichem Ehrgeiz heraus an der Monarchie begangenen Verrat darstellte.[3] Auch Ramón Franco gehörte zu den Nutznießern der Umbesetzungen.

Ein weiterer Schlag, in diesem Fall gegen das Selbstwertgefühl der »Africanistas«, bestand in der Überprüfung der aufgrund von Kriegsverdiensten erfolgten Beförderungen. Franco wurde in der Folge zwar im Gegensatz zu anderen Waffenbrüdern im Dienstrang nicht zurückgestuft, doch rutschte er zu seiner großen Verärgerung in der Anwartschaft auf die nächste Beförderung vom ersten auf den vierundzwanzigsten Platz zurück.[4]

Zu einer Entfremdung konservativer Sektoren der Gesellschaft und damit großer Teile der Streitkräfte gegenüber der Republik führten die antiklerikalen Exzesse im Mai 1931 mit der Brandschatzung einer Vielzahl von Klöstern und Kirchen sowie vor allem die Tatsache, dass die Regierung nur halbherzig gegen diese Gewalttakte vorging. Hinzu kamen die gegen die katholische Kirche gerichteten Bestimmungen der Verfassung, wozu vor allem das Verbot des Jesuitenordens sowie das Verbot der kirchlichen Trägerschaft schulischer Einrichtungen gehörten.

Diese Entfremdung erhielt eine zusätzliche Dimension durch die anvisierten weit reichenden Kompetenzübertragungen an Katalonien und das Baskenland im Rahmen ausgehandelter Autonomiestatute. Damit wurde in konservativen Kreisen letztlich das Gesamtwerk der republikanischen Ordnung als frontaler Angriff auf die »traditionellen Werte der Nation« verstanden. Der vor allem an den republikanischen Regierungschef und Kriegsminister Manuel Azaña gerichtete Vorwurf lautete, die Grundfesten Spaniens bewusst zerstören zu wollen und letztlich damit der Subversion und dem Bolschewismus Tür und Tor zu öffnen.

Eine weitere herbe und durch Franco als persönliche Demütigung empfundene Maßnahme der Regierung war die Schließung der Militärakademie von Zaragoza. In Francos Mitte Juli 1931 gehaltener Rede im Rahmen der Verabschiedung der Kadetten kam entsprechend eine kaum verhohlene Bitterkeit und Verachtung, aber auch Ohnmacht zum Ausdruck:

> »Die Disziplin erhält ihren wahren Wert, wenn das Denken das Gegenteil rät von dem, was befohlen ist, wenn das Herz darum kämpft, sich in innerer Auflehnung zu erheben, oder wenn Willkür und Irrtum mit der Arbeit der vorgesetzten Befehlsstelle verbunden sind. Das ist die Disziplin, die wir üben. Das ist das Beispiel, das wir Euch anbieten.«[5]

Dieser Appell an die Disziplin und den Gehorsam der etablierten politischen Ordnung gegenüber entsprach sicherlich den Grundüberzeugungen Francos. Dieser Gehorsam hatte aber auch für ihn Grenzen, die dann überschritten waren, wenn der Kernbestand der Nation unmittelbar bedroht schien. Allerdings war diese Situation für Franco zu dem Zeitpunkt noch nicht erreicht.

Seine Rede blieb nicht folgenlos. Franco wurde zum Kriegsminister Azaña einbestellt. Auf dessen Vorhaltung, die Ansprache sei unbedacht gewesen, habe Franco laut Arrarás selbstbewusst geantwortet: »Herr Minister, ich tue nie etwas, was ich nicht vorher bedacht habe«.[6] Franco blieb zunächst ohne Verwendung und kehrte nach Oviedo zurück. Im Februar 1932 erhielt er schließlich das Kommando über eine Brigade in La Coruña – eine seinem Rang entsprechende Aufgabe, die allerdings, wenngleich er damit in unmittelbarer Nähe seiner Geburtsstadt stationiert war, nicht gerade eine Vorzugsbehandlung darstellte. Die Karriere des erfolgsverwöhnten Generals steckte damit erst einmal in einer Sackgasse. Franco stellte in den Augen der Regierung eine potentielle Gefahr dar, doch trotz seiner offenkundigen Diskonformität mit dem republikanischen System und den eingeleiteten Reformen ging auch Azaña letztlich von der Regimetreue des jungen Generals aus.

Dies zeigte sich bereits wenige Monate später, als General Sanjurjo einen Putschversuch wagte, der allerdings rasch vereitelt werden konnte. Sanjurjo war zwischenzeitlich in Opposition zur Regierung gegangen, nachdem ihm das Kommando als Chef der *Guardia Civil* nach seiner Kritik an den Untersuchungen zu dem blutigen Vorgehen seiner Einheiten in einer Kleinstadt entzogen worden war. Sanjurjo hatte zuvor schon nicht an Kritik an der Heeresreform gespart, doch brachte vor allem die im Sommer 1932 bevorstehende Verabschiedung des Autonomiestatuts für Katalonien die Umstürzler auf die Barrikaden. Dazu gehörte General Luis Orgaz sowie Oberst José Enrique Varela, der neben Sanjurjo als einziger Offizier im Marokkokrieg zweimal mit der *Laureada* ausgezeichnet worden war. Hinter den Putschisten standen auch Monarchisten, die wiederum durch das Italien Mussolinis gestützt wurden.[7] Franco war zwar durch Sanjurjo zur Teilnahme aufgefordert worden, hatte dies aber abgelehnt. Das heißt allerdings nicht, dass er nicht mit den Zielen der Putschisten sympathisiert hätte. Der Überlieferung seines Cousins zufolge sei Franco vor allem nicht von den Erfolgsaussichten überzeugt gewesen.[8]

Bezeichnend ist die überlieferte Reaktion Francos auf den Prozess gegen die Putschisten und die an ihn gerichtete Aufforderung Sanjurjos, seine Verteidigung zu übernehmen:

»Ich könnte Sie natürlich verteidigen, doch ohne Hoffnung. Tatsächlich glaube ich, dass Sie sich, nachdem Sie sich aufgelehnt haben und gescheitert sind, das Recht auf den Tod verdient haben«.[9]

Selbst wenn dieser Satz so nicht gefallen sein sollte, entsprach diese nüchterne Feststellung dem Denken Francos, für den bei einem Aufstand gegen eine Regierung nur der Sieg und der Tod als Optionen offen standen.[10] Sanjurjo wurde zum

Tode verurteilt, die Strafe allerdings in lebenslange Haft umgewandelt.

Azaña misstraute Franco aber weiterhin. Aus diesem Grund übertrug er ihm im Februar 1933 die Kommandantur der Balearen. Dadurch sollte Franco, so der Ministerpräsident in seinem Tagebuch, von »Versuchungen« ferngehalten werden.[11] Wenngleich Franco über diese Ernennung nicht sonderlich zufrieden war, kann auch dieses Kommando nicht als Zurücksetzung verstanden werden. Dass Franco nach wie vor hohes Renommee hatte und ihm höhere Aufgaben zugetraut wurden, zeigte sich mit der Regierungsübernahme durch Alejandro Lerroux im September 1933, mit der sich in der Politik ein Rechtsschwenk ankündigte. Im Zuge der Regierungsbildung war in der Presse zu lesen, dass Franco das Amt des Kriegsministers oder Staatssekretärs in diesem Ministerium angeboten worden war, der General allerdings abgewinkt habe.[12]

Mit dem Machtwechsel verschärfte sich das innenpolitische Klima, denn während die Regierung daran ging, das vorangegangene Reformwerk rückgängig zu machen, nahmen die sozialistische Linke unter dem Gewerkschaftsführer Francisco Largo Caballero und anarchistische Gruppierungen den Konfrontationskurs auf und verstärkten den sozialrevolutionären Druck. Bereits im Dezember 1933 kam es zu Aufständen, die teilweise erst nach tagelangen Auseinandersetzungen mit Militärgewalt und Dutzenden von Toten niedergerungen werden konnten. Solche Aufstände, die auch in den vorangegangen Jahren die Republik periodisch erschüttert hatten, bestärkten reaktionäre Kreise und Militärs in ihrer Überzeugung, dass das parlamentarische System und eine freiheitliche Gesellschaftsordnung grundsätzlich nicht geeignet seien, um das Wohlergehen der Nation zu gewährleisten.

Die Verschwörerkreise im Militär blieben trotz des Fehlschlages von Sanjurjo und des Politikwechsels aktiv. Dazu gehörte nun vor allem das Umfeld der Ende 1933 gegründeten *Unión Militar Española* mit Offizieren wie Oberstleutnant Valentín Galarza oder die Generäle Goded und Fanjul. Radikale Monarchisten, wie etwa die *Karlisten* und die Kreise um *Acción Española* konspirierten ebenso weiter. Im Frühjahr 1934 kam es in Rom sogar zu einer Zusammenkunft mit Mussolini, der seine Unterstützung zur Errichtung eines autoritären Staates zusagte.[13] Nur wenige Monate zuvor, im Herbst 1933, hatte außerdem José Antonio Primo de Rivera, der Sohn des Diktators, die faschistische Partei *Falange Española* gegründet, die das Ziel eines Systemwechsels nach italienischem Beispiel verfolgte. Franco hielt sich bei aller möglichen Sympathie mit den Zielen abseits dieser Verschwörergruppen. Entsprechend soll er im September 1934 auf ein Schreiben von Primo de Rivera, in dem dieser seine tiefen Sorgen vor einer bevorstehenden Revolution zum Ausdruck brachte, unverbindlich reagiert haben.[14] Franco sah in erster Linie die Streitkräfte als Sachwalter des Wohlergehens der Nation an und verhielt sich distanziert gegenüber der ungestüm agierenden *Falange*. Die Vorbehalte beruhten aber auf Gegenseitigkeit.[15]

Die rechtsgerichtete Regierung erließ auch eine Amnestie für die Verantwortlichen des Putschversuchs von 1932 sowie des in den Jahren der Diktatur von Primo de Rivera verübten Unrechts. Damit wurde auch General Sanjurjo aus der Haft entlassen. Da sich Staatspräsident Niceto Alcalá Zamora jedoch weigerte, dessen Rückkehr in die Streitkräfte zuzulassen, ging Sanjurjo daraufhin ins Exil nach Portugal, wo er bis Bürgerkriegsbeginn blieb. Andere Offiziere, denen die Regierung Azaña aus politischen Gründen das Truppenkommando entzogen hatte, wurden wiederum reaktiviert.

Für Franco war unter Lerroux die Zeit der Hintanstellung ebenfalls vorbei. Im März 1934 erfolgte bereits seine Beförderung zum Generalmajor. Kriegsminister Diego Hidalgo zeigte sich darüber hinaus von Franco ungewöhnlich beeindruckt, wie eine Anekdote aus dessen Erinnerungen zeigt: Im Rahmen eines offiziellen Besuchs Hidalgos in Mallorca habe sich dieser nach dem Grund der Arretierung eines Hauptmanns erkundigt, und soll von Franco zu seinem Erstaunen zur Antwort bekommen haben, dass der Offizier ein völlig unverzeihliches Vergehen gegenüber einem Untergebenen begangen habe. Er habe einen Soldaten geohrfeigt.[16] Hierin spiegelt sich für Autoren wie Preston eine das Wesen Francos kennzeichnende Obsession für die Einhaltung von Disziplin und Vorschriften.[17]

Die innenpolitische Entwicklung eskalierte schließlich, als mit dem Zerbrechen der Regierung Lerroux Anfang Oktober 1934 drei Mitglieder des durch die Linke als faschistisch eingestuften Parteienbündnisses CEDA in die Regierung eintraten. Die sozialistische Gewerkschaft UGT und die anarchistische CNT reagierten hierauf mit der Ausrufung eines Generalstreiks. Die autonome Regierung in Barcelona wiederum ergriff die Gelegenheit, um einen katalanischen Staat zu proklamieren. Kriegsminister Hidalgo ernannte Franco zu seinem persönlichen Referenten, der in dessen Auftrag die Operationen zur Unterdrückung der revolutionären Aufstände leitete. Die Regierung bekam die Situation bis auf den Aufstand in der Bergbauregion Asturiens rasch unter Kontrolle. Hier hatte Franco erstmals die Gelegenheit, eine komplexe militärische Operation durchzuführen, und er zögerte dabei nicht, die gesamte Bandbreite des Waffenarsenals gegen die verbarrikadierten Aufständischen einzusetzen. So kam es zum massiven Beschuss durch Artillerie, Schiffsgeschütze und Luftangriffe. Vor allem zeigte Franco keinerlei Skrupel, den Einsatz der Fremdenlegion sowie der *Regulares* zu befehlen. An der Spitze der afrikanischen Einheiten stand Juan Yagüe, der auch im Bürgerkrieg durch seine Brutalität und Rücksichtslosigkeit traurige Berühmtheit erlangen würde. Der Einsatz afrikanischer Einheiten auf der Iberischen Halbinsel zur Unterdrückung von Unruhen stellte zwar kein Novum dar,[18] doch übertrafen die Straf- und Vergeltungsmaßnahmen Yagües alles bis dahin Dagewesene. Hierzu ist immer wieder herausgehoben worden, dass es zu einer Übertragung von Denkmustern aus dem Kolonialkrieg kam. So sei es auch im Rahmen des Einsatzes in Asturien um die Vernichtung eines Gegners gegangen, der sich gegen die »Wertevorstellungen der zivilisierten Welt« gestellt habe.[19] Letztlich erwies sich dieser Einsatz aber lediglich als Vorgeschmack auf die Brutalität und den Terror im Spanischen Bürgerkrieg.

Franco ließ keinen Zweifel an diesem Feindbild, als er in einem Interview nach der Niederschlagung des Aufstandes die Vorgänge in Asturien ausdrücklich mit dem Krieg in Marokko verglich.

> »Der Marokkokrieg mit den Regulares und der Fremdenlegion hatte etwas Romantisches, vermittelte ein Gefühl der mittelalterlichen Reconquista. Aber dieser Krieg ist ein Frontenkrieg und hinter dieser Front stehen der Sozialismus, der Kommunismus sowie alle Kräfte, die sich gegen die Zivilisation wenden, um sie durch die Barbarei zu ersetzen«.[20]

Hier sprach wieder einmal der Geist der *Entente Internationale contre la Troisième Internationale*, die den antikommunistischen Kampf beschwor und allerorts von Moskau aus gesteuerte Subversion und Revolution witterte.[21] Für Franco stand außer Frage, dass die dahinter stehenden Kräfte möglichst vollständig vernichtet werden müssten. Entsprechend hielt er, und nicht nur er, die Umwandlung der nach einer rigorosen Repressions- und Verhaftungswelle verhängten Todesurteile in langjährige Haftstrafen für eine unerträgliche Nachlässigkeit. Für Franco war der Kampf gegen die Subversion auch nach der Niederschlagung des Aufstandes beileibe noch nicht zu Ende.

Die Ereignisse von Asturien werden häufig als Wendepunkt in der Vorgeschichte des Bürgerkriegs gedeutet. Für Historiker wie Stanley Payne war nach den Ereignissen vom Oktober 1934 der Weg in einen Bürgerkrieg vorgezeichnet. Die Linke habe der Rechten die brutale Niederschlagung nie verziehen und die bürgerliche Rechte habe in einem wachsenden Maße die Rache der Gegenseite befürchtet.[22] Die Putschisten vom Juli 1936 haben den eigentlichen Beginn des Bürgerkrieges exkulpatorisch ganz genauso in den Oktober 1934 vorverlegt. Damals habe die Linke das republikanische System zu zerschlagen versucht und den gemeinsamen Boden der verfassungsmäßigen Ordnung verlassen. Der militärische Aufstand sei da nach einer weiteren Eskalation eine logische und insbesondere legitime Folge gewesen.

Nach der Niederschlagung des Aufstandes wurde Franco als Held gefeiert; die Rechte sah in ihm einen Retter vor der Barbarei. Die Regierung wiederum honorierte seinen Einsatz. Im Februar 1935 wurde Franco zum Oberkommandierenden der Afrikaarmee ernannt. Mit der Übernahme des Kriegsministeriums wenig später durch den Führer der CEDA, José María Gil Robles, rückten die Gegner der freiheitlich-demokratischen Ordnung innerhalb der Streitkräfte und späteren Putschisten noch weiter in den Mittelpunkt. Franco wurde nach einem nur kurzen Aufenthalt in Marokko zum Chef des spanischen Generalstabes ernannt und übernahm damit die Schlüsselposition innerhalb der Armee. Fanjul wiederum erhielt das Amt des Staatssekretärs im Kriegsministerium. Goded wurde Generalinspekteur des Heeres. Mola übernahm das Oberkommando über die Streitkräfte in Marokko, und Varela wurde reaktiviert und zum Brigadier befördert. Entsprechend wurden als liberal stigmatisierte Offiziere an den Rand gedrängt.

Wenngleich Franco für diese Zeit keine Erhebungsabsichten nachgesagt werden, hielt er jedoch Kontakt mit den unverändert konspirierenden Zirkeln innerhalb der Streitkräfte und vor allem der *Unión Militar Española*. Rückblickend sollte Franco argumentieren, dass er dies getan habe, um zu verhindern, dass sich diese Kräfte zu einem unvorsichtigen und vorschnellen Handeln verleiten ließen.[23] Im Rahmen seiner beruflichen Belange als Generalstabschef legte er aber auch ein besonderes Augenmerk auf die Unterbindung einer »subversiven Unterwanderung« der Streitkräfte und der Rüstungsindustrie durch die Linke. Hinzu kam die Erarbeitung von vorbeugenden Maßnahmen und Aktionsplänen für den Fall neuerlicher revolutionärer Aufstände. Gerade die Losung der Kommunistische Internationale vom Sommer 1935 zur Bildung von Volksfronten als Aktionsbündnisse gegen die sich in Europa verstärkenden faschistisch-nationalistischen Blöcke bildete ein Szenario, das für Franco einen wachsenden Anlass zur Besorgnis gab.

Ende 1935 verdichteten sich angesichts einer neuerlichen Regierungskrise und der Ankündigung von Neuwahlen die Gerüchte über einen bevorstehenden Putsch reaktionärer Kreise, die im Offizierskorps vor allem durch Fanjul, Goded und Varela vorangetrieben würden. Wenngleich Franco den Austritt der CEDA und damit von Gil Robles aus der Regierung bedauerte, verhielt er sich gegenüber den Umstürzlern reserviert. Den Erinnerungen des hierin ebenfalls involvierten Gil Robles zufolge konnte Franco keine unbedingten Erfolgsaussichten erkennen, da die Haltung wichtiger Einheiten wie der *Guardia Civil* nicht klar war und die Schlagkraft der organisierten Arbeiterschaft einen nicht zu unterschätzenden Faktor darstellte.[24] So war für Franco, eigenen rückblickenden Angaben zufolge, ein Vorgehen gegen die legal konstituierte Macht nur dann Erfolg versprechend, wenn nicht nur die Streitkräfte geeint vorgingen, sondern darüber hinaus auch eine für einen Umsturz bereite Stimmung breite Teile der Bevölkerung ergriffen hatte.[25] Diese Situation hielt er nicht für gegeben.

Nach Überzeugung von Sainz Rodríguez war Franco zu dem Zeitpunkt prinzipiell nicht bereit, die Grundlage der verfassungsmäßigen Ordnung zu verlassen. So soll er bei einer Unterredung mit dem Monarchisten festgestellt haben: »Ich glaube, dass die Streitkräfte jegliches Wahlergebnis zu erdulden haben«.[26] Gleichzeitig stand für ihn aber weiterhin außer Frage, dass ein Umsturz grundsätzlich allein durch die Streitkräfte herbeigeführt werden könne. Entsprechend wandte sich Franco auch gegen seiner Überzeugung nach zudem überstürzte Putschpläne der *Falange*. In diesem Sinn gibt der damalige Regierungschef Manuel Portela Valladares ein im Januar 1936 geführtes Gespräch mit Franco wieder, das sich auf hartnäckige Gerüchte bezog, die auf den Generalstabschef als Verschwörer gegen die Republik wiesen. Demnach soll Franco festgestellt haben: »Es handelt sich um völlig falsche Informationen. Ich konspiriere nicht und werde es nicht tun, solange keine kommunistische Gefahr in Spanien besteht«.[27] Solche Belegstellen, zu denen auch jene in den

Erinnerungen von Lerroux gehören, wonach Franco grundsätzlich keine konspirativen Neigungen gehabt und die Waffen erst dann ergriffen habe, als in Spanien Staatlichkeit und Legalität am Ende gewesen seien,[28] haben das Franco-Bild über Jahrzehnte nachhaltig geprägt.

Mit dem Sieg des Volksfront-Wahlbündnisses als Ergebnis eines Wahlkampfes, bei dem beide Seiten apokalyptische Szenarien entwarfen, änderte sich die Lage noch einmal grundlegend. Nach dem Verständnis Francos und anderer reaktionärer Gruppierungen stand nun tatsächlich die Kommunistische Internationale unmittelbar davor, in Spanien die Macht an sich zu reißen. In den darauf folgenden spannungsgeladenen, von Ausschreitungen begleiteten und durch die Rechte panikartig verfolgten Tagen sah Franco schließlich den zwingenden Moment für gekommen, die Initiative zu ergreifen. In höchster Alarmstimmung trat er in Kontakt mit gleichgesinnten Waffenbrüdern und drängte den Chef der *Guardia Civil*, den Kriegsminister und vor allem den scheidenden Regierungschef vergeblich, den Ausnahmezustand zu verhängen.[29] Auch andere Politiker der Rechten wie Gil Robles und der radikale Monarchistenführer José Calvo Sotelo scheiterten in ihrem Vorhaben, den Regierungswechsel zu verhindern. Die besonnene Haltung des Chefs der *Guardia Civil*, General Sebastián Pozas, und von Staatspräsident Alcalá Zamora, der sich der Ergreifung von präventiven Maßnahmen jenseits der Alarmbereitschaft der Streitkräfte widersetzte, waren wohl ausschlaggebend dafür, dass in jener angespannten Situation die drohende Gefahr eines Flächenbrandes und einer unkontrollierbaren Eskalation der Lage gebannt wurde.

Schließlich übernahm nicht, wie befürchtet, die Volksfront, sondern eine Minderheitsregierung unter Azaña die Amtsgeschäfte, was für Franco freilich nicht unerwartete Folgen hatte: Er wurde als Generalstabschef abgelöst und erhielt ein Kommando auf den Kanaren – weit entfernt von den Schaltstellen der Macht. Ähnlich erging es Goded, der auf die Balearen versetzt wurde. Der republikanisch eingestellte Mola wiederum erhielt ein Kommando in Pamplona, der Hochburg der monarchistischen Traditionalisten. Die als gefährlich eingestuften Offiziere waren zudem einer engen polizeilichen Überwachung unterworfen. Damit sollte die über allem schwebende Gefahr eines Putsches gebannt und die Konspiration unter Kontrolle gehalten werden. Franco, der auf Teneriffa ebenfalls unter Beobachtung stand, durfte die Insel lediglich mit Erlaubnis des Kriegsministeriums verlassen. Franco fühlte sich wiederum bedroht und umgab sich mit einer persönlichen Leibwache. Der neue Dienstort kam für ihn einer Verbannung gleich.

Es besteht wenig Anlass daran zu zweifeln, dass Franco, wie etwa sein Weggefährte und Cousin rückblickend feststellte, die innenpolitische Lage für außerordentlich labil hielt und die Revolution wie ein Damoklesschwert über der Republik hängen sah.[30] Vor allem aber stilisierte sich Franco frühzeitig zum einzigen fähigen Offizier, der in der Lage sei, dem Kommunismus die Stirn zu bieten. So zitiert Arrarás Franco in seiner Abschiedsunterredung mit Azaña vor der Abreise auf die Kanaren mit den Worten: »Sie machen einen Fehler, mich fortzuschicken, denn hier in Madrid könnte ich der Armee und der Ruhe in Spanien mehr nützen«.[31] Auf die im folgenden Gespräch mit Staatspräsident Alcalá Zamora gefallene Bemerkung, dass keine kommunistische Gefahr bestünde, soll Franco wiederum entgegnet haben: »Ich kann Ihnen versichern, dass ich unabhängig von den Ereignissen, die hier eintreten mögen, keinen Kommunismus dulden werde«.[32]

Vor dem Hintergrund der als bedrohlich wahrgenommenen politischen Lage kam es im Vorfeld von Francos Abreise zu einem in der Erinnerungsliteratur vielfältig beschriebenen konspirativen Treffen, an dem auch die Generäle Varela, Fanjul, Mola, Orgaz sowie Oberstleutnant Galarza teilnahmen. Dieses Treffen wird als Keimzelle der Verschwörung verstanden, die schließlich im Juli losschlug. Die Koordination der Putschvorbereitungen übernahm dabei Mola als ehemaliger Chef der Sicherheitspolizei. Die Erfahrungen des gescheiterten Versuchs von 1932 erzwangen sorgfältige Planungen. Franco pflegte zwar kein besonders herzliches Verhältnis zu Mola oder Goded, blieb aber auf dem Laufenden der Vorbereitungen.

In jenen Tagen soll es auch zu einem durch Francos Schwager Ramón Serrano Súñer vermittelten Gespräch des Generals mit José Antonio Primo de Rivera gekommen sein, bei dem ebenfalls die Aufrechterhaltung der Verbindung vereinbart wurde. Entgegen der durch die franquistische Propaganda im Zuge der späteren Mythisierung von Primo de Rivera als Märtyrer der Erhebung gerne unterstrichenen Verbundenheit zwischen dem Falange-Gründer und Franco blieb das Verhältnis sehr problematisch. Das zeigte sich bereits an einem Konflikt, dessen Ursache die Absicht Francos war, im Mai 1936 mit Unterstützung von Gil Robles und des Monarchistenführers Antonio Goicoechea bei den Parlamentsnachwahlen in der Provinz Cuenca für die CEDA anzutreten, um damit in die Nähe der Schaltstellen der Macht in Madrid zu gelangen. Der Falangistenführer Primo de Rivera, der sich in einer Listenverbindung mit der CEDA ebenfalls um eines der zu vergebenden Abgeordnetenmandate bewerben wollte, legte sein Veto gegen eine Kandidatur Francos ein. Dieser verzichtete daraufhin. Nach den Erinnerungen von Gil Robles und von Serrano Súñer wollte Primo de Rivera keinen Konkurrenten auf der politischen Bühne.[33] Zudem soll er eingedenk vorangegangener Zusammenkünfte, Franco als unzuverlässigen Zauderer bezeichnet haben.[34]

Die neue Regierung unter Azaña warf nach dem *schwarzen Biennium* das Ruder wieder herum, verkündete ihrerseits Amnestien für politisch Verfolgte und knüpfte an die Reformprojekte der ersten Jahre an. Auf der Straße gewannen jedoch die Auseinandersetzungen und die Agitation zwischen den Lagern an Schärfe. Vor allem aber nahm die aufgewühlte Arbeiterschaft auf dem Land das Heft in die Hand und schritt eigenmächtig und gegen den gewaltbereiten Widerstand der Großgrundbesitzer zu Landbesetzungen. Die Regierung wurde der Unruhen kaum Herr, und in konservativen Bevölkerungsschichten wuchs die Sorge vor der Revolution, die die gesamte Gesellschaftsordnung hinwegzufegen drohte. Dabei kam es auch hier zu einer Radikalisierung, als sich die Anhänger von Gil Robles und insbesondere die Mitglieder seiner Jugendorganisation nun scharenweise der *Falange* anschlossen, deren auf einen Umsturz abzielendes Programm in dieser aufgeheizten Stimmungslage an Zustimmung gewann. Für Franco ließ diese Entwicklung keinen Zweifel. So soll er seinem Cousin gegenüber geäußert haben, dass eine Erhebung zwar auf große Schwierigkeiten stoßen würde, nun aber keine andere Wahl mehr bestünde, um den Kommunisten zuvorzukommen, die sehr gut vorbereitet seien und nur auf die Order der Sowjets warteten, um loszuschlagen.[35]

Lange ist behauptet worden, dass Franco nicht nur besonders vorsichtig, sondern vor allem zögerlich agiert habe und sich erst im allerletzten Moment dazu habe entschließen können, sich gegen die legale Ordnung zu stellen und dem Putsch anzuschließen. In diesem Zusammenhang wird gerne auf einen bereits in der Biographie von Arrarás vollständig wiedergegebenen Brief Francos an den Kriegsminister Santiago Casares Quiroga verwiesen. In diesem Schreiben, das drei Wochen vor der Erhebung verfasst wurde, machte Franco warnend auf die große Unruhe innerhalb des Offizierskorps angesichts einer als herabwürdigend empfundenen Personalpolitik aufmerksam. Dabei widersprach er zwar entschieden der Behauptung, dass sich die Streitkräfte gegen die republikanische Ordnung stellten, warnte jedoch vor der bestehenden explosiven Stimmung.[36] Über die Motivation dieses Schreibens ist viel spekuliert worden. So ließe sich daraus zunächst einmal ableiten, dass Franco eine Schwächung des Putsches durch weitere Umbesetzungen habe vermeiden wollen. Natürlich konnte es auch als Ablenkungsmanöver verstanden werden.[37] Bei Arrarás, der das Schreiben aus dem Umfeld Francos erhalten haben dürfte, sowie für Apologeten des Diktators dient dieser Brief wiederum als Beleg dafür, dass Franco für eine Bekämpfung der in seinen

Augen bevorstehenden Revolution auf der Grundlage der verfassungsmäßigen Ordnung eingetreten sei.[38] Gängiger Weise wird das Schreiben jedoch als Beleg für das Doppelspiel Francos angeführt. Dieser habe sich der Regierung angedient und kaum kaschiert um einen Posten mit größerer Verantwortung ersucht.[39] Franco, der von manchen als Anführer der Erhebung gehandelt wurde,[40] habe damit hinter dem Rücken seiner Mitverschwörer seine eigenen persönlichen Interessen vorangestellt.[41]

Mit dieser Argumentation wird die These untermauert, wonach Franco eigentlich ein Trittbrettfahrer war, der auf keinen Fall auf der Seite der Verlierer habe stehen wollen. Demnach habe er sich erst im letzten Augenblick aus der Deckung gewagt, um die ihm zugedachte Aufgabe der Erhebung der Truppen in Marokko anzugehen. Hierzu wird gerne General Sanjurjo, der wiederum den Putsch anführen sollte, zitiert: »Franco wird nichts tun, was ihn kompromittieren könnte. Er bewegt sich immer im Hintergrund, weil er verschlagen ist«.[42] Sanjurjo soll unmittelbar vor dem Aufstand noch ausgerufen haben, dass dieser mit oder ohne »Franquito« durchgeführt würde.[43] Diese Zurückhaltung Francos, der noch wenige Tage vor der Erhebung mitteilte, dass er nicht losschlagen würde, soll den Koordinator des Putsches, General Mola, zur Verzweiflung gebracht haben. Dieser habe auf die Nachricht hin umdisponiert und statt Franco Sanjurjo zur Befehligung der Truppen in Marokko vorgesehen.[44] Der Sinneswandel und damit Francos Entschluss, sich der Erhebung doch anzuschließen, sei erst mit der Ermordung von Calvo Sotelo am 13. Juli erfolgt.[45] Diese Bluttat löste im konservativen Lager landesweit eine gewaltige Welle der Empörung aus, bedingte nicht zuletzt den Zusammenschluss in den Reihen der Gegner des Systems und verbesserte damit deutlich die Erfolgsaussichten des Putsches.

Eine kürzlich erschienene Studie von Angel Viñas wirft wiederum ein neues Licht auf die Haltung Francos. Dieser habe sich demnach bereits frühzeitig zur Beteiligung am Putsch entschieden; sein vermeintliches Zögern erkläre sich vielmehr daraus, dass er sich auf Teneriffa in einer besonders schwierigen Situation aufgrund der eingeschränkten Bewegungsfreiheit befunden habe. Er sei insbesondere vor dem Problem gestanden, die Erhebung der Kommandantur im benachbarten Las Palmas erwirken zu müssen. Franco habe erst freie Bahn gehabt, als der dortige Militärkommandant, General Amado Balmes, aus dem Weg geschafft worden sei. Balmes sei nämlich entgegen der Darstellung der franquistischen Propaganda nicht bereit gewesen, sich dem Putsch anzuschließen und schließlich einem als Unfall dargestellten Mordkomplott zum Opfer gefallen.[46] Den außerordentlich merkwürdigen Todesumständen, wonach Balmes nach offizieller Lesart eine Pistole zu enthemmen versucht habe, indem er die Mündung des Waffenlaufs auf seinen Bauch gestützt und sich dabei der Schuss gelöst habe, wurde mit einer angeblich engen Freundschaft zwischen beiden Generälen und der aktiven Involvierung von Balmes in die Putschvorbereitungen entgegengearbeitet.[47] Apologeten Francos konnten jedoch nicht umhin, den Tod von Balmes am 16. Juli als unerwarteten Glücksfall oder gar Zeichen der Vorsehung zu werten,[48] da Franco aus Anlass dieses Todes mit einer behördlichen Genehmigung am Tag darauf habe nach Las Palmas übersetzen können, wo jenes Flugzeug wartete, das ihn nach Marokko bringen sollte.

An jenem 17. Juli überschlugen sich in Marokko bereits die Ereignisse, nachdem Kontrollen in der Garnison von Melilla zur Enttarnung des Vorhabens geführt hatten. Die dort befindlichen Verschwörer schlugen daraufhin ihrerseits kurzerhand los und bemächtigten sich der Stadt. Der Putsch nahm damit seinen Lauf. Franco bestieg tags darauf das bereitstehende Flugzeug in Richtung von Tetuán, dem Sitz des Hochkommissariats. Dort traf er nach einer Zwischenlandung in Agadir und einer Übernachtung in Casablanca am Folgetag ein und übernahm das Kommando über die Afrikaarmee. Autoren wie Viñas oder Blanco Escolá erkennen auch hierin eine besondere Vorsichtsmaßnahme Francos, der den Flug verzögert habe, um zunächst die Gewissheit zu haben, dass die Erhebung in Marokko geglückt war und zudem auch auf dem Festland begonnen hatte.[49]

Zwischenzeitlich war über den Äther ein Manifest Francos verbreitet worden, ein Aufruf zur Verteidigung des Vaterlandes sowie zur Wiederherstellung der Ordnung. Im Kern ging es darum, die Erhebung gegen die legal konstituierte Ordnung zu legitimieren. Das war letztlich nur möglich, wenn die bestehende Situation als rechtlos verstanden wurde. In diesem Sinne stellte Franco auch am ersten Jahrestag der Erhebung fest:

> »Den Streitkräften steht es nicht zu, sich gegen eine Partei oder gegen eine Verfassung zu erheben, die ihnen nicht passt. Sie haben aber die Pflicht, die Waffen zu ergreifen, um das Vaterland zu verteidigen, wenn es sich in Todesgefahr befindet«.[50]

Dieses Bild sollte die gesamte Diktatur über gepflegt werden.

Die Propaganda des Regimes argumentierte vor allem damit, dass die bolschewistische Revolution unmittelbar bevorgestanden habe. Mit dem Zeitgeist jener Jahre durchtränkte Biographien beschreiben entsprechend fabulierend bis ins Detail, wie jene Kräfte, die in der »Oktoberrevolution« von 1934 noch gescheitert seien und nach den Volksfrontwahlen von 1936 schließlich die Macht übernommen hätten, längst sämtliche Vorbereitungen getroffen hätten, um nach der Ermordung von Calvo Sotelo im Bündnis mit der Freimaurerei die von Moskau aus gelenkte Revolution durchzuführen und damit »das Tor aufzustoßen, durch das die Apokalyptischen Reiter einziehen sollten«.[51] In diesem Sinne übernahm Ministerpräsident Azaña die Rolle eines spanischen Kerenskis:

> »Sie saßen beieinander, eingehüllt in dichte Wolken, Rauch von schweren Zigaretten, und spannen ihre Netze, Azana, Largo Caballero, Casares Quiroga, Prieto und so mancher andere, Linksrepublikaner, Sozialisten, Bolschewisten. In ihrer Mitte auf erhöhtem Sessel Martinez Barrio, der Ordensmeister der Spanischen Freimaurerei und oberster Inspektor des Staats- und des Regierungschefs. Man war sich einig, lachte, schwatzte, lärmte. Hinter bläulichen Schleiern von Tabaksqualm ein paar pfiffige

Judengesichter. Man hatte einen Pakt geschlossen. [...] Einige Herren, die Spanisch mit stark russischem Akzent sprachen, hatten den Vertrag entworfen. Barrio gab mit blasierter Geste seinen Segen«.[52]

Damit, so die Schlussfolgerung, hätten sich nicht die Putschisten erhoben, sondern die »Roten«. Die Streitkräfte seien lediglich ihrer »geheiligten Pflicht« nachgekommen, die Revolution niederzuringen und das Vaterland zu erretten.

Diese These wird nicht nur durch aus dem Franquismus stammende Autoren hartnäckig vertreten.[53] Auch die jüngste Historiographie, vertreten durch Historiker wie Stanley Payne oder Luis Eugenio Togores, verteidigen die Behauptung, wonach die Linke aufgrund einer verantwortungslosen Politik für die Radikalisierung der Gesellschaft und damit für den Ausbruch des Bürgerkrieges verantwortlich sei. Ganz im Sinne des Titels der Erinnerungen von Gil Robles sei die Bewahrung des Friedens schlichtweg nicht möglich gewesen.[54] Der weit überwiegende Teil der Forschung vertritt indes die These, dass die Zweite Republik bei allen Krisen auch im Juli 1936 gesellschaftlich nicht am Ende gewesen sei.[55] Vielmehr habe der konspirierende Nationalismus und Monarchismus seit 1931 unablässig das Ziel verfolgt, die entstehende freiheitlich-demokratische Grundordnung zu zerstören.

Der Aufruf Francos richtete sich allerdings weder gegen die Republik als Staatsform, noch sprach er sich für die Wiedereinführung der Monarchie aus. Selbst der Katholizismus fand darin keine Erwähnung. Das war kein Zufall. Außerdem war Francos Aufruf entgegen der unterschwelligen späteren Propaganda weder das einzige noch das wichtigste Manifest in den ersten Tagen der Erhebung. Der »Direktor« des Putsches, General Mola, richtete sich in ganz ähnlichen Worten an die Bevölkerung, und Generäle wie Queipo de Llano beendeten damals ihre Aufrufe mit einem Hoch auf die Republik.

Die Putschisten erhoben sich damit gegen eine als intolerabel empfundene politische und gesellschaftliche Situation. Das Militär machte sich damit ganz in der Tradition des Gesetzes von 1906 und wie schon einmal im Jahr 1923 zum Interpreten der Interessen und des Wohlergehens der Nation. Was darüber hinaus die politischen Ziele der Putschisten und der dahinter liegenden Kräfte waren, blieb jedoch nebulös. Während einige der am Putsch federführend Beteiligten wie die Generäle Varela oder Sanjurjo eine monarchistische Überzeugung verband, galt die Monarchie von Alfons XIII. in weiten Teilen des Offizierskorps als diskreditiert. Generäle wie Queipo de Llano hatten schon 1931 aktiv am Sturz der Monarchie mitgewirkt oder waren, wie Mola, ausgesprochene Republikaner. Selbst die von Franco verabscheute Freimaurerei war in den Reihen der Aufständischen vertreten, etwa mit General Miguel Cabanellas als ranghöchstem Offizier mit Truppenkommando. Andere Offiziere wie Oberstleutnant Yagüe sympathisierten mit der faschistischen *Falange*. Nicht einmal der Katholizismus kann als die Putschisten verbindende Klammer bezeichnet werden.

Für die Putschisten gab es jedenfalls kein Zurück mehr. In diesem Sinne soll Franco kurz vor der Erhebung zu General Luis Orgaz gesagt haben:

> »Der Soldat, der gegen die verfassungsmäßige Ordnung rebelliert, kann weder einen Rückzieher machen, noch sich ergeben, weil er dann ohne Umschweife erschossen werden wird«.[56]

Dieser Gedanke, auf den Franco immer wieder zurückkam, verweist aber vor allem darauf, dass es nun um einen Kampf auf Leben und Tod ging, der durch die Aufständischen entsprechend rücksichtslos geführt werden würde.

Generalissimus

Mit der Erhebung vom 18. Juli war in den Worten der Apologeten die Stunde Francos gekommen, um die ihm aufgetragene historische Mission auf der Bühne des Weltgeschehens zu erfüllen. So heißt es bei Johann Froembgen:

»Der General, der sich so lange gesträubt hatte, in den Strudel der Politik zu geraten, musste nun zwangsläufig zum Staatsmann werden. Das Schicksal hatte es ihm so bestimmt. Es war Befehl der Vorsehung, Wille Gottes. Gott war sein Zeuge, dass er sich nicht, von Ehrgeiz und Ruhmsucht getrieben, hierzu gedrängt hatte. Bis zum letzten Augenblick war er zurückgeschaudert vor dem Sprung in die politische Arena. Er hatte aber geschworen, dass er keine Sekunde zögern würde, falls Spanien, falls die Vorsehung ihn rief. Der Ruf war ergangen«.[1]

Gerade diese Biographien, die noch im Bürgerkrieg oder unmittelbar danach entstanden sind, stilisieren Franco im Geist der scheinbar unaufhaltsam aufstrebenden faschistischen Neuordnung Europas zu einer Führerfigur, die Spanien den Weg in das neue Zeitalter weist. Hierzu wird aber auch der Sozialistenführer Indalecio Prieto zitiert, der Franco in einer Rede im Mai 1936 durchaus zutraute, sich an die Spitze einer Erhebung zu stellen:

»General Franco ist ein Mann, der aufgrund seines jungen Alters, seiner Fähigkeiten, seiner Freundschaftsbande innerhalb der Streitkräfte sowie seines persönlichen Prestiges im Fall der Fälle mit größter Wahrscheinlichkeit gewählt werden würde, um eine solche Bewegung anzuführen«.[2]

Franco war allerdings keineswegs jener Anführer des Putsches, zu den ihn Apologeten alsbald stilisierten. Er gehörte auch nicht zum engeren Zirkel der Organisatoren. Die Fäden lagen in der Hand des »Direktors« der Erhebung, General Emilio Mola. Das militärische Oberkommando sollte wiederum General José Sanjurjo übernehmen. Für Franco bestanden daher zunächst einmal weder die Aussicht, sich an die Spitze der Erhebung zu stellen, noch einen maßgeblichen Einfluss auf den weiteren Verlauf der Ereignisse zu nehmen. Franco befand sich im Juli 1936 auf den Kanaren nicht nur räumlich sehr weit von jener Macht entfernt, die er nur wenige Wochen später erreichen würde.

Sollten die Erinnerungen des Monarchisten Pedro Sainz Rodríguez zutreffen, der in jenen Jahren mit Franco verbunden war, so verfolgte dieser zu der Zeit tatsächlich keine politischen Ambitionen. Er soll sich gegenüber Sanjurjo dahingehend geäußert haben, im Fall eines geglückten Putsches das Amt des Hochkommissars für Marokko als Wunschziel zu haben. Damit wäre er zu den Wurzeln seiner Offizierslaufbahn zurückgekehrt, die damit auch einen krönenden Abschluss gefunden hätte.[3] Wie kam es nun dazu, dass dieser General alsbald die unumschränkte Macht übernehmen konnte?

Dazu wird gerne – ironisch gemeint – von einer durch die Vorsehung gewollte Reihe von Todesfällen gesprochen, in die auch Verschwörungstheorien hineininterpretiert worden sind.[4] Tatsächlich wurde Francos Weg an die Spitze von einer ganzen Anzahl tödlicher Unglücksfälle geebnet. Hierzu gehört zunächst einmal der Tod von General Balmes in Las Palmas, der Francos Erhebung auf den Kanaren aller Wahrscheinlichkeit nach erst möglich machte. Am 20. Juli wiederum erschütterte der Tod von General Sanjurjo das Lager der Aufständischen. Sanjurjo hatte in Estoril ein kleines Flugzeug bestiegen, um nach Burgos in das Hauptquartier von General Mola als Schaltzentrale des Putsches gebracht zu werden. Beim Abflug gewann das Flugzeug Augenzeugen zufolge jedoch nicht rasch genug an Höhe und streifte einen Baumwipfel. Bei der folgenden Bruchlandung kam Sanjurjo ums Leben.[5] Damit verloren die Aufständischen ihren designierten militärischen Anführer.

Mit dem Fehlschlag des Putsches in weiten Teilen des Landes verschwanden auch andere ambitionierte Verschwörer, die in einem nationalistischen Spanien aller Voraussicht nach zentrale Machtpositionen übernommen hätten und als Konkurrenten Francos galten. General Goded, ehemaliger Generalinspekteur des Heeres, missglückte sein Versuch, von den Balearen aus kommend, die Militärregion Katalonien an sich zu reißen. Er musste sich ergeben und wurde wenige Wochen später hingerichtet. In Madrid scheiterte General Fanjul, der unter Gil Robles das Amt des Staatssekretärs im Kriegsministerium inne gehabt hatte, bei seinem Versuch die Kontrolle in Madrid zu übernehmen. Er konnte zwar die am Rande Madrids gelegene Garnison des *Cuartel de la Montaña* zunächst übernehmen, wurde aber dann dort niedergerungen, verhaftet und wenig später hingerichtet.

Die Ereignisse der ersten Tage des Aufstandes zeigten, dass die Ziele des Putsches bei weitem nicht erreicht worden waren. Unter der Kontrolle der Aufständischen stand lediglich etwa ein Drittel des spanischen Staatsgebietes, vor allem der agrarisch dominierte kastilisch-aragonesische Raum nördlich von Madrid sowie mit Sevilla und Cádiz einzelne Städte im Süden. Damit war zunächst eine Pattsituation entstanden, aus der heraus sich nun der Frontverlauf ergab. Mit dem Tod Sanjurjos und dem Fehlschlag anderer Generäle veränderte sich zudem grundlegend die Machtkonstellation innerhalb des nationalistischen Kriegslagers: Wenige Tage nach dem Tod Sanjurjos wurde in Burgos eine nationale Verteidigungsjunta gebildet, die sich zunächst aus sieben Offizieren zusammensetzte und der Miguel Cabanellas als ranghöchster General nominell vorstand. Franco gehörte der Militärjunta zunächst nicht an. Erst einige Tage später wurde er zusammen mit zwei weiteren Generälen des Kommandogebietes im Süden hinzugezogen. Damit rückte er nun auch innerhalb der Kommandostrukturen in eine zentrale Position vor.

Nachdem das ursprüngliche Ziel, die Macht in Madrid handstreichartig zu übernehmen, gescheitert war, setzten die

Aufständischen ihre Bemühungen darauf, von verschiedenen Seiten her kolonnenartig auf Madrid vorzustoßen. Mola traf jedoch bei dem Versuch, durch die nördlich von Madrid verlaufenden Gebirgszüge durchzubrechen, nicht zuletzt aufgrund mangelnder Bewaffnung und fehlender Munition, auf unerwartet große Schwierigkeiten. Gleichzeitig befanden sich die Aufständischen in den kleinen im Süden gehaltenen Räumen in einer desolaten Lage. Damit rückten die kampferprobten Einheiten der Afrikaarmee und General Franco in den Blickpunkt. Dieser sah sich aber seinerseits mit dem besonderen Problem konfrontiert, seine Armee auf das Festland übersetzen zu müssen: Nach Matrosenaufständen richtete sich ein Großteil der Schiffe der Kriegsmarine gegen den Putsch, die nun entlang der Gibraltarmeerenge patrouillierten.

Mit einigen wenigen kleineren Flugzeugen konnte zwar eine Reihe Soldaten übergesetzt werden, und in einem Schiffskonvoi gelang Anfang August im Rahmen einer von Franco trotz der Seeblockade befohlenen wagemutigen Aktion die Überfahrt von dreitausend Soldaten und großen Mengen Material. Die Wende brachte allerdings erst das Ergebnis einer legendären Mission, die Franco zwei im spanischen marokkanischen Protektorat ansässigen Nationalsozialisten anvertraute, um die Unterstützung des »Dritten Reichs« durch die Lieferung von Transportflugzeugen zur Bildung einer Luftbrücke zu erreichen. Vorangegangene Versuche, sowohl Francos über italienische Mittelsmänner als auch Molas über die deutschen Vertretungen in Lissabon und Paris, hatten zunächst keinen Erfolg gezeigt: Mussolini zögerte aus Sorge vor unabsehbaren internationalen Verwicklungen, und das Auswärtige Amt in Berlin lehnte es vor allem mit Blick auf die Reaktion Londons ab, sich in den innerspanischen Konflikt einzumischen.

Es kann sogar davon ausgegangen werden, dass nicht einmal Franco an den Erfolg dieser kleinen Delegation, zu der auch ein spanischer Offizier im Rang eines Hauptmanns gehörte, geglaubt hat, als die einige Tage zuvor requirierte Lufthansamaschine in Richtung Berlin abhob. Dafür spricht, dass es Franco für angebracht gehalten hatte, Oberstleutnant Juan Beigbeder in Marokko zu belassen, obwohl dieser wenige Jahre zuvor als Militärattaché in Berlin tätig gewesen war. Tatsächlich gelang es aber innerhalb weniger Stunden und am Auswärtigen Amt vorbei zu Hitler vorzudringen, der sich damals anlässlich der Wagner-Festspiele in Bayreuth aufhielt. Zu der positiven Entscheidung in der Nacht vom 25. Juli soll auch eine euphorische Stimmung beigetragen haben, in der sich Hitler nach der »Siegfried«-Aufführung befunden haben und die in der Folge auch die Ursache für die Wahl des als »Unternehmen Feuerzauber« festgelegten Tarnnamens gewesen sein soll.

Die Entsendung der erbetenen Transportmaschinen, die darüber hinaus anlaufende Versorgung mit Rüstungsmaterial sowie die nun ebenfalls einsetzende italienische Hilfestellung trugen nicht nur in entscheidender Weise zur militärischen Leistungsfähigkeit der Aufständischen und zur Verhinderung eines frühzeitigen Debakels bei. Darüber hinaus wurde damit die Position Francos maßgeblich gestärkt: Ende August kamen Deutsche und Italiener im Rahmen eines Treffens der Chefs der jeweiligen militärischen Geheimdienste, Wilhelm Canaris und Mario Roatta, überein, dass Franco der alleinige Empfänger der geleisteten Militärhilfe sein sollte.[6] Angesichts der Abhängigkeit der Aufständischen von diesen Waffenlieferungen besetzte somit Franco, der offiziell lediglich das Oberkommando über die Streitkräfte im Süden hatte, während Mola die Operationen im Norden leitete, die zentrale Schaltstelle im Lager der Nationalisten. Hitler und Mussolini hatten damit im Grunde eine Vorentscheidung zugunsten Francos als Anführer im Lager der Nationalisten gefällt. Dies wurde auch nach außen hin sichtbar, indem Deutsche und Italiener ihre Militärmissionen zur Koordination der Waffenhilfe an seinem Hauptquartier einrichteten.

Mit dem Übersetzen des Afrikaheeres im Rahmen der bis dahin größten Luftbrücke der Geschichte richtete Franco seine Kräfte darauf, möglichst rasch nach Madrid vorzurücken, um den von Norden her ins Stocken geratenen Vormarsch auf Madrid zu entlasten, in einem folgenden Schritt in der Hauptstadt einzuziehen und damit der Republik den Todesstoß zu versetzen. Tatsächlich kamen Francos Einheiten entlang der portugiesischen Grenze, über die sie mit Kriegsmaterial versorgt wurden, rasch voran. Die Geländegewinne und damit der Erfolg der Truppen Francos kontrastierten mit der weitgehend festgefahrenen Situation im Kommandogebiet Molas, das weiterhin unter Munitions- und Materialmangel litt. Hierzu soll sogar Franco bewusst beigetragen haben, indem er die dringend benötigten Munitionslieferungen verzögerte.[7]

Francos militärischen Erfolge lenkten eine immer stärkere Aufmerksamkeit der nationalistischen Presse und Propaganda auf seine Person. Damit stach er auch in der Wahrnehmung der Öffentlichkeit aus dem Kreis der militärischen Führungsspitze immer stärker heraus und wurde als vorwärts stürmender Kriegsheld von den Menschenmassen frenetisch bejubelt. Der Nimbus Francos als Kriegsheld begründete sich aber vor allem durch dessen Entscheidung, den Marsch auf Madrid etwa 80 Kilometer vor der Hauptstadt zu unterbrechen, um zunächst nach Toledo vorzustoßen. Damit sollte der seit den Anfangstagen des Bürgerkrieges durch republikanische Milizen belagerte Alcázar als Militärakademie der Infanterie, in der Franco selbst ausgebildet worden war, befreit werden. Dieser Befehl wird in der Literatur als entscheidend für Francos Aufstieg an die unumschränkte Spitze im Lager der Aufständischen beschrieben.

In der Festungsanlage befanden sich allerdings entgegen der verbreiteten Propaganda, die sich über den Heldenmut der angehenden Offiziere erging, kaum Kadetten, da sie sich vor der Erhebung bereits in die Sommerferien verabschiedet hatten. Vielmehr handelte es sich vor allem um Einheiten der *Guardia Civil* und Milizen der *Falange*, die unter dem Kommando des Chefs der Militärakademie, Oberst José Moscardó, standen, sowie darüber hinaus um eine große Anzahl Zivilisten, vor allem Frauen und Kinder. Wenngleich der

Festung keinerlei strategische Bedeutung zukam, war die Belagerung ein sowohl durch die Aufständischen, als auch durch die Regierung in Madrid medial in Szene gesetztes Ereignis mit hohem Symbolgehalt: Während die republikanische Seite in Erinnerung an den Oktober 1934 mit Minenarbeitern aus Asturien einen Stollen unter die Anlage trieb, um die Festung zu sprengen und damit erstürmen zu können, verstärkte sich die propagandistische Aufmerksamkeit auf der nationalistischen Seite mit den an Toledo heranrückenden Truppen und der damit in Aussicht stehenden Befreiung. Schließlich gelang es Einheiten unter dem Kommando von General Varela sich den Weg bis zum Alcázar zu bahnen und die Einsitzenden zu befreien. Während Franco in seinem Hauptquartier in Cáceres für diesen Erfolg bejubelt wurde, erlebte die Stadt Toledo zeitgleich eine grausame und blutgetränkte Orgie der Gewalt. Die ausländische Presse betrat erst tags darauf mit der inszenierten Ankunft Francos die Ruinen der Festung. Die damals entstandenen Aufnahmen von Franco und einem bärtigen, erschöpft wirkenden Moscardó gingen um die Welt und entfalteten eine ungeheure propagandistische Wirkung. Franco verkörperte damit bildhaft die Kriegsanstrengung der Nationalisten.

Die Befreiung des Alcázar von Toledo und vor allem der »Heldenmut der Verteidiger« wurden zur Meistererzählung des Spanischen Bürgerkrieges. Dabei nahm vor allem die Geschichte von der »Opferung« des Sohnes von Oberst Moscardó eine zentrale Stellung ein. Im Rahmen der Belagerung von Toledo habe Moscardó einen Telefonanruf des Chefs der Milizen erhalten, der dem Belagerten offenbarte, den Sohn in seiner Gewalt zu haben, und drohte, diesen zu töten, sollte sich der Alcázar nicht ergeben. In einem dramatischen Gespräch zwischen Moscardó und seinem Sohn habe der Vater dem Sohn schließlich anbefohlen, wie ein Held zu sterben und seine Seele Gott zu empfehlen. Damit habe Moscardó jene legendäre Tat des christlichen Burgherrn Guzmán aus dem späten 13. Jahrhundert wiederholt: Der Überlieferung nach opferte Guzmán im an der Südspitze Spaniens gelegenen Tarifa mit der Weigerung, die Burg zu ergeben, seinen eigenen Sohn, der sich in der Hand der maurischen Belagerer befand. Dieses als Heldentat glorifizierte Gespräch wurde während der Diktatur zum epischen Zentrum der Geschichte der Belagerung stilisiert. In Spanien sorgte insbesondere der Spielfilm »Sin novedad en el Alcázar« (1940) für die Verbreitung des Mythos, der sich im kollektiven Gedächtnis tief verankerte. Auch in Deutschland erschienen damals eine ganze Reihe von Darstellungen, vor allem als Jugendliteratur, die durch den intendierten Vorbildcharakter der Wehrertüchtigung dienten.[8]

Der Alcázar selbst wurde zur nationalistischen Kultstätte, in der bis vor kurzem die als Essenz der Kriegsanstrengung inszenierten Räume und nicht zuletzt der reliquienartig ausgestellte Telefonapparat besichtigt werden konnten. Zum Mythos gehören nicht zuletzt auch allerlei wundersame Begebenheiten wie das schadlose Überstehen einer Madonnenfigur in der kleinen improvisierten Kapelle, die sich in unmittelbarer Nähe der großen Sprengungen befunden hatte. Nach Lesart der Nationalisten stand außer Frage, dass die Vorsehung eine schützende Hand über den Alcázar im Kampf der christlichen Zivilisation gegen die Barbarei gehalten hatte.

Im Mythos vom Alcázar verdichtete sich damit der als Befreiungskampf verstandene Bürgerkrieg, bei dem sich die Standfestigkeit, der Wille zur Verteidigung »nationaler Werte« sowie die Opferbereitschaft im Sinne christlicher Märtyrologie manifestierten. Zusätzlich zum gemeinsamen Leidenskampf kam damit auch die Erwartung des als Erlösung gedeuteten Sieges identitätsstiftend zum Ausdruck. Nach Eickhoff feierte das nationalistische Spanien mit dieser Befreiung sich selbst, sprach sich Mut und Sinn zu, womit der Alcázar zum »heiligen Ort der Sinngebung und der Rechtfertigung« wurde.[9] Ganz in diesem Sinne verkündete Franco bei der Inspektion der erstürmten Ruinen: »Die Befreiung des Alcázar war mein am meisten ersehntes Ziel. Nun ist der Krieg gewonnen«.[10]

Mit diesem Sieg verband sich aber auch im Hinblick auf die Gegner eine bedeutende psychologische Absicht. So begründete Franco laut den Erinnerungen von General Kindelán den Befehl, nach Toledo zu ziehen, mit den Worten:

> »Ich habe es so entschieden, weil die spirituellen Faktoren in jedem Krieg und erst recht in einem Bürgerkrieg eine außerordentliche Bedeutung haben. Wir müssen den Gegner erschüttern, indem wir ihn davon überzeugen, dass wir alles erreichen, was wir uns vornehmen, ohne dass er es verhindern kann«.[11]

Entsprechend apotheotisch wurde allenorten Franco als messianischer Befreier und Moscardó als mythischer Held gefeiert. Dankgottesdienste unterstrichen den demnach in der Befreiung zum Ausdruck gekommenen Willen der Vorsehung.

Die Forschung hat bereits frühzeitig Zweifel an der Echtheit des Ablaufs der bereits wenige Tage nach der Befreiung durch einen spanischen Journalisten erstmals beschriebenen »Opferung« geäußert.[12] So hat aller Wahrscheinlichkeit nach das Telefonat zwischen Vater und Sohn nicht stattgefunden. Im Grunde kann vielmehr davon ausgegangen werden, dass es hier zu einer bewusst vorgenommenen epischen Verknüpfung und Inszenierung von Begebenheiten in Anlehnung an das mittelalterliche Vorbild gekommen ist und dieses Narrativ aufgrund seiner Wirkmacht auch von offizieller Seite übernommen und festgeschrieben wurde. Andere Belagerungen wie jene der Garnison von Oviedo unter dem Kommando von Oberst Antonio Aranda, die Verteidigung der Simancas-Kaserne in Gijón, die Belagerung des Santuario Santa María de la Cabeza in Jaén, in dem sich eine Gruppe der *Guardia Civil* verschanzt hielt, oder jene von Teruel erreichten – wenngleich ebenfalls propagandistisch intensiv begleitet – keine auch nur annähernd vergleichbare mythische Überhöhung.

Francos Entscheidung, den Alcázar zu befreien, wird in der Forschung mit Blick auf den weiteren Verlauf des Krieges als schwerer Fehler bezeichnet. Auch für enge Mitarbeiter wie General Kindelán stand offenbar frühzeitig fest, dass die damit eintretenden Verzögerungen die rasche Einnahme von Madrid gefährdeten, da die Verteidiger damit wertvolle Zeit gewannen, um ihre Linien auszubauen.[13] Diese Einschätzung wurde auch von britischen und französischen Militärbeobachtern geteilt.[14] Deutsche und Italiener waren wiederum über die aus ihrer Sicht völlig unnötigen Verzögerungen, die angesichts der sich abzeichnenden sowjetischen Militärhilfe der siegreichen Beendigung der Kampfhandlungen zuwider liefen, besonders ungehalten. In der Tat waren, als die groß angelegten Operationen gegen die Hauptstadt im November schließlich begannen, nicht nur die Verteidigungsanlagen verbessert worden, sondern auch sowjetisches Kriegsgerät, Militärberater sowie Einheiten der Internationalen Brigaden eingetroffen und in Stellung gebracht worden. Die sicher geglaubte Erstürmung der Hauptstadt misslang. Militärhistoriker halten inzwischen allerdings die tatsächliche militärische Relevanz der Internationalen Brigaden für überschätzt. Dies sei ein Mythos, den nicht zuletzt die franquistische Propaganda befeuert hätte, um den Bürgerkrieg als Kampf gegen eine internationale bolschewistische Verschwörung stilisieren zu können und nicht zuletzt auch die eigenen Unzulänglichkeiten bei der Erstürmung Madrids zu kaschieren.[15]

So wird die Entscheidung, nach Toledo zu ziehen, als bewusste Strategie Francos verstanden, um mittels einer propagandistisch verwertbaren an das Gemüt appellierenden Befreiung des Alcázar den eigenen Weg an die Spitze der Erhebung zu ebnen. Franco habe sich noch vor der erwarteten Einnahme von Madrid als unumstrittener Führer im eigenen Lager durchsetzen wollen.[16] Am Tag der Befreiung versammelten sich in Cáceres jubelnde Menschenmassen vor dem Hauptquartier Francos, denen ein enthusiastischer Yagüe zurief:

> »Die Eroberung von Toledo ist für uns alle ein Grund zum Stolz. Das ist das Werk General Francos. Morgen werden wir in ihm unseren Generalissimus und Staatschef haben, denn es wird Zeit, dass Spanien einen Staatschef mit Begabung bekommt. Die Nachricht von heute ist groß, die von morgen wird noch größer sein.«[17]

Die Befreiung und die folgenden Siegesfeiern waren nach Eickhoff das inszenierte Präludium und die plebiszitäre Akklamation einer mythischen Erhebung des Generals. Hierfür steht auch folgender Satz aus einem Toledo-Gedenkband:

»Mit den verehrungswürdigen Steinen des Alkazar als urwüchsigem Thron und mit dem Himmel Toledos als Baldachin hat Spanien Francisco Franco Bahamonde akklamiert als seinen Caudillo und natürlichen König«.[18]

Der Entschluss zur Schaffung eines Oberkommandos ergab sich aus der veränderten militärischen Lage nach der Herstellung einer Verbindung zwischen dem südlichen und dem nördlichen Operationsgebiet sowie angesichts eines sich verstärkenden Widerstandes der Republikaner. Damit schien die Ernennung eines Oberkommandierenden angeraten. Dieser Entschluss war allerdings auch innerhalb der Verteidigungsjunta nicht unumstritten, zumal kaum Alternativen zu Franco bestanden. Vor allem Queipo de Llano, Cabanellas und nicht zuletzt Mola hegten Vorbehalte in dieser Frage und vor allem gegenüber Franco.[19] Nach den Erinnerungen von Kindelán, der zu den Beratungen hinzugezogen worden war, einigte sich die Verteidigungsjunta bereits Mitte September in einer Baracke am Rollfeld eines kleinen improvisierten Flugplatzes in der Nähe von Salamanca auf Franco als künftigen Generalissimus. Vor allem bestanden aber noch Bedenken, ihn nicht nur zum Oberkommandierenden zu ernennen, sondern ihm auch noch umfassende politische Macht zu übertragen, auf der er bestand.[20]

Franco, der mit der Befreiung von Toledo erheblichen Druck im Sinne seiner Erhebung zum Generalissimus und Staatschef aufgebaut hatte, setzte sich bei einem neuerlichen Treffen der Verteidigungsjunta am 28. September durch, nachdem es vor allem General Kindelán gelungen war, die bestehenden Vorbehalte zu überwinden. Damit übernahm Franco nicht nur das militärische Oberkommando, sondern auch noch unumschränkte diktatorische Macht. Bezeichnenderweise war außerdem der im beschlossenen Entwurf des Ernennungsdekrets enthaltene Zusatz, der die Machtübertragung auf die Zeit des Krieges beschränkte, in der tags darauf veröffentlichten Version verschwunden.

Allein General Cabanellas stemmte sich bis zum Schluss gegen die Ernennung Francos. Ein diesem General häufig in den Mund gelegter, an die übrigen Mitglieder der Verteidigungsjunta gerichteter Satz wird in diesem Zusammenhang als prophetisch gesehen:

> »Sie wissen nicht, was sie angerichtet haben, weil Sie ihn nicht so gut kennen wie ich, der sein Vorgesetzter in der Afrikaarmee war, als er eine Abteilung unter meinem Kommando befehligte. Wenn ihm nun, wie beabsichtigt, gleich ganz Spanien anvertraut wird, wird er glauben, dass es ihm gehört, und so wird er nicht zulassen, dass ihn jemand ersetzt, weder im Krieg noch danach, bis ans Ende seiner Tage.«[21]

Dieser Satz würde sich nicht nur bewahrheiten; auch die meisten der Mitglieder der Verteidigungsjunta bereuten spätestens nach Ende des Bürgerkrieges ihren Entschluss. Fünf dieser Generäle, Alfredo Kindelán, Luis Orgaz, Fidel Dávila, Andrés Saliquet und Miguel Ponte drängten Franco im Spätsommer 1943 sogar schriftlich zum Rücktritt. Vor allem bei Kindelán, der die Ernennung Francos maßgeblich betrieben hatte, saß die Enttäuschung tief, war er doch davon ausgegangen, dass Franco frühzeitig der Restauration der Monarchie den Weg ebnen würde. Es mag auch kaum verwundern, dass Cabanellas alsbald ins Abseits geriet, indem ihm das Truppenkommando entzogen und repräsentative Aufgaben übertragen wurden. Das Verhältnis zu Queipo de Llano schlug sogar in offene Antipathie um. Nach Ende des Bürgerkrieges wurde auch diesem das Kommando entzogen.

Am 1. Oktober 1936 wurde die Machtübertragung an Franco im Rahmen einer feierlichen Zeremonie in Burgos offiziell vollzogen. Dabei strich er in einer pathetischen Ansprache salbungsvoll heraus:

> »Ihr legt Spanien in meine Hände, und ich versichere Euch, dass meine Hand nicht zittern sondern stets Härte zeigen wird. Ich

werde das Vaterland zu höchsten Ehren führen, oder bei dem Vorsatz verenden«.[22]

Die Richtung, in die Franco schreiten würde, nahm unmittelbar auch politische Konturen an. So ließ die Propaganda verbreiten, dass in Franco

> »die Wünsche und Hoffnungen aller Spanier in einer Einmütigkeit zusammengefunden haben, die nur selten in unserem Vaterland erreicht wurde. Im Angesicht des Namens von General Franco verschwinden die unterschiedlichen Facetten jener Ideologien, die bei der errettenden Erhebung der Streitkräfte mitgewirkt haben. Um Nuancen handelt es sich dabei und nicht um nennenswerte Unterschiede, denn alle stehen auf der Grundlage jener Prinzipien, die ein großes und imperiales Vaterland, einen korporativen und hierarchischen Aufbau des Staates sowie ein im Katholizismus begründetes ideologisches Leitbild erstreben, das die Richtschnur allen gesellschaftlichen Handelns darzustellen hat«.[23]

Diese Absichtserklärung klingt nicht nach einem Übergangsregime, und noch weniger nach einem auf die Dauer des Krieges beschränkten Oberkommando. Franco übernahm die politische Führerschaft und dazu erklärtermaßen die Aufgabe, ein neues Gemeinwesen zu schmieden.

Der Weg dazu war frei, weil auch auf politischer Ebene ernsthafte Rivalen, die im neuen Staat eine Führungsrolle hätten beanspruchen und dem kommenden Staatswesen unweigerlich ihren Stempel hätten aufdrücken können, verschwunden waren oder alsbald verschwinden sollten. So war bereits wenige Tage vor Putschbeginn die charismatische Führerfigur Calvo Sotelo ermordet worden. Andere Intellektuelle und Politiker wie der Begründer von *Acción Española*, Ramiro de Maeztu, oder die Gründer von JONS, Ramiro Ledesma Ramos und Onésimo Redondo, waren in den Anfangstagen in die Hände ihrer Gegner geraten und in der Folge erschossen worden. José María Gil Robles wiederum, der einst große Führer der CEDA, war aufgrund seiner legalistischen Haltung während der Republik diskreditiert und geriet immer weiter ins politische Abseits. Vor allem aber befand sich José Antonio Primo de Rivera, dessen faschistische Organisation *Falange* mit Bürgerkriegsbeginn einen gewaltigen Aufschwung erlebt hatte und mit ihren Milizen auch einen wichtigen militärischen Faktor darstellte, seit Monaten in Alicante in Haft und somit in den Händen der Gegner.

Diese Situation war General Franco allem Anschein nach hoch willkommen: Trotz einer unzureichenden Quellenlage scheint festzustehen, dass er keinerlei Interesse an einer Befreiung Primo de Riveras hatte. Wenngleich der Austausch oder der Freikauf von prominenten Gefangenen im Laufe des Bürgerkrieges immer wieder erfolgte, liefen in diesem Fall sämtliche Vorstöße ins Leere. So wurden auch Freilassungsbemühungen von deutscher Seite offenbar durch Franco unterbunden.[24] Primo de Rivera wurde schließlich am 20. November 1936 hingerichtet. Zur Erklärung der teilnahmslosen Haltung Francos sind nicht nur dessen Antipathie für den Falangegründer und vor allem ein nachtragender Groll in Erinnerung an das Gezerre um die Nachwahlen in der Provinz Cuenca genannt worden.[25] Hierzu hat sicherlich auch beigetragen, dass der numerisch starke Zulauf, den die *Falange* erfuhr, als Verstärkung der regulären Truppen hoch willkommen war. Ein Machtzuwachs der *Falange* als politische Kraft und vor allem die Rückkehr ihres unumstrittenen Führers soll aber keinesfalls im Sinne Francos gewesen sein, da dies letztlich ein Gegengewicht zu seiner eigenen Position dargestellt hätte.

Primo de Rivera vertrat zudem ein dezidiert sozialrevolutionäres Programm und hatte sich in der Vergangenheit wiederholt zurückhaltend gegenüber den Zielen einer reaktionären und monarchistischen Bewegung gezeigt, der sich das Gros der Putschisten und vor allem das sie unterstützende Establishment verpflichtet fühlten. Anfang Oktober 1936 hatte der inhaftierte Primo der Rivera in einem Interview mit einem amerikanischen Journalisten diese Divergenzen deutlich zum Ausdruck gebracht und unterstrichen, dass er sich, sollte er aus dem Gefängnis herauskommen, einer Instrumentalisierung seiner Bewegung zur Wiederherstellung der alten sozialen Ordnung mit aller Kraft widersetzen würde.[26] Primo de Rivera stellte somit einen ernstzunehmenden politischen Gegner und damit eine Gefahr für Franco dar; eine Befreiung konnte keinesfalls in seinem Sinne sein. Dies hielt Franco allerdings nicht davon ab, Primo de Rivera nach dessen Tod zum Märtyrer zu stilisieren und den Kult um den mythischen Gründer der *Falange* so weit wie nur möglich voranzutreiben.

Mit dem Tod von General Mola bei einem Flugzeugabsturz Anfang Juni 1937 war schließlich auch der letzte der bedeutenden Rivalen Francos verschwunden. Mola hatte auch nach der Ernennung Francos zum Generalissimus eigene politische Ambitionen gehabt und verstand sich als Konkurrent. Letztlich verhinderte sein plötzlicher Tod eine wohl zu erwartende Konfrontation zwischen beiden. Rasch kamen Gerüchte über Sabotage auf, ohne dass aber Belege für eine Fremdeinwirkung oder gar die Beteiligung Francos am Absturz bekannt wurden. Franco soll jedoch auf den Tod Molas sichtlich erleichtert reagiert haben.[27] Ab dem Zeitpunkt unterließ er es bezeichnenderweise zudem mit dem Flugzeug zu reisen und führte seine Inspektionsreisen und Frontbesuche fortan lieber mit dem unbequemeren Automobil durch.[28] Mola wiederum konnte nun gefahrlos ebenfalls in den Pantheon der Märtyrer gehoben und durch Denkmäler geehrt werden.

Mit dem Ableben von Sanjurjo und Mola rückte Franco in den Mittelpunkt des Gründungsmythos der *Nationalen Erhebung*.[29] So hieß es am zweiten Jahrestag des Putsches über den Mann, der ursprünglich eine Randfigur in der Clique der Verschwörer gewesen war, sich erst im letzten Augenblick zur Teilnahme am Putsch hatte entschließen können und nun feierlich in den Rang eines Generalkapitäns von Armee und Armada erhoben wurde:

»Damit wird demjenigen in gerechter Weise Ehre zuteil, der durch göttlichen Plan und durch die Übernahme der Verantwortung gegenüber seinem Volke und der Geschichte die Eingebung, das Geschick und den Mut hatte, das wahre Spanien gegen das Anti-Spanien zu erheben, und der nun als unvergleichlicher Begründer unserer Bewegung, in einer unübertrefflichen Weise einen der schwierigsten Feldzüge der Geschichte anführt«.[30]

Demnach war Franco nicht erst im Oktober 1936 sondern bereits am 18. Juli zum Führer Nationalspaniens erhoben worden.[31]

Kriegführung und Repression

Francos rascher Vorstoß in Richtung Norden ist auch in jüngerer Zeit durch Bewunderer des Generals wie José Semprún oder Rafael Casas de la Vega als taktische Meisterleistung herausgehoben worden.[1] Der weit überwiegende Teil der Forschung erkennt in diesen Geländegewinnen aber zunächst einmal die Schwäche der Verteidiger. So fehlten der Zentralgewalt angesichts einer als Folge des Putsches sich reflexartig flächendeckend ausbreitenden sozialen Revolution, die eine Atomisierung der Herrschaftsstrukturen zur Folge hatte, die Mittel zur koordinierten Verteidigung. So hätten die voranstürmenden Einheiten leichtes Spiel gehabt gegen die völlig unzureichend bewaffneten und militärisch unerfahrenen milizartig organisierten Landarbeiter in den dünn besiedelten Gegenden Andalusiens und der Extremadura. Die Milizen hätten schlichtweg keinerlei Chancen gehabt, sich gegen einen völlig überlegenen Gegner zur Wehr zu setzen, der zu dieser Zeit zudem bereits aus dem Ausland mit Waffen versorgt wurde. Die Aufständischen gingen darüber hinaus mit einem kalkulierten Höchstmaß an Brutalität vor. So heißt es in einer Anweisung General Molas vom Mai 1936, dass die Erhebung

> »äußerst brutal durchzuführen ist, um den Feind, der stark und gut organisiert ist, so rasch wie möglich niederzuringen. Alle Kader der politischen Parteien, Organisationen und Gewerkschaften, die nicht auf der Seite der Erhebung stehen, sind zu verhaften und in abschreckender Weise zu bestrafen, um Aufstände oder Streiks im Keim zu ersticken«.[2]

Der Bürgerkrieg war von Anbeginn ein Krieg ohne Rücksichtnahmen. Ganz in diesem Sinne handelte auch Franco, der nach den Erinnerungen seines Cousins bereits im Vorfeld des Putsches von einer blutdurchtränkten Auseinandersetzung ausging.³ Daran ließ er auch in seinem ersten Interview nach der Erhebung gegenüber einem ausländischen Journalisten keinen Zweifel:

> »Es wird weder zu Kompromissen noch zu Feuerpausen kommen. Ich werde weiter an meinem Vormarsch nach Madrid arbeiten. Ich werde – so schrie er – vorstoßen und die Hauptstadt einnehmen. Ich werde Spanien vom Marxismus befreien, koste es, was es wolle«.

Auf die Nachfrage des Journalisten, ob das letztlich die Tötung der Hälfte der spanischen Bevölkerung bedeute, soll Franco entgegnet haben: »Ich wiederhole es: koste es, was es wolle«.⁴ Oberstleutnant Yagüe, der nicht nur dem direkten Kommando Francos unterstand, sondern auch ein enges Vertrauensverhältnis zu diesem hatte, hat in diesem Zusammenhang für eine Äußerung im Anschluss an die Einnahme der an der portugiesischen Grenze gelegenen Provinzhauptstadt Badajoz traurige Bekanntheit erlangt. So soll er auf Gerüchte über die Erschießung von tausenden Gefangenen geantwortet haben:

> »Natürlich haben wir sie erschossen. Was dachten Sie denn? Dachten Sie etwa, dass ich viertausend Rote mit mir schleppe, während meine Einheiten in einem Rennen gegen die Zeit vorstoßen? Dachten Sie, dass ich sie hinter meinen Rücken freilassen würde, damit sie wieder ein rotes Badajoz errichten?«⁵

Die Afrika-Armee war demnach nicht nur eine Einheit, die aufgrund des erst wenige Jahre zurückliegenden Kolonialkrieges kampferprobt war und damit den schlagkräftigsten Teil der Streitkräfte bildete. Dort hatten vor allem die Fremdenlegion und die marokkanischen Söldner eine entmenschlichte Kriegführung verinnerlicht, die in der Erinnerung Angst und Schrecken verbreitete und im Bürgerkrieg entsprechend demoralisierend auf den Gegner wirkte. So streckte der Zivilgouverneur von Cádiz in den ersten Tagen der Erhebung ohne zu zögern die Waffen, als er an den Turbanen als Teil der Uniformen das Eintreffen von *Regulares* am

Hafen feststellte. Eine solche Wirkung war beabsichtigt und wurde gefördert, denn wenngleich nach Sebastian Balfour dieses Verhalten der marokkanischen Söldner mit dem üblichen Stil kriegerischer Auseinandersetzungen zwischen den Rifstämmen erklärbar ist und Beutezüge zum militärischen Einsatz gehörten,[6] kam hinzu, dass die spanischen Offiziere die Truppen zu menschenverachtender Härte und Hass antrieben. Das war ganz im Sinne der Lehren, die Franco in seinem *Diario* gepredigt hatte, und entsprach der militärischen Logik, die er im Kolonialkrieg verinnerlicht hatte. Damit, so die historiographische Deutung, setzte Franco den einstigen Kolonialkrieg auf dem spanischen Festland fort, so wie er es schon bei der Niederschlagung des Aufstandes in Asturien im Oktober 1934 getan hatte. Die einst gegenüber aufständischen Stämmen demonstrierten Verhaltensgrundsätze wurden auf die »Roten« übertragen. Somit wurde der in Marokko praktizierte brutale und gnadenlose Terror gegenüber einem als barbarisch wahrgenommenen Gegner ohne Vorbehalte übernommen. Die Gegenseite wurde entmenschlicht, und im Einsatz gegen einen solchen Gegner war letztlich jedes Mittel recht.

General Franco empfand dabei nicht nur keinerlei Skrupel. Er ging auch umgehend daran, so viele marokkanische Söldner, wie nur möglich, für die Kämpfe auf dem spanischen Festland anzuwerben. In den Worten der nationalistischen Propaganda kam es mit der Beteiligung von Muslimen an dem alsbald als Kreuzzug verstandenen Bürgerkrieg zu einem folgerichtigen Zusammenschluss der Völker des Glaubens gegen den atheistischen Materialismus. Aus nationalsozialistischer Perspektive hatte die Teilnahme von Berbern am Kampf freilich eine rassenideologische Erklärung und war darauf zurückzuführen, dass »diese tapferen Söhne der Wüste«, die späten Nachfahren vorgeschichtlicher blonder, nordafrikanischer Rassen »nordischen Blutes« waren, die entsprechend instinktiv die Waffen für die Nationalisten ergriffen.[7]

Für Franco, der sich seiner Vorstellung nach zur Errettung des Vaterlandes erhoben hatte, handelte es sich beim Gegner gar nicht erst um Spanier, sondern um finstere ausländische Mächte, die sich gegen die spanische Nation verschworen hatten. Ganz in diesem Sinne brachte es Franco in seiner Ansprache anlässlich seiner Ernennung zum Generalissimus und Staatschef am 1. Oktober 1936 zum Ausdruck:

> »Spanier! Edles Volk von Kastilien, Kernland Spaniens, Land der Hidalgos, Land der Edelmänner, Land all dessen, was verschwinden sollte, all dessen, was die roten Horden Moskaus angriffen. [...] Sie hatten uns in die ernsteste Lage gebracht, in die eine Nation überhaupt geraten kann: wenn der Mensch sich nicht mehr selbst erkennt, wenn ihm die Spiritualität abhanden gekommen ist, wenn schließlich die Bestie in den Menschen erwacht. [...] Die größten Barbareien der Geschichte sind von diesen roten Horden begangen worden, die von Männern Moskaus angeführt werden und nicht von Spaniern, denn in einem spanischen Herzen hat so viel Barbarei keinen Platz«.[8]

Der Gegner war damit vor allem als unspanisch beschrieben, und sein Ziel lautete die Vernichtung des spanischen Volkes. Das verkündeten Franco und seine Propagandisten immer wieder aufs Neue. Bei dieser Lesart kann natürlich nicht verwundern, dass sich etwa bei der Befreiung von Toledo unter den festgenommenen und standrechtlich erschossenen Offizieren der »Roten« kein einziger Spanier befunden hätte.[9] Nach offizieller Sichtweise kämpften die Nationalisten, mit der Kraft ihres Glaubens auf sich allein gestellt, gegen einen übermächtigen Gegner. Gleichzeitig wurde die Auseinandersetzung zu einem Krieg, bei dem die Werte europäischer Zivilisation auf dem Spiel standen:

> »Der Krieg in Spanien ist nicht aufgrund von Parteienzwist oder schändlicher Gier entbrannt. Es handelt sich um das Erwachen eines Volkes, das nicht untergehen will. Es geht um Kultur und Zivilisation, die ernsthaft bedroht sind. Es geht um den Durst einer verfolgten und angegriffenen Nation. Es handelt sich um einen Überlebensdrang, ein nationales und religiöses Fieber, das ein Volk antreibt, das weggetreten schien, und nun nicht nur den spanischen Boden gegen die kommunistische Gefahr verteidigt, sondern ganz Europa«.[10]

Damit ging es darum, die Nation von »unspanischen« Elementen zu »reinigen«. Nach Balfour hatten Offiziere wie Franco im Zuge des Marokkokriegs den »Wert« systematischer ethnischer »Säuberungsmaßnahmen« schätzen gelernt, um auf diese Weise Ruhe und Ordnung dauerhaft zu gewährleisten. Der Einsatz von Todesschwadronen im rückwärtigen Gebiet erfolgte demnach im Bürgerkrieg nicht in erster Linie zu Sicherungszwecken für die kämpfenden Truppen, sondern mit dem Ziel, Spaniens »innere Feinde« auszulöschen.[11]

Der Terror und die Spur der Verwüstung erwiesen sich als eine hervorragende Waffe der Aufständischen auf ihrem Weg nach Madrid. Dies trug neben der militärischen Schwäche des Gegners wesentlich dazu bei, dass die Einheiten Francos zunächst viel größere Geländegewinne erzielen konnten, als die Einheiten Molas im Norden. Ob nun Badajoz, Talavera de la Reina, Santa Olalla – die Berichte der ausländischen Journalisten, die den Truppen der Nationalisten folgten, glichen einander: Zahllose Erschießungen, der Geruch von Verwesung und Blut, Gräuel an Zivilisten, Plünderungen. Den willkürlichen Repressionsmaßnahmen fielen mitunter wahllos Männer, Frauen und Kinder zum Opfer. Die verheerende Wirkung der Presseberichterstattung zeigte wiederum in zynischer Weise Wirkung: Den ausländischen Journalisten wurde wie etwa in Málaga oder Toledo nicht gestattet, unmittelbar im Anschluss an die Kämpfe die eroberten Städte zu betreten. Auch General Queipo de Llano, der bei Putschbeginn die Garnison von Sevilla handstreichartig an sich gerissen hatte und in Andalusien wie ein Vizekönig herrschte, erlangte als »Schlächter von Sevilla« traurige Berühmtheit für die nicht endenden Gewaltexzesse. Er war auch berüchtigt für seine makabren Radioansprachen, in denen er sich auf unverschämte Weise der Grausamkeiten seiner Truppen rühmte.

Zur Repression gehörte aber auch die irrational wirkende Absichtserklärung der Zerstörung von Industriezentren als Herde von Subversion, Separatismus und Sozialismus, wie etwa ein fassungsloser Wolfram von Richthofen als Stabsoffizier der *Legion Condor* über die Pläne von General Mola in sein Tagebuch notierte.[12] Ganz in diesem Sinne kann bei allen Kontroversen davon ausgegangen werden, dass die Zerstörung des baskischen Städtchens Guernica am 26. April 1937 im Rahmen der bestandenen Praxis der gezielten Flächenbombardierung ziviler Ziele durch Franco explizit gutgeheißen worden ist, um die Kampfmoral der Verteidiger zu brechen.[13] Während Apologeten gerne behaupten, Franco habe keine Vorabkenntnis der Bombardierung gehabt und habe diese missbilligt,[14] trifft vielmehr eher zu, dass er lediglich über den Aufschrei der öffentlichen Meinung jenseits der Grenzen entsetzt war und daraufhin mit Schutzbehauptungen reagierte, wie jene, wonach die Zerstörungen durch die sich zurückziehenden Republikaner erfolgt seien. Auch die Wohngebiete anderer Städte und nicht zuletzt der großen Metropolen Madrid und Barcelona waren dem massiven Terror aus der Luft ausgesetzt.

Selbst den Verbündeten Francos schien die Dimension der Gewalt und die Härte der Repression überzogen zu sein.[15] So berichtete der deutsche Gesandte wiederholt mit Entsetzen über die Geschehnisse hinter den Frontlinien. Doch selbst auf durch Kardinalprimas Gomá vorgetragene Bitten des Vatikans, die brutale Repression in Frage zu stellen, reagierte Franco unnachgiebig.[16] Schließlich kann die Repression nicht nur als Mittel zur Abschreckung des Gegners interpretiert werden: Eine maßlose kollektive Gewaltanwendung wirkte sich auch kohäsiv auf die eigenen Reihen aus. Für Franco stellte die Repression nicht nur eine Zwangsläufigkeit des Krieges, sondern darüber hinaus schlichtweg eine Notwendigkeit dar. Allerdings kann davon ausgegangen werden, dass Franco den formalen Weg der Bestrafung durch Kriegsgerichtsurteile jener »präventiven Repression« letztlich vorzog, die auf das Vorrücken der kämpfenden Truppe folgte. Außerordentlich makaber und zynisch wirken in diesem Zusammenhang die Ausführungen des nationalistischen Ideologen Ernesto Giménez Caballero, der Franco über der Landkarte Spaniens gebeugt als Chirurgen beschrieb, der die Nation »bei lebendigem Leibe« operierte:

> »Wir haben gesehen, wie Francos Tränen auf den Körper dieser Mutter, dieser Gemahlin, dieser eigenen Tochter, die Spanien heißt, fielen, während an seinen Händen das Blut rann und er den Schmerz dieses röchelnden geheiligten Körpers spürte.«[17]

Zur Erklärung und vor allem Relativierung dieser Gewalt wird aber auch gerne auf die im republikanischen Gebiet begangenen Gräuel verwiesen und überdies grundsätzlich behauptet, dass die Spanier ein historisch betrachtet besonders gewalttätig veranlagtes Volk seien. Abgesehen von solchen völkerpsychologischen Denkansätzen hat das Wissen um auf der Gegenseite verübte Verbrechen sicherlich zu einer Gewalteskalation beigetragen. Zur Erklärung der besonderen Dimension auf nationalistischer Seite ist jedoch vor allem herausgearbeitet worden, dass sich hier das militärische Handeln ohne eine übergeordnete zivile Kontrollinstanz im Sinne der spezifischen Militärkultur aus einer inneren Logik heraus verselbständigt und damit eine Entgrenzung erfahren habe. So kann darauf verwiesen werden, dass es im republikanischen Gebiet nach den revolutionären Gewaltexzessen der ersten Wochen der zivilen Zentralregierung durchaus gelang, dem mörderischen Treiben im rückwärtigen Gebiet weitgehend ein Ende zu setzen.

Die Forschung hat den repressiven Charakter der Kriegführung Francos auch auf ein den Krieg kennzeichnendes, bewusst langsames Vorrücken der Nationalisten übertragen. Auch hierbei sei es Franco darum gegangen, den Gegner möglichst umfassend zu vernichten, nachdem sich die Hoffnung auf einen raschen Sieg mit der Einnahme Madrids nicht erfüllt hatte und sich durch die Reorganisation des republikanischen Heeres sowie die sowjetische Militärhilfe ein länger währender Krieg abzeichnete. Die Inbesitznahme von Räumen hatte für Franco stets Vorrang vor raschen Vorstößen. Hierauf kam er immer wieder zu sprechen:

»In einem Bürgerkrieg ist es angeraten, das Gelände systematisch zu besetzen und notwendigerweise gleichzeitig zu reinigen. Eine rasche Niederlage der feindlichen Streitkräfte würde indes ein von Gegnern verseuchtes Land hinterlassen.«[18]

Franco und seine »afrikanischen« Waffenbrüder setzten darauf, jegliche guerillaartige Bedrohung im Hinterland auszuschließen. Häufig werden in diesem Zusammenhang auch die Erinnerungen des italienischen Gesandten Roberto Cantalupo herangezogen, der Franco mit folgenden Worten zitiert:

> »Ich beschränke mich auf Operationen kleineren Umfangs, die aber einen Sieg garantieren. Ich werde Spanien Stadt für Stadt, Dorf für Dorf, Bahnlinie für Bahnlinie nehmen. [...] Nichts wird mich von diesem schrittweisen Vorgehen abbringen. Es wird mir wenig Ruhm, dafür aber umso größere Ruhe im Land einbringen. Nach jedem Erfolg, den ich habe, werde ich weniger Rote vor mir und auch hinter mir haben. Dieser Krieg könnte dadurch sogar noch weitere zwei oder drei Jahre andauern. [...] Ich werde die Hauptstadt nicht eine Stunde zu früh einnehmen. Zunächst muss ich die Gewissheit haben, ein neues Regime begründen zu können«.[19]

Entsprechend waren Geländeverluste für Franco als Ausdruck von Schwäche nicht tolerabel. Er wirkt förmlich davon besessen, keine Handbreit abzugeben und verlorenes Terrain, koste es was es wolle, auch dann zurück zu gewinnen, wenn dessen strategische Bedeutung gering war, wie nach den Vorstößen der Republikaner bei Brunete im Juli 1937, bei der Rückeroberung von Teruel Anfang 1938 oder am Ebro im Sommer 1938. Franco weigerte sich zugleich, sich gegebenenfalls auf strategisch vorteilhafte Positionen zurückzuziehen, auch wenn in der Folge, wie etwa im ungünstigen Frontverlauf am Stadtrand von Madrid, große Truppenverbände an Nebenschauplätzen gebunden waren.

Diese »kriechende Taktik« ist wiederholt als Ausdruck der Begrenztheit der militärischen Fähigkeiten Francos bezeichnet worden.[20] Dahinter standen jedenfalls Francos eigene Erfahrungen im marokkanischen Kolonialkrieg. Es ging demnach stets darum, den Druck auf den Gegner aufrecht zu erhalten. Damit würde die Kampfmoral auf der eigenen Seite hoch und auf der des Gegners niedrig bleiben.[21] So erwartete er nach dem republikanischen Einbruch bei Teruel von den Verteidigern, dass sie bis zur Selbstaufgabe kämpften. Entsprechend wurden die dezimierten Reste, die sich Anfang 1938 vor dem Eintreffen der sich mühsam vorwärts kämpfenden Retter schließlich ergeben hatten, von einem ungewöhnlich aufgebrachten Franco als Verräter gebrandmarkt.[22]

In diesen Zusammenhang gehört auch Francos in Krisensituationen zur Hebung der Moral bewusst nach außen getragene Siegeszuversicht, auch wenn die tatsächliche militärische Lage dabei bis zur Unkenntlichkeit beschönigt wurde. Diese Haltung ist bereits für die Zeit des Marokkokrieges beschrieben worden, hatte aber vor allem angesichts der völligen Ungewissheit in den schwierigen ersten Wochen des Bürgerkriegs eine besondere Bedeutung.[23] Franco forderte in diesem Sinne von seinen Einheiten nicht nur eine eherne Disziplin,[24] sondern verlangte gemäß der im Bürgerkrieg ausgegebenen Losung einen »blinden Glauben an den Sieg«.

Zur Kritik an den militärischen Fähigkeiten Francos werden immer wieder Beurteilungen von deutscher und italienischer Seite herangezogen. So lösten seine Entscheidungen oft Kopfschütteln aus.[25] Hierbei ist auffällig, dass die Kritiker gerne auf Francos militärischen Werdegang und Erfahrungshorizont abzielten, der letztlich nie über die Befehlsgewalt auf Regimentsebene hinausgegangen war. In den Augen des italienischen Außenministers Graf Ciano war Franco unfähig, den Krieg in seiner Gesamtheit zu betrachten. Francos Agieren sei vielmehr das eines »herausragenden Bataillonskommandeurs«.[26] Der deutsche Botschafter General Wilhelm Faupel stieß ins gleiche Horn. Franco sei aufgrund seiner militärischen Ausbildung und Erfahrung »der Leitung der Operationen in ihrem jetzigen Ausmaße nicht gewachsen«.[27] Immer wieder lamentierte Faupel über das quälend langsame Vorgehen Francos und den damit verbundenen unnötigen Zeitverlust. Franco ließ sich zur Verzweiflung seiner Verbündeten jedoch nicht von seiner Strategie des kontinuierlichen Verschleißes des Gegners abbringen, die den Prinzipien moderner Kriegführung widersprach. Nach Aussagen von Waffenbrüdern wie Juan Vigón reagierte Franco vielmehr störrisch, wenn ihm als Befehlshaber Vorhaltungen gemacht wurden oder gar widersprochen wurde.[28] Deutsche und italienische Militärstrategen dachten indes in Kategorien rascher und groß angelegter Überraschungsschläge.

Die daraus vor allem zwischen der italienischen Militärführung und Franco resultierenden Spannungen rührten aber auch von dem Überlegenheitsgestus der Italiener, die mit ihren *Freiwilligenverbänden* (CTV), deren Truppenstärke in die Zehntausende ging, im Grunde eine vom spanischen Oberkommando unabhängige Kriegführung unter italienischer Flagge bezweckten. Dem widersetzte sich Franco, der vor allem auf sein eigenes Prestige bedacht war. Nach der fulminanten Eroberung Málagas, die ganz ungeniert als italienischer Sieg gefeiert wurde, unterband Franco ein weiteres Vorrücken des CTV in Richtung Valencia, wohin sich angesichts der bedrohlichen Lage in Madrid die republikanische Regierung zurückgezogen hatte. So sei dem italienischen Kommando bedeutet worden:

»Sie müssen bedenken, dass das Prestige des Generalissimus in diesem Krieg an erster Stelle rangiert. So ist es völlig inakzeptabel, dass Valencia als Sitz der republikanischen Regierung durch ausländische Truppen besetzt wird«.[29]

Um »italienischen Siegen« vorzubeugen, setzte Franco darüber hinaus darauf, die Kräfte des Verbündeten zu teilen. Nach der als blamabel in die Geschichtsbücher eingegangenen »italienischen« Niederlage bei Guadalajara im März 1937 gelang es Franco schließlich, den Freiraum, unter dem die italienischen Verbände operierten, weitgehend einzuengen. In Guadalajara waren die italienischen Truppen mit ihrer Taktik des Einsatzes schneller motorisierter Einheiten gescheitert. Allerdings führten zeitgenössische Beobachter und spätere Analysten dieses Ergebnis auf Faktoren wie die widrigen Wetterverhältnisse und vor allem auf die halbherzige Flankenhilfe durch spanische Einheiten zurück.[30] Die Schadenfreude über das italienische Fiasko wurde im Umfeld Francos jedenfalls kaum kaschiert.

Franco war und blieb in seinem militärischen Denken ein Infanterist, der kein besonderes Verständnis für die im Ersten Weltkrieg aufgekommenen Waffengattungen und daraus resultierende Innovationen in der Kriegführung aufbrachte. Entsprechend lautete seine Lehre aus dem Debakel bei Guadalajara:

> »Kriege werden auch in Zukunft nicht in der Luft gewonnen oder verloren, auch wenn der Luftwaffe künftig eine immer größere Rolle zukommen wird. Panzer sind durchaus nützlich und haben einen festen Platz in den Schlachten; ihr Wert ist aber begrenzt«.[31]

Die gleiche Ansicht hatte Franco schon in den 1920er Jahren in Fachartikeln vertreten.

Als sich etwa Oberstleutnant Wilhelm von Thoma, der an der Spitze eines der *Legion Condor* angegliederten Panzerverbandes stand, im Rahmen der Offensive entlang des Ebrobeckens im März 1938 für einen eigenständigen Vorstoß aussprach, wurde er von Franco, der bei seiner Taktik des Einsatzes der Panzerwaffe als Verstärkung der Feuerkraft der Infanterie blieb, in seine Schranken gewiesen. Entsprechend kam es aber auch zu Friktionen zwischen Franco und dem deutschen Kommando der *Legion Condor*, das vor allem an Kampferfahrung für die Piloten und an der Erprobung neuartiger taktischer Einsatzmethoden interessiert war.

Auch nach der Einnahme der katalanischen Provinzhauptstadt Lérida Anfang April 1938 nutzte Franco entgegen dem Rat von Waffenbrüdern wie Kindelán, Yagüe, Vigón oder General Volkmann als Kommandeur der *Legion Condor* die Gunst der Stunde nicht, um das zu dem Zeitpunkt nahezu wehrlose Katalonien zu überrollen.[32] Franco zog es vielmehr vor, die Front zu stabilisieren und den Vorstoß weiterhin entlang des Ebro-Flusses zu lenken, um Katalonien zunächst einmal vom restlichen republikanischen Gebiet zu trennen. Zu neuerlichem Kopfschütteln bei seinen Mitstreitern führte wenige Monate später, nach dem Durchbruch zur Mittelmeerküste, die Entscheidung, zunächst nach Süden in Richtung Valencia zu rücken, anstatt sich nun auf den industrialisierten Großraum Barcelona zu konzentrieren, wo sich zwischenzeitlich auch die republikanische Regierung eingerichtet hatte. Als entlastendes Argument ist angeführt worden, Franco habe die Auseinandersetzung nicht bis an die Grenzen Frankreichs führen wollen, aus Sorge vor einer möglichen Reaktion des Nachbarn.[33] Die häufiger vertretene Erklärung besagt indes, dass Franco unverändert nicht daran gelegen war, den Krieg »vorzeitig« zu beenden. Franco habe vielmehr bewusst beabsichtigt, keine Gelegenheit auszulassen, um den Gegner möglichst umfassend auszumerzen.[34]

Bei aller Kritik kommt der Militärhistoriker Jensen in einem Vergleich mit dem Kampfgeschehen in der Sowjetunion im Zweiten Weltkrieg jedoch zu der Beurteilung, dass, nachdem die Chance vertan worden war, in den ersten Wochen nach dem Putsch die Entscheidung herbeizuführen, das bestandene Kräfteverhältnis keine Aussicht auf eine Entscheidungsschlacht geboten hätte. Entsprechend hätte eine Blitzkriegsstrategie unkalkulierbare Risiken im Vergleich mit einem graduellen Vorgehen enthalten.[35]

Francos Grundhaltung kam im Rahmen der Schlacht am Ebro in der zweiten Jahreshälfte 1938 wieder einmal in bedrückender Weise zum Ausdruck, als republikanische Einheiten dem Vorstoß auf Valencia durch einen Angriff von Katalonien aus entgegenzuwirken versuchten. Es folgte die verlustreichste Schlacht des gesamten Krieges. So beließ es Franco wieder einmal nicht dabei, den Vormarsch der Volksarmee aufzuhalten, sondern setzte entgegen der Einsicht vieler seiner Offiziere alles daran, das verlorene Terrain zurückzuerobern. Franco ließ keinen Zweifel, dass es ihm dabei ganz ausdrücklich um den Verschleiß des Feindes ging:

»Die große Ansammlung gegnerischer Truppen [...] erlaubte es unseren Kampf- und Bestrafungseinheiten, sich voll und ganz der Aufgabe der Zerstörung und Vernichtung zu widmen«.[36]

Dieses gegenüber Menschen und Material rücksichtslose Vorgehen, das sich über Monate hinzog, war freilich nur dank der unverändert massiven Unterstützung durch Hitler und Mussolini möglich. Gerade die obstinate Haltung Francos, den Vorstoß der republikanischen Armee durch einen Frontalangriff und ohne Rücksicht auf eigene Verluste zurückzudrängen, ist unter militärstrategischen Gesichtspunkten aufs Heftigste kritisiert worden. Ein Gegenangriff an der schwach gesicherten katalanischen Front im Norden hätte dementgegen zur raschen Einkesselung des Gegners und damit ohne einen vergleichbaren Aufwand zum Erfolg geführt.[37] Ein ungehaltener Mussolini bemerkte dazu: »Entweder hat dieser Mann keine Ahnung von Kriegführung oder er will davon nichts wissen«.[38]

Ganz im Sinne dieser Art der Kriegführung war für Franco kein Verhandlungsfrieden vorstellbar. Ende November 1938 begründete er dies einem ausländischen Journalisten gegenüber mit vielsagenden Worten: »Verbrecher und ihre Opfer können unmöglich zusammenleben«.[39] Entsprechend lehnte er unterschiedliche Verhandlungsvorstöße geradeheraus ab. Das betraf nicht nur Sondierungsversuche aus dem Umfeld der republikanischen Regierung, sondern sogar solche, die durch den Vatikan lanciert wurden. Dieser hatte sich in den ersten Monaten des Jahres 1937 um einen Separatfrieden für die katholisch-konservativen baskischen Nationalisten bemüht, die bis auf die Frage der baskischen Eigenständigkeit durchaus eine ideologische Nähe zu den Aufständischen aufwiesen. Franco jedoch reagierte ungehalten auf solche Ansinnen und forderte die völlige und bedingungslose Unterwerfung aller Gegner. Als sich im Sommer jenes Jahres die baskischen Streitkräfte schließlich dem italienischen Kommando ergaben, verhinderte Franco die Umsetzung der ausgehandelten Kapitulationsbedingungen, zu denen die Evakuierung der politischen und militärischen

Führer auf dem Seeweg gehörte. Franco befahl, den Hafen mit Kriegsschiffen zu blockieren und zwang die bereits auf britischen Schiffen befindlichen Personen zur Umkehr. Zum Entsetzen der Italiener kam es unmittelbar darauf und entgegen aller Abmachungen, die hierzu auch zwischen dem spanischen und italienischen Kommando getroffen worden waren, zu Kriegsgerichten und in der Folge zur Erschießung eines Großteils der Offiziere und einer Vielzahl Soldaten.[40] Die konservative und katholische Grundhaltung der Betroffenen war kein Anlass, um Milde walten zu lassen.

Ganz in Sinne dieser auf die Vernichtung des Gegners abzielende Haltung kann auch nicht verwundern, dass die Repression nach Kriegsende am 1. April 1939 eine Fortsetzung fand. Der *Tag des Sieges* war keinesfalls ein Tag des Friedens oder gar ein Tag, von dem ein Signal der Versöhnung ausgehen sollte. Nach dem militärischen Sieg begann der Krieg im Inneren. Die »Kultur der Repression«[41] wurde für die nun folgende Diktatur konstituierend.

Franco hatte noch im Krieg dem italienischen Gesandten Cantalupo verklärend seine Repressionsabsichten erläutert:

> »Es geht nicht nur darum, zu erobern, sondern zu befreien, und eine Befreiung schließt auch eine Erlösung mit ein. [...] Wir müssen die zwangsläufig mühsame Aufgabe der Erlösung und Befriedung angehen, ohne die eine militärische Besetzung völlig nutzlos wäre. Die moralische Erlösung der besetzten Gebiete wird lange dauern und sich schwierig gestalten, denn in Spanien ist der Anarchismus tief und stark verwurzelt«.[42]

In diesem Sinne verkündete Franco in einer Radioansprache am Tag der Siegesparade in Madrid:

> »Ich darf Euch an diesem Tag nicht die Gefahren verbergen, die unser Vaterland unverändert bedrohen. Der Krieg ist an den Fronten vorbei, aber er geht auf einem anderen Feld weiter«.[43]

Ganz offen sprach Franco noch vor Kriegsende davon, dass er unbarmherzig gegen all jene vorgehen werde, die nicht bereit seien, dem neuen Weg zu folgen:[44]

»Es ist nicht möglich, der Gesellschaft oder dem Kreislauf des sozialen Lebens politisch und moralisch schädliche, pervertierte und vergiftete Elemente zurückzugeben, ohne zuvor Vorsichtsmaßnahmen getroffen zu haben. Deren unvermittelte Wiedereingliederung in die freie Gemeinschaft der Spanier würde die Gefahr der Zersetzung und einen Ansteckungsherd für alle, sowie das Scheitern im mit derart großen Opfern errungenen Sieg bedeuten«.[45]

Spanien stünde damit ein »schmerzensreicher« Weg bevor, an dessen Ende die »Auferstehung« des »wahren Spanien« erfolgen würde:

»Der anstehende Sieg stellt eine erste Etappe auf dem Weg zur grundlegenden Erneuerung Spaniens dar. Anders ausgedrückt: dieser Sieg ist als Mittel und keinesfalls als Ziel zu sehen. Diejenigen, die ihn als Ziel verstehen sollten, würden eine völlige Unkenntnis unserer Geschichte und eine Ahnungslosigkeit über die Reichweite und Tiefe unserer vaterländischen Befreiungsbewegung offenbaren. Mit dem bevorstehenden Sieg der Waffen ist nicht einmal die schwierigste Etappe erreicht. Am Tag darauf erwarten uns weitere, die mühsamer und verwickelter sind. Aber wir werden mit Gottes Hilfe auch diese genauso wie die jetzige erreichen. Gott wird mir beistehen, und das spanische Volk wird mir in einem enormen Kraftakt geschlossen beistehen«.[46]

Angesichts solcher Sätze flohen in der Schlussphase des Krieges Hunderttausende aus Angst vor Repressalien über die katalanisch-französische Grenze.

Für Franco stellte eine strenge Militärgerichtsbarkeit den Dreh- und Angelpunkt der Siegerjustiz dar. Die Forschung ist sich indes einig, dass diese Justiz nur formale Kriterien erfüllte. Die Willkür blieb der Regelfall. Ende des Krieges waren hunderttausende Verfahren anhängig, die schon allein der Masse wegen die Militärgerichtsbarkeit völlig überforderten. Die Gefängnisse waren zudem hoffnungslos überfüllt. Hunger, Seuchen, Entwürdigung, willkürliche Misshandlungen und Erschießungen kennzeichneten das Leben in diesen Lagern. Die Forschung geht davon aus, dass im Krieg und danach an die 150 000 Menschen der Repression durch die Nationalisten zum Opfer fielen.[47] Während Franco nahestehende Personen dabei betonen, dass der Diktator gerade bei der Prüfung von Todesurteilen besonders umsichtig vorging,[48] zeigen eine Vielzahl anderer Überlieferungen ein gegenteiliges Bild. Enge Mitarbeiter jener Tage wie Francos Schwager, Ramón Serrano Súñer, oder der Falangist Dionisio Ridruejo, die sich jedoch später mit Franco überwarfen, verweisen darauf, dass Franco im Fall von Begnadigungen bei Todesurteilen darauf geachtet habe, dass die Mitteilung erst nach Vollstreckung der Urteile die befassten Stellen erreichte.[49] Darüber hinaus wird auch darauf verwiesen, dass Franco gerne die Anwendung der Garotte als brutalem Tötungsinstrument verschärfend anordnete.[50]

Das *Gesetz über politische Verantwortlichkeiten* vom Februar 1939 sowie das *Gesetz zur Unterdrückung von Freimaurerei und Kommunismus* vom März 1940 richteten sich nicht nur gegen aktive Unterstützer der Republik. Sogar Unterlassung von Hilfe und unbeabsichtigte Behinderung konnten genauso wie die mutmaßliche Gesinnung der Betroffenen schwere Strafen nach sich ziehen. Vor allem aber wurde auf dieser Gesetzesgrundlage auch rückwirkend für die Zeit vor dem Bürgerkrieg geahndet. Auf diese Weise sollten nicht nur der Sozialismus, sondern auch die Freimaurerei ein für alle Mal ausgemerzt werden, war es doch dem Weltbild Francos zufolge während der Republik zu einer Verschwörung von Freimaurern und Kommunisten gekommen. Die dahinter stehenden »finsteren Mächte«, so der Inhalt der Präambel des Gesetzes von 1940, wurden für die großen Krisen und nationalen Katastrophen verantwortlich gemacht und bedrohten entsprechend auch das *Neue Spanien*. Das Vorgehen gegen die Freimaurerei war dabei nicht minder rigoros wie gegen »Rote«.

Francos obsessiver Wille, gerade diese Organisation in Spanien auszulöschen, wird in seiner Anordnung sichtbar, sämtliche Zeichen und Inschriften zu tilgen, die auf die Freimaurerei verwiesen. Er befahl offenbar sogar persönlich das im katalanischen Kloster Poblet befindliche Grab des Herzogs von Wharton aufzulösen, der als Begründer der spanischen Freimaurerei im 18. Jahrhundert gilt.[51] Nicht minder bezeichnend ist, dass nach Bürgerkriegsende bei geschätzten 7000 bis 10 000 in Spanien lebenden Freimaurern gegen 80 000 Personen Verfahren aufgrund vermuteter Verbindungen zu dieser Geheimorganisation eingeleitet wurden. Von Repressionsmaßnahmen waren dabei auch jene betroffen, die nur kurzzeitig einer Loge angehört oder sich sogar schon Jahre vor Bürgerkriegsbeginn von der Freimaurerei distanziert hatten.

Darüber hinaus wurden gewaltige Arbeitslager geschaffen. Die Zwangsarbeiter wurden unter menschenverachtenden Bedingungen vor allem im Straßenbau, in Bergwerken oder beim Wiederaufbau zerstörter Gebiete eingesetzt. Dahinter stand der Gedanke, dass die »Sünde« der Einlassung mit den Idealen der Republik Bußhandlungen erforderlich mache. Es ging darum, festgestellte Schuld durch Arbeit abzutragen. Dem der Kirche unterstehenden *Nationalen Patronat zur Haftverkürzung durch Arbeitseinsatz* ging es darüber hinaus um die »Läuterung« der Strafgefangenen. Marxistische Überzeugungen sollten mittels intensiver Missionierung durch christlich-katholische ersetzt werden. Nach Francos Vorstellungen sollten die »Herzen und Seelen« der Inhaftierten damit Reinigung erfahren.[52] Exemplarisch dafür war, dass gerade für die Errichtung des im Norden Madrids gelegenen gewaltigen Mausoleums im *Valle de los Caídos*, das als Grabstätte für die Gefallenen der Nationalisten bestimmt war, abertausende Strafgefangene herangezogen wurden. In der Praxis verfolgten die Torturen, wie die viel beachtete Studie von Michael Richards herausstreicht, indes das Ziel, die Inhaftierten seelisch und körperlich zu Krüppeln zu machen.[53]

Mit einer Haftentlassung war entsprechend keineswegs der Weg zur sozialen Reintegration frei. So folgten ihr üblicherweise nicht nur strenge Auflagen. Auch die Verteilung von Arbeitsplätzen unterlag ideologischen Kriterien, nicht nur im öffentlichen Dienst. Das Gesetz über die politischen Verantwortlichkeiten sah zudem unbarmherzig die Enteignung von Besitz oder Geldstrafen vor, deren Höhe das Vermögen der Betroffenen oder das der Angehörigen weit übersteigen konnte; die Strafbefehle ergingen unabhängig davon, ob der Betroffene lebte oder bereits hingerichtet worden war. Die Familien von Strafgefangenen, die ohnehin in sozialer Isolation lebten, rutschten auf diese Weise häufig in Armut und Elend ab. Tausende Kinder wurden darüber hinaus den Familien von Republikanern entrissen, um sie kirchlicher Obhut zu übergeben oder zur Adoption freizugeben.

Da Spanien bis in die 1960er Jahre hinein ländlich geprägt war, stellte die soziale und institutionelle Kontrolle, die durch die örtlichen Pfarrer, die Delegierten der *Falange* und die Gemeindeverwaltung ausgeübt wurde, ein probates Mittel der Repression dar. Während Denkmäler, Friedhöfe, Kirchenmauern und Straßennamen die Erinnerung an die Opfer der Sieger allgegenwärtig machte, waren die Unterdrückten zum Schweigen verdammt. Angst, Einsamkeit, Verlust und Ungewissheit lagen wie ein Schatten über den Verlierern des Krieges. Damit erfolgte eine Zementierung der Spaltung der Gesellschaft in Sieger und Besiegte, Besitzende und Marginalisierte. Wie Hohn klingt da die Aussage Francos aus dem Jahr 1958, wonach Spanien längst ein einträchtiges und geeintes Land sei, in dem die Besiegten nicht nur nicht diskriminiert würden; der Sieg im Bürgerkrieg sei sogar vor allem den Besiegten zugutegekommen, »denn wir haben besondere Anstrengungen unternommen, um sie wieder in die Nation einzugliedern«.[54]

Franco konnte auch zwei Dekaden nach Bürgerkriegsende weder etwas Verwerfliches an der Repression finden, noch scheute er sich, die Tatsachen mit einer erstaunlichen Unbekümmertheit zu leugnen:

> »Natürlich kam es nach dem Befreiungskrieg zu Verurteilungen und Hinrichtungen, und natürlich kann es dabei auch zu überzogenen Handlungen gekommen sein. Aber das Fehlverhalten geschah nur selten. [...] Niemand ist in Spanien aufgrund ›politischer Verbrechen‹ verurteilt worden. Niemand ist aufgrund seiner Ideen verfolgt worden. Es wurden lediglich jene zur Rechen-

schaft gezogen, die Verbrechen begangen hatten wie Überfälle, Raub oder Mord, sowie jene, die persönlich für den Tod von Unschuldigen verantwortlich waren. Natürlich mussten wir Exempel statuieren. Das Land forderte dies. Aber zu diesen Exempeln kam es mit Augenmaß. Wie oft habe ich trotz der Proteste einiger Hitzköpfe Strafen umgewandelt. Jeder Fall wurde sorgfältig geprüft.«[55]

Apologeten wie Dahms versuchen die grausame Repression ebenfalls zu relativieren:

»Das Franco-Regime und seine Sondergerichte verfuhren im Grunde nicht anders als die Siegermächte des Zweiten Weltkrieges. [...] Es bleibt nur noch festzuhalten, dass die eingeleitete Rachejustiz blutige Pogrome verhinderte und so immerhin wilden Ausschreitungen, wie sie Spanien nur allzu oft erlebt hat, zuvorkam.«[56]

Andere, Franco ebenfalls wohlwollende Autoren, rechtfertigten indes noch Jahrzehnte später unverblümt, dass »das Werk des ›Befreiungskrieges‹ durch die Ausrottung derer vollendet werden [musste], die den Kampf überlebt hatten«.[57]

Insgesamt betrachtet, kann die Repression im Krieg und in der unmittelbaren Nachkriegszeit keinesfalls durch den Verweis auf militärische Notwendigkeiten oder Folgen erklärt werden, die sich aus den erhitzten Gemütern und Racheimpulsen ergaben. Es handelte sich um ein systematisches politisches Projekt des Terrors zur *sittlichen Reinigung der Gesellschaft* nach ideologischen Kriterien. Es ging darum, für alle Zukunft jegliche Keime möglicher politischer Opposition zu beseitigen. Der Herstellung der »Purität der Nation« fielen Hunderttausende durch Tod, Inhaftierung, Vertreibung und Repressalien zum Opfer.

Das Neue Spanien

Der italienische Außenminister Graf Ciano notierte Ende März 1939 angesichts des unmittelbar bevorstehenden Sieges Francos in sein Tagebuch: »Das ist ein großartiger Sieg für den Faschismus, möglicherweise der bislang größte«.[1] Jenseits des von vielen Zeitgenossen plakativ als Kampf zwischen Freiheit und Faschismus verstandenen Bürgerkrieges deutete in der Tat vieles darauf hin, dass die »neue europäische Ordnung« nun um einen weiteren Staat erweitert worden war. Schon Francos erste Radioansprache am Tag der Ernennung zum Generalissimus und Staatschef am 1. Oktober 1936 kündigte im Rahmen einer militaristischen und nationalistischen Rhetorik den Aufbau eines totalitären Staates korporativer Prägung an.[2] Stärke und Größe Spaniens, Unterordnung des Einzelnen unter den Gemeinwillen, Antikapitalismus, Antikommunismus, soziale Gerechtigkeit und Eingliederung aller in den Aufbau des Neuen Staates waren Schlagworte, hinter denen maßgeblich die Gedanken des wenige Woche zuvor auf republikanischem Gebiet ermordeten Staatstheoretikers Víctor Pradera, eines Aktivisten der *Acción Española* und Bewunderers von José Antonio Primo de Rivera, standen.[3] Nicht einmal die Kirche blieb zu diesem Zeitpunkt ausgenommen: Der Staat würde zwar angesichts der verbreiteten religiösen Grundhaltung eine Übereinkunft mit der katholischen Kirche suchen, gleichzeitig aber bekenntnisfrei bleiben. Zudem würde keine kirchliche Einmischung in staatliche Angelegenheiten toleriert werden. Wenngleich Francos erste Ankündigungen alles in allem recht vage blieben, zeichnete sich jedoch die Richtung ab, in die er politisch zu gehen beabsichtigte.

Das tags darauf gebildete Exekutivkomitee als Keimzelle eines Ministerrates verdeutlichte, dass sich Franco nicht nur als Militärführer verstand, sondern dass er auch die Staatsführung an sich genommen hatte. Bei dieser Junta handelte es sich um ein aus Kommissionen zusammengesetztes politisches Beratungs- und Ausführungsorgan, deren Beschlüsse der Zustimmung Francos bedurften. Gleichzeitig wurde jedoch deutlich, dass Franco damit Schritte in ein ihm weitgehend unbekanntes Terrain wagte. Der neue Staatschef griff nämlich vor allem auf Fachleute zurück, die in den jeweiligen Ressorts durch Fachkompetenz ausgewiesen waren und teilweise schon während der Diktatur General Primo de Riveras politische Verantwortung übernommen hatten. Die meisten der Berufenen verschwanden bezeichnenderweise wenig später wieder in der politischen Bedeutungslosigkeit. Die *Junta Técnica* war letztlich nur ein Provisorium und bildete damit den Auftakt zur Jahrzehnte währenden Diktatur.

Dass sich Franco auf einem für ihn ungewohnten Feld bewegte, zeigte sich aber auch an nicht gerade glücklichen Personalentscheidungen in seinem nächsten Umfeld, bei denen in erster Linie die Vertrauenswürdigkeit eine Rolle gespielt hatte. Hiermit ist vor allem die Ernennung von Nicolás Franco, dem Bruder des Staatschefs und erklärten Bonvivant, zum Staatskanzleichef gemeint, der damit die Schaltstelle der politischen Macht besetzte. Nicolás Franco zeigte weder Neigungen, einen geregelten Arbeitsrhythmus einzuhalten, noch die notwendige Akribie zur Koordination der Staatsgeschäfte. Als desaströs entpuppte sich zudem die Berufung des Gründers der Fremdenlegion, Millán Astray, zum Presse- und Propagandachef. Gerade ausländische Pressevertreter gewöhnten sich schwerlich an dessen Kommandoton und die Einschüchterungsversuche, die sogar soweit gingen, Journalisten im Fall negativer Berichterstattung die Erschießung anzudrohen.

Bei aller der Zeit geschuldeten faschistischen Rhetorik ist immer wieder herausgearbeitet worden, dass Franco ein in traditionellen Wertevorstellungen verankerter Offizier war, der bis zu dem Zeitpunkt kein besonderes Interesse an der

Ideologie der *Falange* gezeigt hatte. Recht erhellend wirkt in diesem Zusammenhang folgende, aus der Feder von José María Fontana, eines spanischen Faschisten der ersten Stunde, stammende Beschreibung:

> »Es ist schlichtweg logisch: Franco, ein Mann des liberalen Systems der Monarchie des 19. Jahrhunderts, konnte gar nicht verstehen, was die Falange und ihr Führer vor hatten. Franco, ein ernsthafter Mensch, der mit dreißig schon gereift war, konnte mit einer Bewegung, die durch Dichter, Intellektuelle sowie verrückte, leidenschaftliche, unvernünftige, maßlose Jünglinge getragen wurde, schlichtweg weder harmonieren noch sie akzeptieren. Ich würde sogar soweit gehen, zu behaupten, dass er auch nicht ansatzweise die Möglichkeiten erkannte, die die Falange in sich trug und die ihn nach dem 18. Juli völlig überraschten. Die gewaltige Eruption der Falange, ihre Fähigkeit, die Massen anzuziehen, ihre unerhörte und unerwartete Ausbreitung, die das nationale Spanien mit blauen und rot-schwarzen Fahnen überzog, die Vorherrschaft ihrer Wesensart und Lieder stellten für Franco ein gravierendes Problem dar. Er hatte eine Militäraktion in Feldgrau mit der Unterstützung ehrenwerter und konservativer Zivilisten vor Augen. Doch er musste feststellen, dass es kein Feldgrau gab, seine Soldaten blau trugen und weder ehrenwert und nicht einmal konservativ waren. Seine Obersten, Generäle und Freunde von rechts empfanden zudem ein abgrundtiefes Grauen gegenüber jenen enthusiastischen, fiebrigen und unzähmbaren jungen Leuten, die zu ihrem Entsetzen obendrein nicht zögerten, den Arbeitern und Linken ein blaues Hemd zu geben. Die Führer der Erhebung und ihre militärische und zivile Entourage waren geradeheraus gegen die Falange eingestellt, und das trug unweigerlich dazu bei, dass bei Franco Widerwille, Vorsicht und eine unterschwellige Feindseligkeit zunahmen«.[4]

Die *Falange* gewann in der Tat mit Bürgerkriegsbeginn jene soziale Präsenz, die ihr in den Jahren der Zweiten Republik versagt geblieben war. Für Fontana stand jedoch außer Frage, dass ein sich Bahnbrechen dieser faschistischen Bewegung auch ohne Franco erfolgt wäre:

> »Das patriotische, die Einheit der Nation einfordernde Bekenntnis, sowie die Sehnsucht nach sozialer Gerechtigkeit bei einem

gleichzeitig radikalen Antimarxismus als Wesenselementen stellen eine Erscheinung dar, die im Einklang mit dem 20. Jahrhundert stand und hinter der sich eine unbändige Kraft verbarg«.[5]

Angesichts dieses rapiden Bedeutungsgewinns verwarf Franco die ursprüngliche Idee der Schaffung einer patriotischen Sammlungsbewegung, wie sie etwa unter Diktator Miguel Primo de Rivera bestanden hatte. Allerdings war die *Falange* beileibe nicht die einzige politische Strömung, die sich der Erhebung angeschlossen hatte. Dazu gehörten auch die Gefolgschaft der CEDA von Gil Robles, die radikalen Monarchisten von *Renovación Española* und vor allem die Karlisten, die ein traditionalistisches, ultramontanes und damit der *Falange* diametral entgegen gesetztes Weltbild pflegten. Die Tatsache aber, dass *Falange* und Karlisten darüber hinaus Milizen stellten, machte beide Gruppierungen auch unter militärischen Gesichtspunkten zu einem wichtigen Faktor, auf den Franco unweigerlich besondere Rücksicht nehmen musste. Die Heterogenität der politischen Kräfte widersprach jedoch nicht nur dem faschistischen Zeitgeist. Sie barg auch die Gefahr von inneren Konflikten, die der Kriegsanstrengung zuwider laufen würden, so wie es die heftigen Auseinandersetzungen innerhalb des republikanischen Lagers deutlich vor Augen führten. Entsprechend bekannte Franco bereits im ersten Gespräch mit dem deutschen Gesandten nach der Übernahme des militärischen Oberkommandos, dass das vordringliche politische Ziel der Zusammenschluss der verschiedenen Kräfte sei.

Gleichzeitig stellte aber die alsbald nahezu eine Million Anhänger zählende *Falange* sowie deren Anspruch, wie in Italien und Deutschland, die zentrale Stellung im Staat zu übernehmen, eine Bedrohung für Francos eigenen unbedingten militärischen und politischen Führungsanspruch dar. Entsprechend setzte er seine Anstrengungen darauf, diese machtvoll aufstrebende Bewegung unter seine Kontrolle zu bekommen und sich ihr Potenzial zu nutze zu machen. So hat Franco wohl schneller als Offiziere wie Mola oder bekennende Monarchisten die große Bedeutung dieser Massenbewegung zur Festigung der Macht erkannt. In diesem Zusammenhang wird von einem nun beginnenden Prozess der Zähmung der *Falange* gesprochen.

Aber auch die Karlisten stellten aufgrund ihrer monarchistischen Grundeinstellung einen potentiellen Konfliktherd dar, und das nicht nur mit Blick die faschistische *Falange*. Sie vertraten die Thronansprüche einer auf das frühe 19. Jahrhundert zurückgehenden Nebenlinie der spanischen Bourbonen und kämpften damit nicht, wie das Gros der Monarchisten, für die Restauration in der Person von Alfons XIII. Die unabhängig agierenden *Requetés* als Milizen der Karlisten stellten darüber hinaus ein militärisches Problem dar, nachdem der Karlistenführer Manuel Fal Conde in den Anfangsmonaten des Bürgerkriegs nicht nur die Eigenständigkeit seiner Organisation betonte, sondern darüber hinaus die Schaffung einer eigenen Militärakademie zur Ausbildung von Offizieren anstrebte.

Anfang 1937 reifte bei Franco schließlich die Überlegung heran, sich der Führung von *Falange* und Karlisten zu bemächtigen. Die Pläne hierzu wurden hinter den Kulissen durch seinen Schwager, Ramón Serrano Súñer, ausgearbeitet, der in den folgenden Jahren zum zentralen Machtfaktor im Staat avancierte. Serrano Súñer war seit Studienzeiten Anfang der 1920er Jahre mit José Antonio Primo de Rivera befreundet, hatte in den Jahren der Republik wiederholt als Mittelsmann zwischen diesem und Franco fungiert und verfügte über viele Kontakte innerhalb der *Falange*. Nun verdrängte er sogar Nicolás als engsten Mitarbeiter Francos, der dafür und für viele Jahre das Amt des Botschafters in Lissabon übernahm.

Die »Abwesenheit« von Primo de Rivera, des unumstrittenen Führers der *Falange*, kam im nun beginnenden Prozess der Eingliederung der *Falange* in das neue Staatswesen ganz zupass. Bezeichnenderweise zog es Franco trotz kursierender Gerüchte und wider besseren Wissens zwei Jahre lang vor, den Tod des Falange-Führers nicht als Tatsache anzuerkennen. In der offiziellen Sprachregelung wurde er vielmehr euphemistisch als »Abwesender« bezeichnet. Es war zweifellos leichter – so die dahinter stehende Überlegung –, die Kontrolle über eine Partei zu erlangen, die keinen handlungsfähigen Führer hatte. Zudem schwelte innerhalb der *Falange* ein Machtkampf, der Franco im Endeffekt in die Hände spielte. Hinzu kamen Spannungen, die auf ein verschwimmendes faschistisches Profil der Partei aufgrund der sprunghaft gestiegenen Mitgliederzahlen zurückzuführen waren. Während die Mehrheit der neuen Mitglieder zwar der Wille zum Kampf gegen »Liberalismus«, »Marxismus«, »Separatismus« sowie der Wunsch nach einer starken autoritären Führung einte, traten die sozialrevolutionären Ziele in den Hintergrund. Der zu der Zeit starke Mann innerhalb von *Falange*, Manuel Hedilla, stand jedoch für den in den Parteistatuten festgeschriebenen antikapitalistischen und sozialrevolutionären Auftrag.

Franco ergriff die von Gewalt begleitete Eskalation im Machtkampf als Gelegenheit, um die Zügel an sich zu reißen. Am 19. April 1937 verfügte er die Fusion der *Falange* mit den Karlisten und stellte sich an die Spitze der neuen Organisation. Hedilla, der die *Falange* als eigenständige politische Kraft zu erhalten versuchte, den angebotenen Führungsposten ablehnte und sich damit Franco entgegenstellte, wurde unter dem Vorwurf der Rebellion und Verschwörung zusammen mit anderen Beteiligten unter Anklage gestellt und im Rahmen eines Verfahrens, das an die sowjetischen Schauprozesse erinnerte, zum Tode verurteilt. Franco dachte in militärischen Kategorien und duldete keinen Widerspruch, erst recht nicht in Kriegszeiten. Allerdings wurde das Urteil auf Betreiben ranghoher Falangemitglieder in eine Haftstrafe umgewandelt.[6] In der ausländischen Presse wurde in diesem Urteil nicht zu Unrecht vor allem ein Sieg jener Kreise gesehen, die in Gegnerschaft zur *Falange* und ihren revolutionären Ziele standen. Auch Goebbels sah in der Amtsenthebung von Hedilla einen Schritt in Richtung Reaktion.[7] Franco hatte den Machtkampf damit für sich entschieden. Nach den Erinnerungen des Führungsmitglieds der *Falange*, Dionisio Ridruejo, hatte diese Machtübernahme trotz allem ein außerordentlich heikles Unterfangen dargestellt, sei doch die Reaktion seitens der Partei im Vornherein nicht vorherzusehen gewesen.[8]

Aber auch bei den Karlisten machte sich Entsetzen über die Fusion ihrer Organisation mit der *Falange* breit. Sie konnten sich aber letztlich der Vereinigung ebenso wenig entziehen und mussten zudem auf zentrale Forderungen wie jene nach Wiedereinführung der Monarchie in der Person ihres Thronprätendenten verzichten. Abweichler wurden auch hier verfolgt. So war Manuel Fal Conde schon im Dezember 1936 ins Exil gezwungen worden, nachdem er für die Eigenständigkeit der Organisation und vor allem der eigenen Milizen eingetreten war. Aber auch in diesem Fall wagte es Franco aus Rücksicht auf die Anhängerschaft nicht, mit drastischeren Mitteln gegen den Widersacher vorzugehen.[9]

Nachdem nachrangige politische Kräfte wie die CEDA und *Renovación Española* darüber hinaus zur Selbstauflösung gezwungen wurden und deren Anhänger auf der Suche nach einer neuen politischen Heimstatt oftmals in die Reihen der neu gegründeten Einheitspartei drangen, waren die politischen Kräfte im nationalistischen Lager dauerhaft zusammengefasst. Vor allem aber hatte sich Franco auch auf politischer Ebene als unangefochtener Führer durchgesetzt. Die Eingliederung der Milizen von *Falange* und Karlismus in die Strukturen der Streitkräfte neutralisierte die Eigenständigkeit der beiden Bewegungen.[10] Die von Franco als Chef der neuen Bewegung ernannten Kader setzten sich wiederum aus Personen zusammen, die seinen Führungsanspruch nicht in Frage stellten. So schrieb Dionisio Ridruejo rückblickend:

> »Nach anfänglichen Verwunderung und Misstrauen akzeptierte die gesamte Falange die Führerschaft Francos. [...] Wir haben Franco bis zur Selbstaufgabe gedient, und Franco hat in uns wie selbstverständlich über eine Kraft verfügt, die viel ehrlicher war als jene, die andere Begründer von Regimes zur Verfügung hatten«.[11]

Die Teilhabe an der Macht war für die meisten offenbar verlockender als eine letztlich aussichtslose Oppositionshaltung, zumal dem Faschismus in Spanien aus der Perspektive des Moments heraus die große Zukunft erst noch bevorstand.

Die neue Partei erhielt einen endlos anmutenden Namen, in dem sich die Amalgamierung der Kräfte spiegelt: *Falange Española Tradicionalista y de las Juntas de Ofensiva Nacional-Sindicalista*. Aufgrund der vielschichtigen Zusammensetzung war das ideologische Profil entsprechend unscharf. Die *Falange* übernahm jedoch die politische Führungsrolle. Das kommt auch darin zum Ausdruck, dass deren Parteiprogramm nahezu unverändert für die neue Organisation galt. Damit waren die sozialrevolutionären Ziele wie die Abschaffung des Kapitalismus, die Verstaatlichung des Großkapitals, die Schaffung einer sozial ausgerichteten Agrarverfassung und die Umschichtung des Grundbesitzes zumindest auf dem Papier erhalten geblieben. An der faschistischen Grundhaltung lassen auch die Ende November 1937 verabschiedeten Parteistatuten keinen Zweifel. Hierin wurden die Leitfunktion der *Falange* als Verkörperung des nationalen Willens betont und Begriffe wie »geheiligte Schicksalsgemeinschaft«, Disziplin, »imperiales Sendungsbewusstsein«, »Einheit von Volk und Staat«, »Unterordnung des Einzelnen unter die Gemeinschaft«, »Überwindung von Partikularinteressen« sowie die Ausrichtung der gemeinsamen Kraftanstrengung auf ein »nationales Ziel« hin als Leitbilder definiert.

Gleichzeitig zeigen sich aber auch hier innere Widersprüche und Kompromisse. So musste die *Falange* einen katholischen Überbau verinnerlichen. Hierzu gehörte die Betonung einer christlich begründeten Freiheit der Person. Signifikant ist nicht zuletzt, dass der letzte des ursprünglich 27 Punkte umfassenden Parteiprogramms ersatzlos gestrichen wurde. Darin war bezeichnenderweise festgelegt gewesen, dass im Kampf um die Eroberung des Staates keine Kompromisse gemacht würden. Die inneren Widersprüche traten auch implizit zutage, als Franco die Vorzüge der Fusion lobte:

> »Der junge Saft der Falange wird den Traditionalismus innerhalb der neuen Organisation erneuern und sicherstellen, dass wir eine Politik der sozialen Gerechtigkeit machen, die durch und durch kompatibel mit dem Respekt ist, den sich alle sozialen Schichten gegenseitig schuldig sind«.[12]

Das Amalgam zeigt sich auch recht illustrativ an der Uniform, mit der Franco in dieser Zeit gerne auftrat. Zu seinem Militärrock trug er das blaue Hemd der *Falange* sowie das rote Barett der Karlisten.

Die Zwangsvereinigung von Karlisten und *Falange* ist durch den Falangisten Dionisio Ridruejo als »invertierter Staatsstreich« bezeichnet worden: Während in Staaten wie Deutschland, Italien und Russland eine Partei den Systemwechsel erzwungen hatte, habe sich in Spanien der Staatschef einer Partei bemächtigt und seinem Willen unterworfen.[13] Dieser Umstand sowie die Tatsache, dass die Machtergreifung nach einem Militärputsch erfolgte, sind immer wieder als Argumente herausgestrichen worden, um zu unterstreichen, dass das Franco-Regime eben keinen faschistischen Charakter hatte. Zeitgenössische Autoren haben diese Unterschiede ebenfalls immer wieder thematisiert, kamen dabei allerdings stets zu dem Ergebnis, ihnen keine übermäßige Bedeutung beizumessen. Im eigentlichen Sinn hatte im April 1937 letztlich auch weniger eine Auseinandersetzung um Ideologien als vielmehr ein Kampf um die Durchsetzung des uneingeschränkten Führungsanspruchs und von Machtstrukturen stattgefunden, den Franco, wie auch Hitler 1934 im Zusammenhang mit dem »Röhm-Putsch«, unter Marginalisierung der revolutionären Kräfte für sich entschieden hatte. Die Parteistatute ließen daran keinen Zweifel:

> »Der nationale Chef von Falange Española Tradicionalista y de las JONS, höchster Anführer der Bewegung, verkörpert ihre Ehre und alle ihre Werte. Als Schöpfer dieser historischen Ära, in der Spanien die Fähigkeit erlangen wird, seine Bestimmung und damit die Sehnsüchte der Bewegung zu verwirklichen, übernimmt der Chef in höchster Vollkommenheit die allumfängliche Macht. Der Chef ist vor Gott und der Geschichte verantwortlich«.[14]

Franco war somit nicht einmal der Partei verantwortlich. Er verkörperte diese.

Als Generalissimus, Staatschef und Führer der Einheitspartei hatte Franco zu dem Zeitpunkt sogar eine größere

Machtfülle als Hitler, der erst im Februar 1938 das Oberkommando der Wehrmacht an sich nahm. Am zweiten Jahrestag der Erhebung beförderte sich Franco zudem in den Rang eines Generalkapitäns von Heer und Armada als höchster militärischer Rangstufe, die eigentlich den Monarchen vorbehalten war. Damit festigte er die durch seine Waffenbrüder übertragene Funktion als Generalissimus und zeigte gleichzeitig an, an der Spitze von Staat und Streitkräften dauerhaft bleiben zu wollen. Im August 1939 übertrug er sich schließlich die Kompetenz, eigenmächtig Gesetze und Dekrete zu erlassen. Francos Macht reichte somit weiter als die jedes anderen Herrschers in der Geschichte Spaniens. Für Autoren wie Enrique Salgado war die Herrschaft Francos sogar totalitärer als jene Hitlers.[15] Dem widerspricht keineswegs, dass Franco zwar das faschistische und nationalsozialistische Herrschaftsmodell übernahm, die Regierungsaufgabe jedoch als militärisches Kommando verstand. Zeitgenössische Autoren wie der Rechtsphilosoph Francisco Elías de Tejada erkannten in Franco einen unumschränkten Herrscher, der die »höchste Gewalt«, den »Quell der Souveränität«, die »Wurzel irdischer Macht« verkörperte:

> »Er nimmt den ersten Platz im neuen Staat ein, ist frei in seinen Entscheidungen, stellt die erhabenste Urteilsinstanz dar und ist unanfechtbar in seinen Weisungen. [...] Mit ihm verschwinden die überkommene Teilung der Gewalten und die Verfahrenshemnisse des alten Parlamentarismus, denn er selbst ist Ausdruck der allerhöchsten Macht. In ihm haben wir einen neuen Alexander, dessen erhabene Aufgabe darin besteht, den gordischen Knoten eines jeden Tages zu zerschlagen«.[16]

Ganz im Sinne des faschistischen Führerprinzips verkörperte Franco darüber hinaus den Volkswillen. Die Propaganda, die maßgeblich zur Konstruktion seines Mythos beitrug,[17] sah in ihm gar die Fleischwerdung des Volkes.[18] Volk, Führer und Nation verschmolzen miteinander:

> »Das Wesentliche an Spanien ist diese affektive Beziehung, mit der dem Führer gedient wird, und die auf den Staat übertragen

dazu führt, dass dieser vermenschlicht, lebendig wird, indem im Zentrum höchster Autorität, Staat und Führer miteinander verschmelzen. Der Wille des Führers stellt das lebende Gesetz der Nation dar, jenseits staatlicher Ordnung in den endlosen Aufgaben seiner schicksalhaften Bestimmung«.[19]

Franco wurde damit zum Archetyp Spaniens. So hieß es im Dekret, das den Tag der Ausrufung zum Generalissimus zum Nationalfeiertag erklärte, dass Franco Führer Spaniens »von Gottes Gnaden und dem wahren Willen Spaniens« sei.[20] Fortan stellte Franco den unumstrittenen Mittelpunkt allen Handelns dar. Die Legitimität der Herrschaft Francos, eines durch die Massen zum Führer erhobenen Feldherrn und Anführers, war damit höherrangig als die der traditionellen Monarchen, die in den Worten des Ideologen José Pemartín ihre Rechte in den königlichen Schlafgemächern erworben hätten.[21]

Mit Franco kündigte sich demnach der Anbruch einer neuen Epoche an:

»Franco kann keine Übergangsherrschaft darstellen. Andernfalls würden weder Legitimität noch Dauerhaftigkeit in dem bestehen, was danach käme. Die Legitimität von Francos irdischer Herrschaft gründet [...] im Aufschrei Spaniens am 17. Juli, als seine Stimme erklang«.[22]

In logischer Konsequenz sah der Ideologe Ernesto Giménez Caballero den *Caudillo* ohne Wenn und Aber als faschistischen Führer:

»Faschismus, Nationalsozialismus, Falangismus stellen totalitäre Regime dar, indem sich die Gesamtheit, die in Hierarchien gegliederten Massen, in einer Person subsumieren. Das ist der Kern der Bedeutung der Begriffe Caudillo – Kopf, Duce – Lenker, Führer – Leiter. Alle anderen Aspekte totalitärer Doktrin sind nichts weiteres als Korollar dieses Vorrangigen: des Führerprinzips«.[23]

Dieser Autor erkannte freilich gleichzeitig im Prinzip des Nationalen begründete Spezifika:

»Nach und nach müssen wir mit der Nachahmung aufhören, denn obwohl unsere Bewegung bestimmte Grundlagen akzeptiert hat, liegt darin die Gefahr, eine Bewegung, die so spanisch ist wie die unsere, dem Spanischen zu entfremden. Vor allem besteht kein Grund, diese Nachahmung gerade auf das ur-spanische Konzept des Caudillo zu übertragen«.[24]

Dieser nationale Charakter kam auch in der Zeichensprache zum Ausdruck. Im Sinne dieser Verschmelzung von Staat, Volk und Führer wurde das Festtagskalendarium auf Franco und die durch ihn angeführte »nationale Erhebung« ausgerichtet. So kamen zu spezifisch spanischen Feiertagen wie dem Datum der Entdeckung Amerikas als »Tag der Rasse«, dem Tag des Aufstandes gegen die napoleonische Besatzung im Jahr 1808 oder dem Feiertag zu Ehren des heiligen Jakobus als Schutzpatron Spaniens nun der Tag der Erhebung vom 18. Juli 1936, das Datum der Erhöhung Francos zum Generalissimus am 1. Oktober als »Tag des Caudillo«, das Datum der Vereinigung von *Falange* und Karlisten am 19. April, der »Tag des Sieges« am 1. April sowie das Datum des Todes von José Antonio Primo de Rivera am 20. November als Nationalfeiertage hinzu. 1937 wurde zudem, analog zum italienischen Vorbild im Zusammenhang mit dem »Marsch auf Rom«, eine neue Zeitrechnung eingeführt: Die Jahre wurden numerisch in Triumphjahren gezählt. Zudem wurden neben der als Ausdruck der Verbundenheit zu verstehenden gesetzlichen Einführung des »römischen Grußes« auch Symbole aus einer als identifikatorischem Referenzpunkt verstandenen mythisierten eigenen Vergangenheit übernommen. In Analogie zum Rutenbündel der römischen Liktoren im faschistischen Italien und dem germanischen Hakenkreuz im nationalsozialistischen Deutschland waren dies Joch und Pfeilebündel der *Falange*, die als einstige Insignien der Katholischen Könige eine emotionale Brücke zur imperialen Zeit schufen und als Symbol die Stoßrichtung des Neuen Staates aufzeigten.[25]

Nationalspanien knüpfte ausdrücklich an die frühneuzeitliche imperiale Epoche an, und in diesem Sinne stellte sich Francos Heerführerschaft im Bürgerkrieg als Wiederaufnahme der mittelalterlichen *Reconquista* dar:

»Franco ist, genau genommen, eine mittelalterliche Gestalt mit all den Merkmalen eines Territorialfürsten. Jede Provinz, die er erobert, steht ihm persönlich zu, und er gestaltet und gliedert sie in den Staat ein, den er errichtet. Er teilt weder Ruhm noch Verantwortung. Nach Abschluss und Einbindung der Eroberungen wird er alle Spanier am neuen Staat teilhaben lassen, der spirituell und politisch genau dort ansetzen wird, wo aus dem Chaos des spanischen Mittelalters das Werk von Ferdinand von Aragonien und Isabella von Kastilien erspross. In wirtschaftlicher und sozialer Hinsicht wiederum wird Spanien einen Rahmen erhalten, der durch die 26 Punkte in großartiger Weise vorgezeichnet ist, den nur scheinbar zufällig ein Pfeilebündel und ein Joch krönen«.[26]

Damit verwoben sich die Vorstellung vom Rückeroberungskampf gegen die Mauren mit dem gegen die »Roten« im Bürgerkrieg, sowie das Bild von der Schaffung der Reichseinheit unter den Katholischen Königen mit dem des *Neuen Spaniens* Francos. Die Analogie war bestechend, denn ganz genauso wie dem Abschluss der mittelalterlichen *Reconquista* die Eroberung der Neuen Welt und die Schaffung des weltumspannenden Imperiums gefolgt war, sollte nach dem Sieg im Bürgerkrieg eine strahlende imperiale Zeit beginnen. Dazu gehörte neben einer rhetorischen und propagandistischen Hinwendung zu den lateinamerikanischen Staaten die tatsächliche Eroberung eines Kolonialraumes – eine Forderung, die ganz im Einklang mit der imperialen Rhetorik der Zeit und dem aggressiven Nationalismus in Italien und Deutschland stand. So begriff auch Franco Spanien als eine in Waffen stehende Nation, wie er im Ausblick auf das Jahr 1939 erklärte: »Jeder Bürger hat ein Soldat zu sein, der im gegebenen Augenblick die Waffen zu ergreifen weiß«.[27]

Ganz in der Gedankenwelt der *Africanistas* lag die koloniale Zukunft Spaniens in Nordafrika. Das angestrebte Imperium sollte weit über das bestehende Protektorat hinausreichen und im Nordwesten des Kontinents den Raum zwischen dem algerischen Oran und der Grenze nach Mauretanien umfassen – Ansprüche, die in der 1941 erschienenen Publikation aus der Feder der späteren Außenminister Fernando María Castiella und José María de Areilza propagandistisch unterstrichen wurden.[28]

Das *Neue Spanien* von General Franco sollte aber auch in geistiger Hinsicht zum Abbild des frühneuzeitlichen Spaniens werden, als Glaube und Herrschaft unauflösbar miteinander verbunden waren. Zeiten wie die des Liberalismus im 19. Jahrhundert, in denen Spanien von diesem Grundsatz abgerückt sei, wurden als Epochen der Dekadenz und des Verfalls stigmatisiert. Die Demokratie schließlich habe die Entfaltung niederer materialistischer Triebe zugelassen. Das allgemeine und gleiche Wahlrecht widerspreche den Ordnungsvorstellungen Gottes und habe die Massen korrumpiert. Liberalismus und Demokratie wurden als gescheiterte, überkommene und vor allem als unspanische politische Irrwege verurteilt. Entsprechend ging es nun darum, in Anknüpfung an die Zeit unter den Katholischen Königen, als nach der Ausweisung der Juden mit der Durchsetzung des Katholizismus als alleiniger Konfession und der Verfolgung von Häretikern und Nicht-Christen auch in spiritueller Hinsicht die Reichseinheit hergestellt worden sei, die notwendige geistige Grundlage zur Errichtung des Imperiums zu schaffen. Dabei verwob Franco dieses Bild mit den Ordnungsvorstellungen seiner Zeit:

> »Wir werden die Ideale und die Lebensart erhalten, die die Welt von heute von uns fordert und die uns das Wesen unseres Vaterlandes bieten [...]. Wir wollen einen Staat, in dem die Reinform der Tradition und die Essenz jenes vergangenen echten Spaniens in den neuen kraftvollen und heldenhaften Formen Ausdruck finden, die aus der Jugend von heute und morgen in dieser imperialen Morgenröte unseres Volkes esprießen«.[29]

Der Brückenschlag kam in der Inszenierung des Schwurs der Mitglieder des Nationalrates der *Falange* Anfang Dezember 1937 deutlich zum Ausdruck: Die Zeremonie wurde im Kloster Santa María la Real de las Huelgas veranstaltet, einem der wichtigsten Sakralbauten des mittelalterlichen Kastiliens, in dem eine Vielzahl von Krönungen stattgefunden hatten und das die Grablege kastilischer Könige war.

Das imperiale Verständnis kam wiederum Ende Juni 1942 im Rahmen der großen Feierlichkeiten zur Eröffnung der Hohen Schule der Frauenorganisation der *Falange* im Castillo de la Mota, einer mittelalterlichen Burg, in der Isabella von Kastilien ihr Testament diktiert hatte und verstorben war, besonders deutlich zum Ausdruck. Franco verband bildhaft das *Neue Spanien* mit der Herrschaft Isabellas als Begründerin einer »revolutionären, totalitären und schließlich auch die rassische Einheit schaffende, denn katholischen Politik«.[30] Selbst die Republik und der Bürgerkrieg fanden in der Zeit dieser als vorbildhaft gepriesenen Königin ihre Entsprechung:

> »In dem gleichen Zustand, in dem wir Spanien erhalten haben, hat auch Isabella von Kastilien ihr Reich zerstückelt und in schäbigen Kämpfen verstrickt zwischen einander verfeindeten Fraktionen und zügellosen Adligen übernommen. Machthunger! Elend! Dort war alles anzutreffen, was ein Volk ohne Ordnung und in einer anarchischen Verfassung ausmacht. Dann aber wurde der Zustand durch ein weises Weltbild, durch das Imperium des Geistes und durch die Stärke der Einheit berichtigt«.[31]

Die hergestellte Parallelität bezog sich damit in kaum verhohlener Weise auch auf innere Widersacher, die sich gegen die Umgestaltung Spaniens zu einem totalitären Staat wehrten:

> »Glaubt ihr etwa, dass jene verdienstvollen Spanier und jene große Königin nicht die gleichen Wechselfälle zu durchleben hatten, vor denen auch wir stehen? [...] Die große Königin wurde selbst dann noch diffamiert, als die verfassungsmäßige, territoriale und rassische Einheit aller Spanier ihren krönenden Abschluss gefunden hatte«.[32]

Damit wurde Isabella, die vollkommenen Opfergeist und Standhaftigkeit zum Wohle des Vaterlandes gezeigt habe, zum Vorbild für die *Falange* und deren Doktrin zur Errichtung eines grundlegend neuen Gemeinwesens auf den Trümmern der Republik.

Dabei mag Franco die Wiedereinführung der Monarchie, wie durch wichtige Sektoren seiner eigenen Machtbasis gefordert, im Sinne der Rolle des italienischen Königs im Regime Mussolinis durchaus im Abstrakten vorgeschwebt haben. Die Möglichkeit einer Restauration ließ er immer wieder andeutungsweise durchschimmern. Allerdings hat ihn sicherlich die ambivalente Haltung von Alfons XIII. gegenüber Miguel Primo de Rivera darin bestärkt, das diktatorische Kommando nicht durch eine übergeordnete Figur zu schwächen. Eine mögliche künftige Monarchie, daran ließ Franco jedoch frühzeitig keinen Zweifel, hätte nichts gemeinsam mit jener, die im Jahr 1931 untergegangen war. Auf ein Schreiben von Alfons XIII., der auf eine rasche Restauration der Monarchie drängte, antwortete Franco Ende 1937 nicht nur mit der Vorhaltung, dass die Monarchie eine Mitverantwortung am Bürgerkrieg trüge. Auch hätte sich eine künftige Monarchie den Prinzipien des *Neuen Spanien* unterzuordnen.[33]

Das spanische Modell wies freilich vor allem eine signifikante Eigenart auf, die in der Literatur gerne als entscheidend zur Unterscheidung von den Regimes in Italien und Deutschland herausgehoben wird: die, wie es damals hieß, spirituelle Grundlage des katholischen Glaubens als »Triebfeder und Stärke« des spanischen Volkes und Wesensgrund der Geschichte und Größe der spanischen Nation.[34] Zeitgenössische spanische Autoren sahen jedoch auch hierin keinen Widerspruch. Ganz im Gegenteil verwies die Argumentation darauf, dass der spanische Faschismus damit vielmehr eine Vorreiterfunktion übernehme:

> »Spanien ist durch die Vorsehung dazu auserkoren, den perfektesten Faschismus zu errichten. Der spanische Nationalismus wird ideologisch durch die Doktrin von Trient und politisch durch den lebendigen in der Einheitspartei integrierten navarresischen Traditionalismus genährt und ist damit an Katholizität, an Universalität, an Tradition, an Vitalität und an Spiritualität nicht zu überbieten«.[35]

Zeitgenössische deutsche Autoren sahen ebenfalls vor allem die grundsätzliche Übereinstimmung. Die *Falange* wurde als Partei der Jugend wahrgenommen, die »Mut, Entschlossenheit und Opferbereitschaft ausmache«, die »Forderungen und Ideen des 20. Jahrhunderts« repräsentiere und damit der NSDAP und der faschistischen Partei Italiens ebenbürtig sei.[36] Spanien wurde ohne Abstriche als Teil der neuen autoritär regierten nationalistischen Staatenordnung wahrgenommen, und Franco stand mit Hitler und Mussolini in einer Reihe der »großen Gestalter des auferstehenden Europa«.[37]

Der Vorrang des Nationalen brachte freilich mit sich, dass das Franco-Regime ganz genauso wie dessen Verbündeten stets eigene Interessen im Blick hatte. Während für Mussolini ein faschistisches Spanien die eigenen imperialen Mittelmeerträume beflügelte, war das »Dritte Reich« im Bürgerkrieg zunächst einmal daran interessiert gewesen, Waffensysteme und Militärtaktik zu erproben und Spanien durch den Erwerb von Bergbaukonzessionen langfristig zu einem Rohstofflieferanten zu machen. Franco wiederum hatte alles andere als eine politische und wirtschaftliche Unterordnung im Sinn. Dies zeigte sich auch an symbolträchtigen Details. So lehnte Franco die Ansinnen von Göring und Ciano ab, der Siegesparade in Madrid beizuwohnen, was letztlich einen Schatten auf den Mythos des Befreiungskrieges und seines *Caudillos* geworfen hätte.

Nachdem die *Falange* anfänglich die Aufgabe der Einbindung der politisierten Massen übernommen und einen breiten Aktionsraum im Rahmen politischer Säuberungen sowie der aktiven Beteiligung am Kampf durch die Bereitstellung von Milizen erhalten hatte, trat mit Serrano Súñer eine Person an die operative Spitze, die nicht nur mit Vehemenz die Eliten der untergegangenen Monarchie als reaktionäre Elemente angriff, deren Ende bevorstünde.[38] Er ging vor allem das Projekt der Ausgestaltung des *Neuen Spanien* tatkräftig an, indem er die dazu notwendigen Staats- und Verwaltungsstrukturen schuf. Damit begann jene Phase, die als Faschisierung des Regimes bezeichnet wird. In seiner Funktion als Vorsitzender des Politischen Ausschusses der *Falange* besetzte er die Scharnierstelle zwischen Partei und Staatsführung und war Ende Januar 1938 mit der Übernahme des Amts des

Innenministers und somit der Kontrolle über die Presse und Polizei auch innerhalb der Regierung in eine zentrale Machtposition vorgerückt.

Als Bewunderer des politischen Systems Italiens orientierte sich Serrano Súñer am faschistischen Vorbild: Der *Große Faschistische Rat* fand seine Entsprechung im Nationalrat der *Falange* als höchster Parteiinstanz. Nach dem Vorbild der *Carta del Lavoro* wurde 1938 das *Fuero del Trabajo* als erstes einer Reihe von über die Jahre erlassenen Verfassungsgesetze verabschiedet. Diese Arbeitscharta geißelte in einem Atemzug Kapitalismus und Marxismus, bekundete den Willen zur Unterordnung der Wirtschaft unter die Gemeinwohlinteressen und pries die bevorstehende soziale Revolution. Allerdings blieb das Ergebnis hinter den ursprünglichen Erwartungen: So war das Ziel der Sozialisierung des Bankensektors durch eine Gemeinwohlverpflichtung ersetzt worden, und die auch von Franco immer wieder angekündigte Bodenreform blieb eine vage Absichtserklärung, die letztlich zugunsten von Kolonisierungsprojekten und Maßnahmen zur Verbesserung der Produktionsbedingungen in der Landwirtschaft zurücktreten würde. Wie schon im Fall des italienischen Vorbildes stellte die Arbeitscharta nach dem erbitterten Widerstand der konservativen Eliten ein Kompromisswerk dar. So garantierte dieses *Fuero* vielmehr den Privatbesitz und bekundete die Vorrangigkeit der Privatinitiative gegenüber einer staatlichen Unternehmertätigkeit. Das kapitalistische System war damit nicht grundlegend beschnitten worden. Allerdings behielt die *Falange* über die in dieser Charta kodifizierten Syndikate, in denen Arbeiter und Unternehmer als Solidargemeinschaft dem Gemeinwohl verpflichtet wurden, sowie über eine Vielzahl korporativer Organisationen einen starken dirigistischen Einfluss auf Wirtschaft und Gesellschaft.

Franco respektierte damit zwar die bestehenden Eigentumsverhältnisse, doch blieb die soziale Frage ein oft als paternalistisch empfundenes Kernanliegen seiner Wirtschaftspolitik. So hatte er schon in seinem Aufruf vom 17. Juli 1936 betont, dass die Erhebung kein Aufstand der alten Eliten sei, sondern der Verteidigung der Interessen der Arbeiterschaft und der Mittelschichten diene.[39] Zu den sukzessive ergriffenen Maßnahmen gehörten entsprechend durchaus auch die Verbesserung der materiellen Grundlage der Arbeiterschaft, der Schutz der Arbeitsverhältnisse sowie die soziale Absicherung durch Einführung von Arbeitsunfähigkeits-, Altersrenten- sowie Krankenkassen. Im Sinne der Überordnung der nationalen Interessen und der Ablehnung einer als Klassenkampf begriffenen Interessensvertretung der Arbeiterschaft bestand aber auch ein autoritäres Verständnis der Arbeitsbeziehungen. Hierzu gehörte die Verneinung des Streikrechts und die harte Bestrafung von Arbeitsausständen, hinter denen keine sozialen sondern ausschließlich politische Anliegen gesehen wurden.

Im Rahmen eines Denkens in geschlossenen nationalen Wirtschaftsräumen verfolgte Franco das Ziel der Autarkie. Hierbei standen nicht nur Italien und Deutschland als Vorbilder, sondern auch das bereits durch Diktator Miguel Primo de Rivera verfolgte Modell. Franco zeigte sich davon überzeugt, dass eine wirtschaftliche Unabhängigkeit zur ökonomischen Gesundung Spaniens führen würde, und sah hierzu die inländischen Rohstoffressourcen als völlig ausreichend an. Gesetze zum Schutz der nationalen Produktion sollten ausländischen Wirtschaftsinteressen entgegenwirken und etwa Mehrheitsbeteiligungen an Unternehmen verhindern. Verstaatlichungsmaßnahmen in Bereichen, denen eine herausragende ökonomische Relevanz attestiert wurde, wie etwa im Fall des Energiesektors oder des Schienenverkehrs, unterstrichen wiederum den Lenkungsanspruch des Staates. Mit der Gründung des *Instituto Nacional de Industria* (INI) Ende September 1941 nach italienischem Vorbild wurde darüber hinaus ein ehrgeiziges Industrialisierungsprojekt angegangen, mit dem auch die Abhängigkeit von Technologieimporten überwunden werden sollte. Franco kündigte vollmundig sogar in der Produktion von Waffensystemen, Artillerie und Flugzeugen eine vollständige Unabhängigkeit an.[40]

Auch die Einrichtung der *Cortes* am 17. Juli 1942 gehört zu diesem spanischen Weg der Faschisierung. Zwar wurde damit dem Namen nach eine Institution der kastilischen Krone wiederbelebt, und entsprechend ist diese Einrichtung auch immer wieder als Zugeständnis an die Monarchisten verstanden worden. Die Zusammensetzung der Ratsversammlung lässt allerdings vielmehr Vergleiche mit der italienischen *Camera dei Fasci e delle Corporazioni* zu. Ein Teil der Mitglieder, die den auf die feudale Ständeversammlung zurückgehenden Titel *Procuradores* führten, wurde direkt durch Franco bestimmt. Ein weiterer war an wichtige Ämter im Staat und in den korporativen Organisationen gekoppelt. Einen dritten Teil bildeten Angehörige der falangistischen Syndikate. Die Zusammensetzung veränderte sich zwar im Laufe der Zeit, doch stellte die *Falange* damit bei weitem die meisten Mitglieder. Zudem hatten die *Cortes* nur eine beschränkte beratende Funktion und blieben somit in der Praxis ein Akklamationsorgan, das hinter dem Führerprinzip verschwand.

Der Umbau hin zu einem klar definierten faschistischen Staat blieb letztlich jedoch Stückwerk, und das Ziel der sozialen Revolution verkümmerte – wie in NS-Deutschland – zu einer inhaltsleeren Propagandaformel. Bei aller Strahlkraft der »neuen europäischen Ordnung« und trotz der Blendung durch die vermeintliche Unbesiegbarkeit der Achsenmächte in den Anfangsjahren des Zweiten Weltkriegs stellten sich wichtige Stützen des Regimes gegen die Vorherrschaft von *Falange* und nicht zuletzt gegen den politischen Ehrgeiz von Serrano Súñer. Gerade innerhalb der Generalität hatte die *Falange* einen mächtigen Widersacher, der sich nicht ins zweite Glied zurückdrängen lassen wollte. Aus ideologischen Motiven wandten sich wiederum Monarchisten und katholische Kreise gegen die faschistische Umgestaltung. Serrano Súñer scheiterte nicht nur mit seinem Projekt, die Institutionen des Staates im Sinne des Parteiprogramms der *Falange* zu einem »totalitären Instrument im Dienste der Unverletzlichkeit der Nation« zu machen.[41] Anfang September 1942 entband Franco seinen Schwager sogar von allen Ämtern, nachdem die wachsenden Spannungen in dem von Falangisten Mitte August jenen Jahres verübten Bombenattentat auf eine Gedenkveranstaltung der Traditionalisten in der unweit von Bilbao gelegenen Basilika von Begoña ihren Höhepunkt erreicht hatten.

Die Enttäuschung der alten Kämpfer der *Falange* saß tief. Dionisio Ridruejo gab Ende August 1942 alle Funktionen auf, weil er von der Aussichtslosigkeit des faschistischen Projektes überzeugt war. Franco habe niemals die Absicht gehegt, die Prinzipien der *Falange* zu verinnerlichen. Für den enttäuschen Ridruejo war selbst die *Falange* zwischenzeitlich zu einem willfährigen Instrument Francos geworden, das sämtliche eigene Ideale aufgegeben hatte:

> »Die Falange als kleinerer und doch größerer Teil des Regimes stellt nicht einmal eine Kraft dar. Sie ist zerstreut, mutlos, entwaffnet, entgegen ihres eigentümlichen und notwendigen Milizcharakters als gefügige Masse organisiert und wird durch Gestalten angeführt, die an Mittelmäßigkeit nicht zu überbieten sind. [...] Wir werden weiterhin politischen Rummel aufführen, und es wird weitergehen mit den Albernheiten in der Presse, der Entwaffnung der Milizen, dem Schein von Syndikaten, dem Fehlen tatsächlicher Macht, den Reibereien, der Unentschlossenheit, der Täuschung, den Taktierereien und der Angst«.[42]

Auch die Versuche in späteren Jahren, einen den Prinzipien der *Falange* verpflichteten Staat durch Stärkung der Partei gegenüber der Regierung aufzubauen, stießen letztlich auf unüberwindbaren Widerstand. Bei aller faschistischen Rhetorik verhinderte die heterogene reale Machtbasis des franquistischen Systems eine nachhaltige faschistische Umgestaltung des Regimes – eine Schlussfolgerung, die bezeichnenderweise auch Ian Kershaw im Hinblick auf die nationalsozialistische Gesellschaftsordnung zieht.[43] Letztlich war aber vor allem Franco nicht bereit, der *Falange* eine hegemoniale Stellung einzuräumen, die im Endeffekt seine eigene Position hätte bedrohen können. Die Aufrechterhaltung der Balance zwischen den verschiedenen Kräften innerhalb des nationalistischen Lagers erwies sich in der historischen Perspektive als hervorragende Strategie zur Absicherung der Macht. Schließlich ist sich die Forschung einig, dass Franco vor allem das Ziel hatte, seine unumschränkte Machtfülle, ob nun mit oder ohne faschistischem Gewand, zu bewahren. Damit blieben die Reformen Stückwerk, und die postulierten Leitbilder sind vielmehr als Symbol eines veränderten Bewusstseins zu verstehen; sie stellten damit vor allem eine Aufgabe für die Propaganda dar – ein Ergebnis, zu dem auch Kershaw hinsichtlich des Volksgemeinschaftsgedankens in NS-Deutschland kommt.[44]

Wenngleich die *Falange* sukzessive zu einer gefügigen Masse im Dienste Francos wurde, hielt der Diktator am korporativen, am Führerprinzip orientierten Gesellschafts- und Wirtschaftsmodell fest. So sprach er im Dezember 1942, als die Landungsoperationen der Alliierten in Nordafrika in vollem Gange waren, und sogar noch im Frühjahr 1943, als die Invasion auf Sizilien unmittelbar bevorstand, unbeeindruckt von dem Untergang des liberalen Zeitalters und dem unausweichlichen Siegeszug der neuen Regime, deren Essenz die soziale Gerechtigkeit und der Kult des Nationalen sei. Spanien, so Franco damals, habe mit der Erhebung im Jahr 1936 den von Italien und Deutschland gewiesenen Weg in das Zeitalter der *Caudillos* unumkehrbar eingeschlagen.[45] Nach dem Sturz Mussolinis änderte sich jedoch die Wortwahl der Propaganda. Zudem wurden nun der Gleichklang mit Faschismus und Nationalsozialismus aufgegeben und vielmehr Unterschiede wie insbesondere die christliche Orientierung des spanischen Regimes herausgestrichen, die jetzt als trennend verstanden wurde:

»Unsere in ihren Leitbildern fruchtbare Bewegung kam von Anbeginn zu dem Ergebnis, dass wenig erreicht werden könne, wenn die Kräfte allein darauf gerichtet werden, das Patriotische mit dem Sozialen zu verbinden, und dabei die spirituellen Prinzipien außer Acht gelassen werden, ohne die eine Gesellschaft verdirbt und zerfällt. Deshalb verkündete die spanische Bewegung als Ziel, das Patriotische mit dem Sozialen unter der Herrschaft des Spirituellen zu verschmelzen«.[46]

Hiervon blieb freilich die faschistische Vorstellung von der durch die Vorsehung bestimmten Führerschaft unberührt. Nun wurde aber auch die *Falange* auf Distanz zum Faschismus eingeschworen, und nicht zuletzt verkam die angestrebte »nationalsyndikalistische Revolution« endgültig zu einer inhaltsleeren, wenngleich noch bis weit in die 1950er Jahre hinein verwendeten Formel. Nun wurde vor allem das Schlagwort der »organischen Demokratie« zu einem der Lieblingsbegriffe Francos, um den Korporativismus zu umschreiben. In diesem Sinne hieß es auch nicht mehr, dass der Wille des Herrschers den Willen des Volkes verkörpere. Vielmehr wurde nun das Volk als Inspirationsquelle für das Handeln des Staates bezeichnet.[47]

Im Grundsätzlichen hielt Franco aber an seiner Überzeugung fest, dass der Liberalismus und die Demokratie überkommene und gescheiterte Gesellschaftsmodelle seien. Angesichts der Herausforderungen im Sozialen sowie der marxistischen Bedrohung sei die Lösung der nationalen Herausforderungen am besten durch autoritär regierte und von einer Einheitspartei zusammengehaltenen Staaten möglich. Diesen gehöre damit die Zukunft. Für Franco stellte das von ihm geschaffene System die Avantgarde auf dem Weg in eine Welt größerer sozialer Gerechtigkeit dar.[48] Noch im Jahr 1966 hielt er unbeirrt an der Vorstellung von der Weitsicht seines politischen Denkens fest und pries noch einmal den spanischen Weg als richtungsweisend:

> »Das Treffliche unserer politischen Bewegung liegt darin, seit 30 Jahren zu wissen, dass wir uns in einer neuen Ära befinden. Seit damals hat sich der politische Prozess auch noch beschleunigt, wonach die kapitalistische, liberale, individualistische Gesellschaft trotz allen Beharrungsvermögens schließlich einer Gesellschaft Platz zu machen hat, in der die Arbeit den dominierenden Faktor darstellt. Das Prinzip der sozialen Gerechtigkeit, das wir verkündigen, wird inzwischen kaum mehr in Frage gestellt«.[49]

Angesichts des 1945 jenseits der Grenzen aufziehenden massiven Gegenwindes zog sich Franco aber vor allem auf die Argumentation zurück, dass die Nationen nun einmal unterschiedlich in ihren Traditionen und Charakter und somit bestimmte politische Systeme nicht universell übertragbar seien. In der Geschichte Spaniens hätten Ideen aus dem Ausland immer nur Chaos und Bürgerkrieg hinterlassen. Aufklärung, Demoliberalismus, Republik und Demokratie mochten demnach bestimmte Völker zu Höhen geführt haben, seien aber für Spanien nicht geeignet. Entsprechend benötige Spanien keine ideologischen Importe.[50] Diesem Denken nach war die Parteiendemokratie lediglich eine und keinesfalls eine ideale Ausdrucksform der repräsentativen Willensbildung einer Gesellschaft. Eine Demokratisierung im westlichen Sinn kam für Franco zeitlebens nicht in Betracht. Vielmehr wurde das bestehende politische System als vorbildlich repräsentativ verstanden:

> »Die Cortes Españolas stellen sich als höchstes Repräsentationsorgan nicht in Parteien zersplittert dar, sondern spiegeln die Einheit innerhalb der Vielfalt sowie die Verschiedenartigkeit innerhalb einer Gemeinschaft der Ideale. Die Ablehnung eines Parteiensystems, in dem was es als Zersetzendes und Verkommendes in sich trägt, heißt nicht, die Meinungsvielfalt zu negieren. Vielmehr geht es darum, diese in legitimen repräsentativen Bahnen anstatt in einer kompromisslosen Auseinandersetzung zum Ausdruck zu bringen«.[51]

Franco ging sogar soweit, das spanische Modell, das über die Jahrzehnte im Kern unverändert blieb, als basisdemokratisch zu verstehen: »Alle Entscheidungen von nationaler Tragweite haben ihren Ursprung nicht an der Spitze der Pyramide, sondern an der Basis«.[52] Sie seien die Ergebnisse der Arbeit unterschiedlichster Organismen, die alle Stufen der Gesellschaftsordnung bis hin zur Regierungsebene und den *Cortes* als legislativer Kammer durchlaufen hätte. Darin zeige sich, dass das Volk alle Angelegenheiten erörtere und entscheide: »Das Merkmal des Regimes ist damit nicht die Allmacht des Chefs, sondern die Allmacht des Volkes und damit die Demokratie«.[53] Hinzu komme die Praxis, grundlegende Fragen in einem Referendum zur Entscheidung vorzulegen, als »vollkommenem Ausdruck des Willens der Nation«. Vor diesem Hintergrund sah sich Franco natürlich nicht als Autokrat:

»Für alle Spanier und für mich selbst ist es albern, mich als Diktator zu bezeichnen. Meine Vorrechte und meine Zuständigkeiten reichen nicht an jene heran, die die Verfassung der Vereinigten Staaten ihrem Präsidenten zugesteht«.[54]

Apologeten mögen dies auch heute noch so sehen. Für Kritiker steht indes außer Frage, dass jenseits irreführender Rhetorik freie Meinungsbildung und politische Teilhabe für Franco undenkbar waren, da damit unwillkürlich sein unumschränkter Herrschaftsanspruch, an dem er zeitlebens festhielt, in Gefahr geraten wäre.

Franco hielt nicht nur an den Grundfesten des politischen Systems, sondern auch an der auf Autarkie ausgerichteten Wirtschaftspolitik fest. In diesem Zusammenhang sind immer wieder angeführte Behauptungen unzutreffend, wonach Franco die Fortsetzung der Autarkiepolitik nach 1945 – als das spanische Regime als faschistisch stigmatisiert wurde und isoliert war – von Außen aufgenötigt worden sei. Die Verheißungen der ersten Jahre, als die Autarkie als wirtschaftspolitisches Zauberwort verstanden wurde, erfüllten sich jedoch nicht. So gelang es weder den Rückstand in der technologischen Entwicklung aufzuholen, noch die Unabhängigkeit von Rohstoff- und Nahrungsmittelimporten zu erreichen. Erschwerend kam hinzu, dass die staatsinterventionistische Politik der wirtschaftlichen Entwicklung nicht förderlich war.

Die spanische Wirtschaft erholte sich entsprechend nur sehr langsam von den Folgen des Bürgerkrieges. Noch Anfang der 1950er Jahre hatten die landwirtschaftliche Produktion und das Volkseinkommen den Vorkriegsstand nicht erreicht. Die Rationierung von Grundnahrungsmitteln blieb bis 1951 bestehen, während zeitgleich der Schwarzmarkt florierte. Staatliche Prestigeprojekte, so etwa der Bau von Stauseen zur Behebung von Energie- und Wassermangel, erwiesen sich wiederum als außerordentlich kostspielig und erfüllten nur ansatzweise die Erwartungen. Während eine expansive Geldmengenpolitik, nicht zuletzt zur Finanzierung von Infrastrukturprojekten, eine starke inflationäre Tendenz nach sich zog, bedingte eine strikte Lohnpolitik, dass die Realeinkommen der Arbeiter sanken. Darauf folgende Lohnerhöhungen beflügelten die inflatorische Entwicklung weiter. Ein chronischer Devisenmangel zur Finanzierung von notwendigen Importen verschärfte die Situation in dramatischer Weise. Schließlich hatte Franco Ende der 1950er Jahre angesichts eines drohenden Staatsbankrotts keine andere Wahl als einen radikalen wirtschaftspolitischen Richtungswechsel mit Liberalisierung der Märkte und vor allem mit einer Öffnung des Landes für Investoren und Kapitalflüsse widerwillig zuzulassen. Die Politik der ökonomischen Unabhängigkeit war gescheitert.

Franco hat sich selber, hierin ist sich die Forschung einig, nicht als Faschist gesehen. Er war ein Militär und verstand sich und seine Herrschaftsausübung im militärischen Sinne. Dennoch reicht es nicht aus, festzustellen, dass Francos Bekenntnisse zum Faschismus lediglich eine Geste gegenüber den eigenen Gefolgsleuten innerhalb der *Falange* dargestellt hätten oder in oberflächlicher Weise dem Zeitgeist geschuldet gewesen seien.[55] Für Franco bestand vielmehr eine grundsätzliche Übereinstimmung zwischen den faschistischen Regimes in Europa und dem *Neuen Spanien*, das ihm vorschwebte. Die Vorbehalte, die er gegenüber der *Falange* hegte, gründeten wiederum zum einen darauf, diese nicht als eine von seiner Herrschaft unabhängige Macht zu dulden. Zudem war er nicht bereit, das ihn nicht infrage stellende Offizierskorps zugunsten der *Falange* zu entmachten. Franco stand den korporativ verstandenen, der sozialen Frage zugewandten und das Führerprinzip bejahenden Prinzipien der *Falange* aufgeschlossen gegenüber. Er verfolgte somit einen totalitären Herrschaftsanspruch, den er im Rahmen eines faschistischen Modells seiner Zeit zu verwirklichen versuchte. Darüber hinaus weisen nicht zuletzt auch das Italien Mussolinis und Hitlers NS-Regime bedeutende ideologische Inkongruenzen auf. In Deutschland zeigten sie sich in der Entmachtung der SA zugunsten der Wehrmacht sowie dem Hitler-Stalin-Pakt, in Italien in der faktischen Macht der Kirche und des Militärs und bei beiden in der Beibehaltung des kapitalistischen Systems. Schließlich ergeben sich aber auch unwillkürlich Probleme daraus, ein Regime, das über Jahrzehnte und vor allem über die Zäsur des Jahres 1945 hinaus Bestand hatte, mit Mussolinis faschistischem Staat oder dem NS-Regime zu vergleichen. Es ist jedoch bezeichnend, dass das herausragende Merkmal des Franco-Regimes darin bestanden hat, sich äußerlich zwar gewandelt zu haben, im Kern aber unverändert geblieben zu sein.[56]

Herrschaft von Gottes Gnaden

Franco hat vor 1936 kein besonderes Interesse an der Religion gezeigt. Davon kann ausgegangen werden, wenngleich gerne darauf verwiesen wird, dass er seine tiefgläubige Mutter während seinen Aufenthalten in Ferrol regelmäßig beim Kirchgang begleitete und in Oviedo als Major die Frühmesse in der Kirche einer Klosterschule besuchte, um auf diese Weise einen Blick auf seine Angebetete erhaschen zu können. Für die Jahre als Offizier in Marokko sind indes keinerlei religiösen Neigungen überliefert, und sein Aufruf am Tag des Putsches enthielt nicht einmal eine Erwähnung der Kirche oder Religion. Selbst am Tag seiner Erhebung zum Generalissimus und Staatschef unterstrich Franco, dass sich in Spanien die Kirche den Interessen des Staates unterzuordnen habe.[1] Mit dieser Haltung stand er grundsätzlich nicht alleine: Wenngleich die Frage der Religion in der politischen Auseinandersetzung der vorangegangenen Jahre Lager prägend gewirkt hatte und sich die Katholiken angesichts der antiklerikalen Erfahrungen während der Republik zu einem weit überwiegenden Teil unmittelbar mit den Putschisten solidarisierten, stand der Katholizismus, wie Hilari Raguer herausstreicht, außer bei den Karlisten, zunächst nicht auf dem Banner der Aufständischen.[2]

Die nach der Erhebung zum Staatschef beginnende Hinwendung Francos zur Religion wird wiederum gerne dem Einfluss seiner Ehefrau zugeschrieben. Crozier beschreibt diese Wendung in blumigen Worten:

»Und schon begann Franco [...] mit schicklicher Regelmäßigkeit zur Messe zu gehen. Zuvor bereits in Caceres und nun auch in Salamanca leitete Doña Carmen ihren Ehemann zu der Überzeugung, die zweifellos auch ihre eigene war: dass die göttliche

Hand sein Schicksal lenke, dass Gott ihn zum Retter des christlichen Spanien auserkoren habe.«[3]

Priestern aus dem Umfeld Francos wie seinem langjährigen persönlichen Kaplan, José María Bulart, wird in diesem Sinne ein Übriges nachgesagt.[4]

Entsprechend mag dieser Hinwendung zunächst Berechnung zugrunde gelegen haben. Die anfängliche Indifferenz entwickelte sich jedenfalls mit den Jahren, darin sind sich die Franco-Biographen einig, zu einer aufrichtig empfundenen katholischen Religiosität.

Die Haltung der Putschisten der Kirche gegenüber änderte sich ebenfalls alsbald. Dies war vor allem dadurch bedingt, dass es mit dem Beginn des Bürgerkriegs im republikanischen Herrschaftsgebiet zu einer rabiaten religiösen Verfolgung und einer systematischen Ermordung von tausenden Geistlichen, darunter 13 Bischöfen, kam.[5] Diese Gewaltexzesse bewirkten reflexartig die Sakralisierung des Kampfes auf Seiten der Nationalisten und die Legitimierung des Krieges als »gerechten Krieg«. Hieraus entstanden wiederum nicht nur durch die Zeitgenossen vertretenen Ansätze, den Spanischen Bürgerkrieg als den letzten der europäischen Religionskriege zu deuten.[6] Den entscheidenden Beitrag zur religiösen Legitimation leistete die Amtskirche, indem sie aus eigenem Antrieb heraus den Schulterschluss mit den Aufständischen suchte. So verglich Ende September 1936 der Bischof von Salamanca und spätere Kardinalprimas der Kirche in Spanien, Enrique Pla y Deniel, in einem Pastoralschreiben den Bürgerkrieg mit der Zwei-Reiche-Lehre von Augustinus:

> »Auf spanischem Boden findet eine blutgetränkte Auseinandersetzung zwischen zwei Lebensanschauungen statt, zwei Kräften, die sich auf ein weltumspannendes Aufeinanderprallen in allen Ländern der Erde vorbereiten. [...] Die dahinter stehenden Leidenschaften, deren Keim schon die gesamte Menschheitsgeschichte existiert, treten in den gegenwärtigen Zeiten in Spanien mit voller Wucht zutage. Kommunismus und Anarchismus verkörpern den Götzendienst, der bis hin zur Verachtung und zum Hass auf Gott, unserem Herrn reicht. Neben ihnen erspießt in

unerhoffter Weise der Heldenmut und die Bereitschaft zum Martyrium jener, die in ihrer leidenschaftlichen Liebe zu Spanien und Gott ihr Leben als Opfer darbieten.«[7]

Entsprechend hatte schon Mitte August der Primas der Kirche in Spanien, Isidro Kardinal Gomá, als Quintessenz eines ausführlichen an den Vatikan gerichteten Berichtes über die Vorgänge in Spanien festgestellt:

> »Es kann ohne weiteres gesagt werden, dass sich gegenwärtig Spanien und Anti-Spanien, die Religion und der Atheismus, die christliche Zivilisation und die Barbarei im Krieg gegeneinander befinden«.[8]

Der Zorn der Würdenträger nahm freien Lauf und richtete sich gegen die »verrottete Seele« der »Söhne Kains« und aller »finsteren Gesellschaften«, die als Feinde der Kirche ausgemacht wurden. Die Kirchenführung in Spanien befeuerte die Vorstellung eines von Gott gewollten und gerechten Krieges.

Unter Federführung des Kardinalprimas entstand Anfang Juli 1937 auf ausdrückliche Bitte Francos hin ein gemeinsamer Hirtenbrief der spanischen Bischöfe, der an »alle Bischöfe der Welt« gerichtet war. Franco hatte um ein international sichtbares Zeichen der Solidarität gebeten, nicht zuletzt, um auf das verheerende Echo zu reagieren, das durch die Bombardierung Guernicas im April jenes Jahres entstanden war. In dem Schreiben brachten die kirchlichen Würdenträger ihre uneingeschränkte Unterstützung für das Lager Francos zum Ausdruck. Es entfaltete eine gewaltige propagandistische Wirkung, denn wenngleich die apokalyptische Sprache vielen Katholiken fremd blieb, war es für sie fortan kaum mehr möglich, für die Gegenseite Partei zu ergreifen.[9] Dies traf die katholischen baskischen Nationalisten besonders hart, die in einem schweren Gewissenskonflikt die Waffen gegen die Aufständischen erhoben hatten und sogar entgegen den ausdrücklichen Weisungen der eigenen Bischöfe Seite an Seite mit Kommunisten und Anarchisten kämpften.

An diesem vorbehaltlosen Schulterschluss mit den Nationalisten beteiligten sich mit Ausnahme eines Teiles des Klerus im republikanischen Gebiet des Baskenlandes nahezu die gesamte spanische Geistlichkeit und die katholischen Laienorganisationen. Dies geschah nicht nur dadurch, dass von den Kanzeln aus die Nationalisten unterstützt und die Fahnen der Truppen geweiht wurden, sowie Priester den faschistischen Gruß entboten. Kleriker ergriffen sogar mitunter die Waffen und beteiligten sich vor allem aktiv an den »Säuberungsmaßnahmen«.[10] Auch die Nachkriegsrepression erfolgte unter dem Patronat kirchlicher Institutionen im Sinne der Läuterung der »Irregeleiteten«.

Gemäß dieser religiösen Deutung des Bürgerkrieges war für Franco, wie er während der österlichen Fastenzeit im Jahr 1940 im andalusischen Jaén verkündete, das Leiden einer Nation in historischen Schicksalsstunden keine Laune der Geschichte, sondern eine spirituelle Bußhandlung und die Strafe, die Gott den Menschen bei einer verfehlten Lebensführung auferlege.[11]

Diese Gedanken deckten sich nahtlos mit jenen der Kirchenführung. So stellte der Erzbischof von Burgos in einer Predigt im Jahr 1937 ebenfalls fest, dass der Krieg der Fastenzeit gleiche:

> »Genauso wie die liturgische Fastenzeit eine Bußübung ist, [...] handelt es sich bei der Fastenzeit des Krieges, die wir gegenwärtig erleben und in der derart viel Blut vergossen wird [...], ohne jeden Zweifel um die gerechte Strafmaßnahme des höchsten und göttlichen Richters dieser Nation«.[12]

Dieses Blutvergießen wurde als unumgänglich empfunden, als Vorbedingung für die »Auferstehung der Nation«, die mit dem Sieg der Nationalisten eintreten würde. Die auf nationalistischer Seite Gefallenen hatten wiederum nicht nur für das »wahre« Spanien gekämpft, sie ließen darüber hinaus ihr Leben im Dienste Gottes. In diesem Sinne wurde auf der Grundlage eines Dekrets Francos zur Einrichtung eines »nationalen Trauertages« im November 1938 an den Fassaden aller Kirchen Kreuze angebracht, an deren Seiten die Namen der »für Gott und das Vaterland« Gefallenen aufgeführt waren.

Nationalismus und katholischer Glaube verschmolzen miteinander und wurden damit zu einer mächtigen Triebfeder des Handelns. Die Sakralisierung der Gewalt hat zweifellos zu einer Steigerung der Kompromisslosigkeit, Unerbittlichkeit und Brutalität der Auseinandersetzung beigetragen und wirkte darüber hinaus einend auf das eigene Lager. Damit konnte die Verbindung von Glaube und Nation in jenen häufig zitierten Worten von Menéndez Pelayo verkündet werden: »Spanien, Missionar des halben Erdkreises, Martereisen der Häretiker, Fackel von Trient, Schwert Roms, Wiege von Ignatius [von Loyola]. Das stellt unsere Größe und unsere Einheit dar«.[13]

Die Doktrin der katholischen Kirche bot auf diese Weise den notwendigen Unterbau, der den Bürgerkrieg aus der Sicht der Nationalisten zu einem Kreuzzug und zu einer Neuauflage der mittelalterlichen *Reconquista* machte. So verkündete Franco im April 1937:

> »Wir befinden uns in einem Krieg, der immer mehr den Charakter eines Kreuzzuges trägt, die Gestalt historischer Grandiosität annimmt und von entscheidender Tragweite für die Völker und die Zivilisation ist«.[14]

Aus dem Rückeroberungskampf gegen die Mauren war nun nicht nur, wie angesprochen, ein Krieg gegen den »gottlosen Bolschewismus« geworden; in diesem Kampf verstanden sich die Nationalisten als Streiter für das gesamte Abendland:

> »Es handelt sich um einen Krieg, für den die Menschheitsgeschichte wieder einmal Spanien als Schlachtfeld der Entscheidung, der Tragödie und der Ehre auserwählt hat, um der um den Verstand gebrachten Welt den Frieden zu bringen«.[15]

Was lag dabei näher, als Parallelen zur siegreichen Seeschlacht von Lepanto im Jahr 1571 zu ziehen. Damals hatte Spanien der heroisierenden Überlieferung zufolge, die osmanische Bedrohung abgewehrt und damit das christliche Abendland errettet. Damit führte Franco erklärtermaßen einen Krieg, mit dem gleichzeitig das Schicksal Europas entschieden wurde.[16] Dieses Argument wurde nicht nur gerne von einer Vielzahl von Apologeten aufgegriffen und in Deutschland vor allem im Zeichen des Kalten Krieges gepflegt. Selbst die Kirchenführung übernahm den Kreuzzugsgedanken, und so stellte Pla y Deniel unter dem Eindruck des Sieges der Nationalisten fest:

> »Es war ein langer und blutiger, in seinen Ausmaßen bislang unbekannter Bürgerkrieg, denn er trug die Merkmale eines länderübergreifenden Krieges auf spanischem Boden sowie eines heiligen Kreuzzuges, der nicht nur für Gott und für Spanien, sondern zur Verteidigung der weltweiten christlichen Zivilisation geführt wurde«.[17]

Ganz in diesem Sinne wurden auch die Geschehnisse auf dem Schlachtfeld religiös gedeutet. Als sehr anschaulich erweist sich hierbei die Rückschau Francos in der Kathedrale von Santiago bei Anwesenheit der höchsten kirchlichen Würdenträger am Gedenktag zu Ehren des heiligen Jakobus im Jahr 1954:

> »Unser Kreuzzug war reich an Ereignissen, die wir als Wundertaten bezeichnen können: So jene Beherrschung der Meere über drei Jahre hinweg ohne Schiffe und sonstige Mitteln außer dem Glauben, der Entschlusskraft und der Hilfe Gottes. [...] Zu diesen Wundertaten gehört auch der Einhalt, der dem Ansturm der Roten und ihren Bomben vor den zwei großen Tempeln der Madonnenverehrung, dem der Maria del Pilar und dem der Maria de Guadalupe geboten wurde. Diese trotzten über zwei Jahre lang als uneinnehmbare Festungen unserer Front den Angriffen unserer Gegner. In wundersamer Weise ereignete sich auch, dass die Mehrzahl unserer großen Schlachten, ohne dass hierzu Berechnung oder Vorhersage möglich gewesen wären, nach Tagen des Kampfes just an den großen Kirchenfeiertagen zu unseren Gunsten entschieden wurden. [...] Es darf uns nicht verwundern, dass dem so geschah, denn unser Krieg erfüllte die Merkmale eines Kreuzzugs. So hat ihn unser Pontifex bezeichnet, und davon kündet jene Plejade tausender Märtyrer, die ohne den Fall einer einzigen Apostasie für den Glauben gestorben sind.«[18]

Im Rahmen dieser religiösen Deutung des Krieges kam dem heiligen Jakobus eine herausragende Stellung zu. Demnach griff er unmittelbar in die Kämpfe ein in Analogie zu den ihm zugeschriebenen Taten auf den Schlachtfeldern der *Reconquista*, die ihm den in Spanien heute noch gebräuchlichen Beinamen des »Maurentöters« einbrachten. In diesem Sinne wurde Jakobus in Anknüpfung an die Tradition im Juli 1937 per Dekret zum Schutzpatron Spaniens erhoben.

Mit einer solchen religiösen Interpretation des Krieges wurde auch Franco zum Werkzeug der Vorsehung und seine Führerschaft zum Ausdruck höheren Willens, was Millán Astray mit besonders salbungsvollen Worten umschrieb:

> »Verherrlicht sei Gott in der Höhe! Lasst uns Christus als Erlöser loben, der uns mit seinem Erdenleben diesen schmerzensreichen Weg der Erlösung aufgezeigt hat! Es ist ein Weg, der uns die Reinheit der Sitten, die Aufrichtigkeit der Seele, die Wahrheit der Worte, das Leiden des Körpers und das Opfer zum Wohle des Vaterlandes, das das Wohl aller verkörpert, lehrt. [...] Franco kommt zu Euch, Ihr einfachen Menschen des Landes, an der Spitze Spaniens, um Euch zu befreien und zu erlösen! [...] Auf diesem Weg der Erlösung marschieren wir alle geschlossen, angeführt durch Franco, und folgen dem Pfad, den uns vom Himmel her jene aufzeigen, die als Märtyrer und Helden gefallen sind. Franco wird in seiner Wesensgleichheit mit Spanien wortgetreu den Willen unserer Toten erfüllen; und sobald dieser erfüllt ist, werden auf ihren Gräbern die Blumen der Freude im Angesicht eines glücklichen Vaterlandes erspießen, für das sie ihre kostbaren Leben hingegeben haben«.[19]

Auf diese Weise wurde Franco Irdischem entrückt, und in diesem Sinne entstanden Allegorien Francos als mittelalterlichen Ritter, der nicht zuletzt unter dem besonderen Schutz des heiligen Jakobus stand.

So hieß es etwa nach der Erreichung des Mittelmeeres an der Ebromündung in Anklang an die Rolandssage: »Das siegreiche Schwert Francos hat das durch die Roten usurpierte Spanien entzwei geschlagen«.[20] Vor allem aber stärkte die Tatsache, dass dieser Sieg am Karfreitag erfolgt war, noch einmal die Vorstellung von Franco als Werkzeug göttlichen Willens. Nach der Eroberung von Málaga war wiederum ein

Allegorie Francos als Kreuzritter unter dem Schutz des Heiligen Jakobus
(Wandgemälde von Arturo Reque Meruvia, 1948/1949; Ausschnitt)

kostbares Reliquiar mit der Hand der heiligen Teresa von Avila aufgefunden worden, das aus einem Kloster von Ronda entwendet worden war. Der als wundersame Fügung gedeutete Fund wurde folgerichtig Franco überbracht, der die Reliquie bezeichnenderweise an sich nahm und zeitlebens behielt.

Die religiöse Verehrung schien keine Grenzen zu kennen, und so lobpries José María Pemán in seinem 1938 erschienenen Gedicht *La Bestia y el Angel* Franco als den schon bei Geburt Auserwählten zur Errettung eines vom Untergang bedrohten Spaniens. Selbstredend, dass sich auch Biographen wie Arrarás, Salvá, Vicente oder Galinsoga ganz in dieser Vorstellungswelt bewegten, die aus heutiger Perspektive befremdlich klingen mag.[21] Es besteht aber kein Anlass an der Aufrichtigkeit der Worte von Luis Carrero Blanco, der grauen Eminenz des Regimes, zu zweifeln, als er 1957 vor den *Cortes* verkündete:

> »Gott hat uns die unermessliche Gnade eines einzigartigen Caudillo zuteil werden lassen. Diese Gnade können wir nur verstehen als eine jener Gaben, die die göttliche Vorsehung den Völkern alle drei oder vier Jahrhunderte gewährt«.[22]

Selbst höchste Repräsentanten der Kirche stießen bereitwillig in dieses Horn. So kam der Kardinalprimas in seinem Glückwunschschreiben zum Sieg im Jahr 1939 nicht umhin festzustellen:

> »Wir hätten für immer untergehen können, doch Gott, der in Eurer Exzellenz ein würdiges Werkzeug seiner durch die Vorsehung bestimmten Pläne für unser geliebtes Vaterland fand, war geneigt, uns diese Stunde des Triumphes erleben zu lassen«.[23]

Im gleichen Sinn spendete auch Pius XII. diesem ausdrücklich der Vorsehung geschuldeten Sieg seinen apostolischen Segen.[24] Sei es im Bewusstsein solcher Äußerungen höchster kirchlicher Instanzen oder aufgrund des Umstandes, diese Vorstellung inzwischen verinnerlicht zu haben: Franco zögerte nicht, wie etwa in einem Schreiben an den Thronprätendenten, seine Herrschaft mit der Einwirkung der Vorsehung zu erklären. Deren Legitimität beruhe darauf, dank wiederholt erwiesenen göttlichen Beistandes, den Sieg errungen zu haben.[25]

Die Verbindung von weltlicher und göttlicher Herrschaft kam in zahllosen symbolischen Handlungen zum Ausdruck. Unter diesem Zeichen stand in besonderer Weise der aus Anlass des Bürgerkriegssieges in der Madrider Kirche Sankt Barbara am 20. Mai 1939 abgehaltene Dankgottesdienst. Als Mittelpunkt der Zeremonie weihte Franco seinen Degen dem eigens hierzu aus Barcelona herangebrachten *Cristo de Lepanto*, einer Christusdarstellung, die sich der Überlieferung zufolge im Flaggschiff von Juan de Austria während der Seeschlacht von Lepanto befunden haben soll. Mit dieser Übergabe des Degens als Symbol der Verteidigung des Glaubens sowie dessen Überführung und Verwahrung in der Kathedrale von Toledo, dem Sitz des Primas der spanischen Kirche, wurde sinnbildlich die Verbindung von »Thron und Altar« besiegelt. Die Kirche eignete sich damit die Vorstellung des durch die Vorsehung bestimmten *Caudillos* als Herrscher Spaniens und Verteidiger des Glaubens an. Der Ideologe Ernesto Giménez Caballero rief hierzu in einer Radioansprache aus:

»Spanier! Heute ist Franco gesalbt worden, wie alle wahren Caudillos, Begründer von Dynastien, Könige, die aus dem Volke hervorgetreten sind und für ihr Volk kämpfen. [...] David wurde einst gesalbt. Kaiser Theodosius wurde gesalbt. Napoleon ist in Rom gesalbt worden. Die ersten spanischen Könige wiederum wurden in Toledo gesalbt«.[26]

Franco konnte sich damit als Begründer einer eigenen religiös verfassten Dynastie verstehen. Allseits sichtbar wurde dies nicht zuletzt daran, dass er Kirchen fortan unter einem Baldachin betrat, einem Privileg, das traditionell den Königen vorbehalten war. Nicht zuletzt kam dieser Anspruch aber auch in den seit Ende des Zweiten Weltkriegs geprägten Münzserien mit dem Konterfei Francos zum Ausdruck. Der Umlauf lautete: »Francisco Franco, Caudillo Spaniens von Gottes Gnaden«. Ein solcher Gottesbezug war in Europas Monarchien längst völlig unüblich geworden. Selbst bei der letzten Prägeserie unter Alfons XIII. war bereits darauf verzichtet worden.

100-Peseten-Münze mit Konterfei Francos und Umlauf: »Francisco Franco Caudillo Spaniens von Gottes Gnaden«

Vor allem aber muss im Zusammenhang mit der religiösen Deutung des Bürgerkrieges und der Herrschaft Francos auf die Basilika im *Valle de los Caídos* als Grabmonument für die auf der Seite der Nationalisten Gefallenen sowie auf die dazu gehörige Benediktinerabtei verwiesen werden. Mit dem Bau wurde unmittelbar nach dem Ende des Krieges begonnen. Allein die Dimensionen des megalomanischen Vorhabens, das zudem in einem »ausgebluteten« Land in Angriff genommen wurde, das sich über Jahrzehnte nicht von den Folgen des Krieges erholen sollte, sind überwältigend: Das Kreuz misst eine Höhe von 152 Metern und ist damit nach wie vor das weltweit höchste Gedenkkreuz. Im Vergleich hierzu beträgt die Höhe der Christusdarstellung auf dem »Zuckerhut« von Rio de Janeiro »lediglich« 40, die der New Yorker Freiheitsstatue samt Sockel 93 und die der Cheops-Pyramide 139 Meter. Das Kreuz steht über der Vierung eines 262 Meter tief in den Granitfels getriebenen Tonnengewölbes, dessen Länge wiederum den Petersdom in Rom übertrifft, misst doch dessen Längsschiff »nur« 211 Meter. Die hierbei inszenierte Verschmelzung der Sphären von Staat und Kirche sowie die erklärte Sendungsmission und Programmatik des »neuen Staates« kommen im Text des Dekretes zum Bau der Anlage unmissverständlich zum Ausdruck:

> »So ist ein entlegener Ort gewählt worden, um den grandiosen Tempel für unsere Toten zu errichten, an dem in den kommenden Jahrhunderten Fürbitten gesprochen werden sollen für all jene, die für Gott und das Vaterland gefallen sind; ein ewig währender Wallfahrtsort, an dem die großartige Landschaft den würdigen Rahmen für jene Erde bietet, in der die Helden und Märtyrer des Kreuzzuges ruhen sollen« [27]

Auch die Ikonographie innerhalb der Basilika lässt keinen Zweifel an der Intention: An den Seiten des Längsschiffs stehen auf stilisierten Säulen überdimensionale Personifizierungen der nationalistischen Streitkräfte: des Heeres, der Luftwaffe, der Kriegsmarine und der Milizen der *Falange*. Das gewaltige Kuppelmosaik wiederum zeigt Gruppen von Menschen, die ihren Weg in das Himmelreich gefunden haben. Zwei Engel führen jeweils den Aufstieg gefallener nationalistischer Kämpfer sowie ziviler Opfer an. Der Symbolgehalt dieser Darstellung als »Triumph des Glaubens« wird wiederum unterstrichen, indem als Entsprechung hierzu an der gegenüberliegenden Seite des Mosaiks eine Gruppe zu sehen ist, die durch den Apostel Jakobus angeführt wird und die Himmelfahrt bedeutender spanischer Heiliger abbildet, sowie eine zweite, die den Apostel Paulus an der Spitze spanischer Märtyrer vergangener Jahrhunderte zeigt. In die Basilika wurden nach deren Fertigstellung im Jahr 1959 laut einem 2011 veröffentlichten Untersuchungsbericht die sterblichen Überreste von 33 847 Menschen überführt.[28] An der prominentesten Stelle der Anlage, unter der Kuppel, befinden sich wiederum die Grablegen Francos sowie des mythisierten Gründers von *Falange*, José Antonio Primo de Rivera. Zu der Programmatik gehört aber auch, dass sich die Basilika vom *Tal der Gefallenen* unweit von El Escorial befindet, jener durch Philipp II. in Erinnerung an den Sieg in der Schlacht von Saint-Quentin (1557) errichteten Klosteranlage, königlichem Palast und Grablege der spanischen Könige, die wiederum das Symbol für die imperiale Macht Spaniens und die Verschmelzung von Thron und Altar in der Frühneuzeit ist.

Diese Identifikation des *Neuen Spanien* mit der Doktrin der katholischen Kirche hat aber auch bedingt, dass unter Franco keine Ideologie von der Art entstand, für die Erich Voegelin den Begriff der »politischen Religion« hinsichtlich des totalitären Anspruchs des Faschismus geprägt hat. Die Verschränkung von Kirche und Diktatur verhinderte vielmehr die Ausbildung einer »politischen Religion« des Franquismus, die zunächst einmal mit der Sakralisierung des Krieges und der Mythisierung Francos durchaus denkbar gewesen wäre. Für die franquistische Diktatur war vielmehr kennzeichnend, dass sie katholische Riten für eigene Zwecke instrumentalisierte, während es im Italien Mussolinis zu einer Übertragung von Glaubensinhalten, liturgischen Handlungen und christlicher Symbolik auf die politische Sphäre kam.[29] Die Doktrin der katholischen Kirche übernahm in Spanien auf diese Weise eine totalisierende Funktion, da sie auf säkular-politischer Ebene zum gesamtgesellschaftlichen Richtmaß erhoben wurde. Die Kirche verschmolz damit nicht nur mit den politischen Gewalten, sondern wirkte sittlich normierend auf alle Bereiche des gesellschaftlichen Lebens. Ihr Missionseifer erwies sich als umfassend.

Im nationalsozialistischen Berlin wurde dieser Einfluss der Kirche auf Staat und Gesellschaft mit Missfallen beobachtet. Hiervon zeugt nicht nur eine Vielzahl despektierlicher Tagebucheinträge von Goebbels.[30] In der historischen Perspektive hat sich freilich die Einbindung der katholischen Doktrin in den ideologischen Überbau der franquistischen Diktatur letztlich als stabilisierend erwiesen und maßgeblich zum Fortbestand des Systems über das Jahr 1945 hinaus beigetragen. Entsprechend wurde der Katholizismus angesichts des sich abzeichnenden Untergangs der Achsenmächte nicht nur als Schutzschild und zur Distanzierung von den ehemaligen Verbündeten bemüht. Im Sinne der über allem waltenden göttlichen Vorsehung stand für Franco außer Frage, dass allein gottgefälliges Handeln die Gewähr für Beständigkeit biete. So stellte er Anfang der 1950er Jahre fest:

> »Wohin wir auch immer bei von Menschen gemachten Dummheiten und Fehlern blicken, stoßen wir stets auf eine höhere Entscheidungsgewalt: Es steht außer Frage, dass Gott jene blendet, die er aufgeben will. [...] All jenes, was nicht auf der soliden Grundlage der Gesetze Gottes errichtet wird, wird unweigerlich zugrunde gehen, ist vorübergehend und wankelmütig. Doch das, was auf den ewig währenden Prinzipien basiert, wird von Dauer sein und den Stürmen der Jahrhunderte trotzen. Auf diesen Steinen haben wir vor nahezu fünfzehn Jahren unser Gebäude errichtet, das in dieser Zeitspanne schon zur Genüge seine Standhaftigkeit bewiesen hat«.[31]

Der Untergang des »Dritten Reichs« und des faschistischen Italien stellte sich demnach als folgerichtiges Ergebnis dar:

> »Trotz der überwältigenden anfänglichen Siege konnte Gott nicht den Sieg jener zulassen, die gegen sein Gesetz handeln, und so musste zwangsläufig ihr Ende kommen«.[32]

In der Vorstellung des Einklanges irdischer und göttlicher Ordnung auf spanischem Boden stellten sich für Franco selbst

Naturkatastrophen wie die dramatischen Trockenheitsperioden im Spanien der 1940er Jahre nicht als Strafe, sondern als Gnadenerweis dar, der einem auserwählten Volk zur spirituellen Läuterung zuteil würde.[33]

Die Verschränkung von Staat und Kirche erreichte mit dem 1953 geschlossenen Konkordat, in dem die katholische Kirche als Staatsreligion bestätigt wurde, ihren Höhepunkt. Für Franco war dieses Ergebnis nur folgerichtig, wie er vor den *Cortes* verkündete:

> »In der Geschichte Spaniens ist es unmöglich, die kirchliche und die staatliche Gewalt zu trennen, denn beide wirken stets zusammen, um die durch die Vorsehung zugewiesene Bestimmung unseres Volkes zu erfüllen«.[34]

Diese enge Verbindung, für die sich der treffende Begriff »Nationalkatholizismus« etabliert hat, war aber nicht nur damals bereits anachronistisch. Sie verlief letztlich auch nicht spannungsfrei: Wenngleich sich der allergrößte Teil des Klerus aus tiefer Überzeugung heraus mit dem Franco-Regime identifizierte, lassen sich hinter der Fassade einer vollständigen Übereinstimmung frühzeitig Hinweise auf Reibungsflächen ausmachen. So ging bereits die Unerbittlichkeit der Nationalisten im Zuge der Repression trotz der Mittäterschaft des Klerus weit über den durch die katholische Doktrin gesetzten Rahmen hinaus. Entsprechend ließ Papst Pius XII. in seinem Gratulationsschreiben zum Sieg zwar keinen Zweifel an der religiösen Begründung des Krieges und der Haltung des Vatikans gegenüber dem Kommunismus. Jene Passagen aber, in denen Großmut und Menschlichkeit gegenüber den Unterworfenen angemahnt wurden, fielen der Zensur des Regimes anheim.[35]

Eine unterscheidende Haltung zeigte sich auch im Umgang mit den katholisch geprägten baskischen Nationalisten sowie jenem Teil des baskischen Klerus, der sich gegen Franco gestellt hatte. So wurden sogar 16 baskische Priester im Zuge der Repression erschossen. Franco zeigte sich auch unerbittlich gegenüber ranghohen Mitgliedern der Hierarchie, wie etwa Kardinal Vidal y Barraquer, dem Erzbischof von Tarragona. Dieser hatte nicht nur das Kollektivschreiben der Bischöfe aus dem Jahr 1937 nicht mitunterzeichnet. Darüber hinaus hatte er von seinem römischen Exil aus eine versöhnende Haltung zwischen den Kriegsparteien eingenommen. Vidal wurde nach dem Krieg nicht gestattet, in sein Erzbistum zurückzukehren. Der Bischof von Vitoria, Mateo Múgica, war wiederum aufgrund seiner baskisch-nationalistischen Grundhaltung ins Exil gezwungen worden.

Zu dem Vorrang »nationaler Interessen« gehört auch, dass die Enzyklika *Mit brennender Sorge* vom März 1937, die sich gegen Politik und Ideologie des Nationalsozialismus wandte, in Spanien nicht veröffentlicht werden durfte. Ganz genauso erregte ein Hirtenbrief des Kardinalprimas Gomá Anfang August 1939 Anstoß aufgrund der darin zum Ausdruck gebrachten Verurteilung totalitärer Tendenzen in Spanien, die mit der katholischen Doktrin nicht vereinbar seien.[36] In diesem Sinne sind auch Reibungen zwischen Kirche und *Falange* kaum verwunderlich. Das betraf vor allem Felder, in denen die Kirche im Sinne der christlichen Soziallehre den Anspruch erhob, normierend zu wirken, und dabei auf die Konkurrenz falangistischer Organisationen stieß. Anekdotisch wirkt wiederum, dass an der Fassade der Kathedrale von Sevilla auf Weisung des Erzbischofs, Kardinal Segura, das Kreuz und die Namen zu Ehren der Gefallenen nicht angebracht werden durften, da dies als politische Äußerung verstanden wurde. Für den streitbaren Kardinal stand außer Frage, dass sich die irdische Ordnung der göttlichen zu unterwerfen habe. So muss auch das im Konkordat festgeschriebene Präsentationsrecht bei der Besetzung von vakanten Bischofssitzen, um das in den Verhandlungen heftig gerungen worden war, als Ausdruck einer intendierten Überordnung des Nationalen gegenüber dem Katholischen verstanden werden. Franco hat zwar den doktrinären Überbau der katholischen Kirche akzeptiert, ihm aber gleichzeitig durch den Vorrang des Nationalen Grenzen zu setzen versucht.

Erst die grundlegenden Veränderungen im Verständnis des Verhältnisses zwischen Staat und Kirche als Ergebnis des Zweiten Vatikanischen Konzils (1962–1965) brachten das trotz aller Konflikte solide Gerüst ernsthaft ins Wanken. Nun wurde auch von höchster kirchlicher Instanz die Verschränkung von »Thron und Altar« und darüber hinaus mit klaren Stellungnahmen zu Menschenrechten, politischen Freiheiten und religiöser Toleranz das Wesen der Franco-Diktatur implizit in Frage gestellt. Zudem war auch der niedere Klerus längst in Bewegung geraten, indem er vor allem in den Brennpunkten der entstehenden Ballungs- und Industriezentren sowie in den historischen Regionen Baskenland und Katalonien einen sozialen Auftrag wahrzunehmen begann und dabei schnell in politisches Fahrwasser geriet. Es folgten stürmische Zeiten für die Kirche in Spanien, nicht zuletzt in ihrem Verhältnis zum Regime. Der Trennstrich wurde schließlich im Jahr 1971 symbolisch gezogen, als eine auf einer Kirchenversammlung von Bischöfen und Priestern eingebrachte Resolution, in der um Vergebung für die Parteinahme zugunsten der Nationalisten im Spanischen Bürgerkrieg gebeten wurde, fast zwei Drittel der Stimmen erhielt.

Den Höhepunkt des Konfliktes bildete im Jahr 1974 eine Predigt des Bischofs von Bilbao, Antonio Añoveros, in der er für die kulturelle Identität des Baskenlandes eintrat. Auf diese als politischen Affront und Aufruf zur Subversion verstandene Äußerung folgte eine Eskalation, bei der sogar der völlige Bruch mit Rom im Raum stand. Franco schreckte zwar schließlich vor diesem Schritt zurück, hatte aber keinerlei Verständnis für die neuen Maxime aus Rom. Er beklagte sich vielmehr über die Undankbarkeit der Kirche und hielt bis zu seinem Tod am traditionellen Kirchenverständnis und an seiner religiösen Praxis fest. An sein Sterbebett sollen schließlich nicht nur die in seinem Besitz befindlichen Reliquien, wie jene der heiligen Teresa von Avila, sondern auch ein Mantel der Virgen del Pilar gebracht worden sein.

Diplomatie in stürmischen Zeiten

Franco haftete zeitlebens das Stigma an, ein faschistischer Diktator gewesen zu sein. Dies lag natürlich darin begründet, dass der Bürgerkrieg durch die Weltöffentlichkeit als Teil der ideologischen Auseinandersetzung wahrgenommen wurde, die das Europa der Zwischenkriegszeit prägte, und Franco-Spanien dabei als Teil der machtvoll aufstrebenden faschistischen Ordnung in Europa verstanden wurde. Das wurde gleichermaßen von den Zeitgenossen in Berlin, Rom, London und Washington so gesehen.

Der ideologischen Verbundenheit mit den Achsenmächten und der Waffenbruderschaft im Bürgerkrieg folgten alsbald auch Taten, die eine klare außenpolitische Stoßrichtung hatten. Mit Ende des Bürgerkrieges trat Spanien »von ganzem Herzen«, wie Franco einem italienischen Diplomaten anvertraute, dem Antikomintern-Pakt bei. Zeitgleich wurde ein Freundschaftsabkommen mit dem »Dritten Reich« unterschrieben, das an der Selbstverortung Spaniens keinen Zweifel ließ: Demnach hatte im Kriegsfall jede politische, militärische oder wirtschaftliche Maßnahme zu unterbleiben, die dem Bündnispartner schadete oder dem Gegner half. Anfang Mai 1939 zog sich Spanien aus dem Völkerbund zurück. Im Juni begleitete Ramón Serrano Súñer die noch im Land verbliebenen italienischen Truppen nach Italien und wurde dort pompös empfangen. Der Gegenbesuch von Ciano im Monat darauf verlief nicht weniger triumphal. Eine für September geplante Reise Francos nach Rom musste schließlich aufgrund des Kriegsbeginns verschoben werden.[1] Franco-Spanien stand fest an der Seite der Achsenmächte. Hieran bestand kein Zweifel.

Das bekamen ganz unmittelbar auch die Vertreter Großbritanniens, Frankreichs und der Vereinigten Staaten in Madrid zu spüren, die eine betont herablassende Behandlung erfuhren.[2] Im Fall von Marschall Pétain als neuem französischen Botschafter in Madrid mag zudem die Genugtuung eine besondere Rolle gespielt haben, die Franco gegenüber einem persönlichen Rivalen empfand, der Spanien in der Vergangenheit und nicht zuletzt im Verlauf des Kolonialkrieges in Marokko Demütigungen zugemutet hatte.[3] Spanische Truppen gingen darüber hinaus an der Pyrenäengrenze und rund um den Felsen von Gibraltar in Stellung.

Im August nahm Franco schließlich eine Regierungsumbildung vor, die ebenfalls eine unmissverständliche Botschaft enthielt: Der umsichtig agierende und monarchistisch eingestellte Graf Jordana wurde durch Oberst Juan Beigbeder ersetzt, der wenige Jahre zuvor Militärattaché in Berlin gewesen war. Die Tatsache aber, dass Beigbeder vor allem ein glühender »Africanista« und zum Zeitpunkt seiner Ernennung Hochkommissar für Marokko war, zeigte in welche Richtung die neue imperiale Außenpolitik Spaniens wies. Der Falangeanhänger und Bewunderer der Wehrmacht, General Yagüe, wurde wiederum zum Luftwaffenminister. Damit wurde der erklärte Monarchist General Kindelán an den Rand gedrängt, der den Luftstreitkräften während des Bürgerkrieges vorgestanden war. Die zentrale Figur im Kabinett war wiederum Serrano Súñer, der zu der Zeit an der Schaffung von Staatsstrukturen nach faschistischem Vorbild arbeitete und auch maßgeblichen Einfluss auf die Umbesetzungen genommen hatte.

Bei aller Begeisterung Francos für das anbrechende neue Zeitalter und die sich ankündigende militärische Auseinandersetzung, die als Entscheidungsschlacht in der Durchsetzung der »neuen europäischen Ordnung« verstanden wurde, sah er sich im Sommer 1939 jedoch dazu gezwungen, zu betonen, dass Spanien militärisch erst einmal nicht aktiv teilnehmen könne, sondern eine Erholungs- und Vorbereitungszeit brauche.[4] Auch deutsche Analysten, die wie der Chef der

Abwehr, Wilhelm Canaris, Spanien bereisten, kamen nicht umhin, die desolate Lage zu konstatieren, in der sich Spanien befand. Das Land war nach Ende des Bürgerkrieges ausgelaugt, und wenngleich Franco davon schwärmte, zwei Millionen Soldaten an die Front zur Errichtung der »neuen Ordnung« werfen zu können,[5] war er sich dessen bewusst, dass die 500 000 Mann, die noch unter Waffen standen, vor allem zu innenpolitischen Sicherungszwecken und zur Unterdrückung des zunächst noch aktiven republikanischen Widerstandes notwendig waren. Hinzu kam aber vor allem eine erschreckende Abhängigkeit von Importen von Grundnahrungsmitteln und kriegsrelevanten Rohstoffen wie Treibstoff und Kautschuk, die aus dem anglo-amerikanischen Machtraum bezogen wurden. Spanien war einer internationalen Auseinandersetzung keinesfalls gewachsen und war erst recht nicht in der Lage, die Tausende Küstenkilometer und die Inselarchipele zu schützen. Die spanischen Streitkräfte verfügten weder über eine im internationalen Vergleich erwähnenswerte Kriegsmarine, noch über eine Luft- oder Panzerwaffe, die diesen Namen verdient hätte. Die Analysen des spanischen Generalstabes zeichneten diesbezüglich ein ernüchterndes Bild.[6]

Die Treue gegenüber den Achsenmächten war hiervon aber in keiner Weise berührt. Daran konnten letztlich auch das Unverständnis über den Hitler-Stalin-Pakt und die Sorge über das Schicksal des katholischen Polen nichts andern.[7] Francos Spanien tat trotz der unmittelbar nach Kriegsbeginn verkündeten Neutralität alles im Rahmen seiner Möglichkeiten stehende, um die Achsenmächte zu unterstützen. So wurden der Wehrmacht als Zeichen eines aktiven Bekenntnisses zu den Zielen NS-Deutschlands Versorgungsstützpunkte für deutsche U-Boote zugestanden. Die Abwehr konnte zudem Installationen zur Lenkung des U-Bootkrieges sowie ein gewaltiges Agentennetz aufbauen. Polizeiabkommen boten wiederum der Gestapo einen weiten Aktionsradius auf spanischem Boden. Der deutschen Propaganda gelang es ihrerseits, über die Presseabteilung der Botschaft einen maßgeblichen Einfluss auf die spanischen Medien auszuüben. Nationalsozialistische Organisationen errichteten in Spanien ein flächendeckendes Netz mit insgesamt an die einhundert Einrichtungen wie »Deutschen Häusern«, Konsulaten, Schulen, usw. Zur deutschen Omnipräsenz schrieb der im Mai 1940 frisch eingetroffene britische Botschafter Sir Samuel Hoare:

> »Ich habe noch nie eine derartige vollständige Kontrolle der Kommunikationswege, der Presse, der Propaganda, der Luftverbindungswege, usw. gesehen, wie sie die Deutschen hier aufgebaut haben. Ich würde sogar soweit gehen, zu behaupten, dass die britische Botschaft und meine Person allein aufgrund deutscher Duldung hier existieren«.[8]

Nachdem sich Franco in den ersten Kriegsmonaten abwartend verhalten hatte, eröffnete sich mit der bevorstehenden Niederlage Frankreichs und dem damit erwarteten Ende des Krieges eine als historisch wahrgenommene Chance zur Errichtung eines eigenen imperialen Raumes. Mitte Juni 1940 wurde der Chef des spanischen Generalstabes, General Juan Vigón, in das Hauptquartier Hitlers entsandt, um einen Brief Francos zu überreichen, in dem nicht nur Bewunderung und Enthusiasmus über den Ausgang der »größten Schlacht der Geschichte«, sondern auch die Bereitschaft zu aktivem Handeln zum Ausdruck kamen:

> »Es ist überflüssig, Ihnen mitzuteilen, wie groß mein Wunsch ist, nicht am Rande der Geschehnisse zu bleiben, und wie groß meine Befriedigung wäre, Ihnen wann auch immer jene Dienste leisten zu können, die Sie am hilfreichsten erachten sollten«.[9]

Wenige Tage später ahmte Franco den vorangegangenen Schritt Mussolinis nach und erklärte Spanien zur »nichtkriegführenden« Nation, was allseits als Vorstufe zum Kriegseintritt gewertet wurde. Nahezu zeitgleich besetzte Spanien die Internationale Zone von Tanger. In der Forschung besteht Einigkeit darüber, dass Franco in diesen Wochen höchster Erregung bereit war, sich Hals über Kopf in den Krieg zu stürzen.

Für die Londoner Regierung stand jedenfalls fest, dass der Kriegseintritt lediglich eine Frage der Zeit war. So lautete der Auftrag Botschafter Hoares, diesen so lange wie möglich zu verzögern, um zwischenzeitlich die mit Hochdruck betriebene Befestigung Gibraltars als für die britische Versorgungsroute durch das Mittelmeer unschätzbar wichtigem Stützpunkt auszubauen. Dieser Aufgabe widmete sich Hoare auf vielfältige Weise: mit der Zusage von für die spanische Wirtschaft unerlässlichen Rohstoffen, der Kontaktpflege mit monarchistischen Kreisen, die die faschistische Umgestaltung Spaniens mit Sorge beobachteten, der Bestechung spanischer Generäle mit enormen Geldbeträgen, damit sie sich einem Kriegseintritt widersetzten, und nicht zuletzt mit der Gesprächsbereitschaft über territoriale Ambitionen Spaniens in Nordafrika und möglicherweise sogar der Inaussichtstellung der Rückgabe Gibraltars.[10]

Die Reise von Serrano Súñer nach Berlin Mitte September wurde nicht nur als weiteres untrügliches Zeichen für einen bevorstehenden Kriegseintritt gewertet. Tatsächlich ging es um die Bedingungen dafür und nicht zuletzt um die von den Spaniern erwartete Kriegsbeute. Dazu gehörten nicht nur Gibraltar und eine deutliche Vergrößerung des bestehenden Kolonialgebietes in Nordafrika. Auf den Verhandlungstisch kam auch die Rückgliederung der im »Pyrenäenfrieden« von 1659 abgetretenen Gebiete Niedernavarra und das katalanische Roussillon, was eine weitere Demütigung Frankreichs dargestellt hätte. Außerdem träumte Franco von der Annexion oder zumindest Unterwerfung Portugals, das in der imperialen Rhetorik als Gebiet wahrgenommen wurde, das sich 1640 in illegitimer Weise von der spanischen Krone losgesagt hatte. Hierzu ließ Franco sogar einen Invasionsplan vorbereiten.[11] Damit hätte das spanische Territorium auf der Iberischen Halbinsel im Sinne der imperialen Zielsetzungen wieder jenes Ausmaß erreicht, das es unter Philipp II. gehabt hatte.

Allerdings stieß Serrano Súñer mit den kühnen Ansprüchen auf wenig Gegenliebe. Im Rahmen der Gespräche zeigte sich, dass Spanien nicht als gleichberechtigter Partner wahrgenommen wurde. Während aus spanischer Perspektive und angesichts der Niederlage Frankreichs die Forderungen legitim erschienen, stand dies für Hitler völlig außer Frage. Der große Rivale Frankreich war nun zwar geschlagen, aber nichts desto trotz aus deutscher Sicht eine weiterhin ernstzunehmende Nation, ganz im Gegensatz zu Spanien, das als rückständiges und exotisches Land gesehen wurde.

In Berlin prallten damit zwei Vorstellungswelten aufeinander. Hitler zeigte zwar Interesse an dem spanischen Kriegseintritt und vor allem an einer Eroberung Gibraltars. Allerdings traf die von deutscher Seite vorgeschlagene Vorgehensweise spanische Empfindlichkeiten, sollte doch die Operation durch die Wehrmacht durchgeführt werden und die spanische Beteiligung an der Eroberung des Felsens auf Hilfsaktionen beschränkt bleiben. Die Spanier bestanden indes darauf, ihn mit eigenen Truppen zu erstürmen, und erwarteten hierzu die Bereitstellung von schwerem Kriegsgerät. Die Reichsregierung wartete darüber hinaus mit einer Forderung auf, nämlich der Abtretung einer der Kanarischen Inseln, was für die spanische Seite völlig abwegig war. Dass ein spanischer Kriegsbeitritt vor allem eine Bürde darstellen würde, zeigte sich wiederum an den umfangreichen Forderungen, die spanischerseits zur Ausrüstung der Streitkräfte und Versorgung der Bevölkerung gestellt wurden. Diese wurden zwar durch die deutsche Seite als durchaus realistisch eingeschätzt, gleichzeitig aber als unerfüllbar erachtet. Die Gespräche verliefen damit für beide Seiten enttäuschend, und so wurde zur Klärung der Streitpunkte ein persönliches Treffen zwischen Franco und Hitler vereinbart.[12]

Wie die Forschung der letzten Jahrzehnte deutlich herausgestrichen hat, war Franco entschlossen, die sich bietende Gelegenheit zur Errichtung »seines Imperiums« trotz aller Differenzen nicht ungenutzt verstreichen zu lassen. In der Erinnerung von Serrano Súñer verhielt er sich damals wie ein erwartungsfroher Junge, der seinem schon immer gehegten Wunsch nachhing und unbedingt das haben wollte, was er forderte.[13] Als wenige Tage vor dem mythisierten Treffen zwischen Hitler und Franco am französischen Grenzort Hendaye Serrano Súñer auch noch zum Außenminister ernannt wurde, konnte an den Absichten kein Zweifel bestehen. Es ist viel darüber geschrieben worden, dass Franco nachmittags gegen halb vier Uhr des 23. Oktober 1940 absichtlich zu spät eintraf, um Hitler aus dem Konzept zu bringen. Der deutsche Chefdolmetscher Paul Schmidt behauptete in seinen Erinnerungen, dass er eine ganze Stunde Verspätung gehabt habe.[14] Darin zeige sich, wie trickreich Franco dem deutschen Diktator die Stirn geboten habe.[15] Vielmehr waren die tatsächlich wenigen Minuten Verspätung auf der kurzen Wegstrecke zwischen San Sebastián und der Grenze wohl auf den katastrophalen Zustand der Gleisanlagen zurückzuführen. Zudem soll Franco angesichts dessen, was auf dem Spiel stand, über die Verzögerung zutiefst erbost gewesen sein.[16] Im Endeffekt kam es aber auch in Hendaye zu keiner zufrieden stellenden Übereinkunft. Vor allem war Hitler nicht bereit, dem »geschwätzigen romanischen Volk« territoriale Konzessionen schriftlich zuzusichern. In jenen Tagen hoffte Hitler auf ein Militärbündnis mit Pétain. Ein Bekanntwerden solcher Konzessionen hätte das Verhältnis zu Frankreich schwer belastet und wahrscheinlich den Anschluss der Kolonialgebiete an das »Freie Frankreich« de Gaulles bedeutet. Schließlich wurde nach endlosen Gesprächen der kleinste gemeinsame Nenner in einem Protokoll fixiert. Darin erklärte sich Spanien bereit, zu einem nicht näher definierten Zeitpunkt in den Krieg einzutreten. Gleichzeitig wurde auch der Beitritt zum Dreimächtepakt und zum Stahlpakt besiegelt. Die Klärung der territorialen Frage wurde wiederum auf die Zeit nach dem »Endsieg« vertagt.

Nach den Erinnerungen von Serrano Súñer war Franco hierüber zutiefst erbost:

> »Diese Leute sind unerträglich. Sie wollen, dass wir ohne Gegenleistung in den Krieg ziehen. Wir können ihnen nicht trauen, wenn sie im zu unterzeichnenden Schriftstück nicht die formelle und endgültige Verpflichtung eingehen, uns die Gebiete schon jetzt zuzugestehen«.[17]

Hitler soll nicht minder erbost gewesen sein und gegenüber Mussolini geäußert haben, dass er sich lieber drei oder vier Zähne ziehen lassen wolle, als nochmals mit Franco zu verhandeln.[18] Emblematisch für das vor allem als Verhandlungsniederlage Hitlers gedeutete Ergebnis ist ein Foto von beiden Diktatoren in Hendaye, das einen selbstgefällig und zufrieden wirkenden Franco neben einem verdrießlich blickenden Hitler zeigt. Entsprechend häufig ist es in Publikationen und auf Titelseiten zum Thema abgedruckt worden. Eine nähere Betrachtung der Aufnahme zeigt indes, dass es sich hierbei um eine wenig sorgfältig hergestellte Fotomontage handelt, da weder der Lichteinfall auf beiden Personen übereinstimmt, noch Franco jenen deutschen Orden trägt, mit dem er zum Treffen tatsächlich erschienen war. Schließlich ist bei der Retusche dem hinter beiden Diktatoren gehenden Außenminister Ribbentrop die linke Schulter »abgetrennt« worden.

Eine Katastrophe stellte das Ergebnis der Gespräche von Hendaye letztlich jedoch für keine der beiden Seiten dar. Goebbels zeigte sich in einem ersten Eindruck vielmehr ganz erfreut und notierte in sein Tagebuch: »Ich erhalte telephonisch Nachricht, dass alles sehr glatt gegangen ist. Spanien ist uns danach sicher. Churchill wird böse Stunden erleben«.[19] Die aktuelle Forschung geht davon aus, dass das unterzeichnete Protokoll bis auf die territoriale Frage, die Franco kurz darauf in einem weiteren Schreiben an Hitler wieder aufgriff, im Endeffekt auch den Vorstellungen des *Caudillo* entsprach, und dieser unverändert die feste Absicht hatte, ohne Rücksicht auf die katastrophale Lage der eigenen Bevölkerung in den Krieg zu ziehen. Allerdings sei er sich gleichzeitig dessen bewusst gewesen, dass er außer Stande war, sich auf einen unabsehbar langen Krieg einzulassen. Entsprechend habe er erst im letztmöglichen Zeitpunkt dazu stoßen wollen.[20]

Francos eigene spätere Behauptung, einen Kriegseintritt geradeheraus abgelehnt und allein Spaniens Bedürfnis nach Frieden im Sinn gehabt zu haben, gehört in das Reich der während der Diktatur unablässig wiederholten Legenden,[21] die nur allzu gerne durch Apologeten aufgegriffen wurden. Demnach ist das Ergebnis von Hendaye als großartige diplomatische Leistung bezeichnet worden.[22] Franco sei zu der Zusammenkunft mit dem einzigen, aber schwer zu erreichenden Vorsatz erschienen, konkrete Verpflichtungen jeder Art zu vermeiden. Er habe von Anfang an auf Zeit gespielt und Hitler sowie Mussolini mit seiner Absicht hinters Licht geführt. Dazu habe er vage Versprechungen gemacht und überzogene Forderungen gestellt. Zudem sei es ihm gelungen, sich »durch Hitlers Triumphe nicht benebeln zu lassen«.[23] Er habe auch im weiteren Kriegsverlauf all seine Geduld, Schlauheit und Vorsicht eingesetzt, um nicht doch noch in den Krieg hineingezogen zu werden.

Die folgenden Konsultationen von Serrano Súñer in Berchtesgaden im November und ein Gespräch zwischen Canaris und Franco Anfang Dezember, bei denen die Deutschen Spaniens Zustimmung zur Erstürmung Gibraltars durch die Wehrmacht zu erreichen versuchten, blieben ebenfalls ohne Ergebnis. Massive Drohungen von Ribbentrop konnten daran auch nichts ändern. Die für Januar 1941 angesetzte »Operation Felix« gegen Gibraltar wurde abgesagt. Auch ein Treffen zwischen Franco und Mussolini am italienischen Grenzort Bordighera im Februar 1941 erbrachte nichts Neues. Ein Eingreifen der Wehrmacht gegen den Willen der Spanier stand angesichts letztlich fehlender Kapazitäten und der damit verbundenen Risiken außer Frage. Nun übernahm Rommel die Aufgabe, die britische Versorgungsroute am Suezkanal zu unterbrechen. Goebbels erging sich in diesen Monaten in gehässigen Bemerkungen zu Franco, den er als »eitlen Pfau«, »hohlen Kopf« oder »Hanswursten« bezeichnete.[24]

Da die deutsche Kriegsanstrengung nun sämtliche Aufmerksamkeit auf den in Vorbereitung befindlichen Angriff auf die Sowjetunion beanspruchte, wurde Spanien zu einem nachrangigen Szenario. Hieran sollte sich auch im weiteren Verlauf des Krieges nichts mehr ändern. Ein den Achsenmächten gegenüber wohlwollendes, »nichtkriegführendes« Spanien bildete letztlich einen beruhigenden Puffer am westlichen Rand Europas. Allerdings ließen es sich die Deutschen nicht nehmen, wiederholt, aber letztlich erfolglos gegen Franco zu konspirieren, um eine gefügigere Marionettenregierung zu installieren.

Während der Zeitpunkt für den Kriegseintritt nicht in sichtbare Nähe rückte, bot sich mit dem durch die *Falange* frenetisch beklatschten Überfall auf die Sowjetunion die Gelegenheit, die Verbundenheit mit den Achsenmächten weiter zu vertiefen. In einer häufig zitierten Rede vor dem Nationalrat der *Falange* am 17. Juli 1941 beschwor Franco in unmissverständlichen Worten die Schicksalsgemeinschaft:

> »In diesem Kampf, den die deutschen Waffen führen und den Europa und die gesamte Christenheit seit Jahren herbeigesehnt haben, vereinigt sich das Blut unserer Jugend mit dem unserer Kameraden der Achse als lebendiges Zeichen unserer Verbundenheit.«[25]

Das war die Geburtsstunde der nach der Farbe der Hemden der *Falange* genannten »Blauen Division« als Freiwilligenverband zum Kampf an der Ostfront.

Wenngleich an die Entsendung dieser Einheit kein formeller Kriegseintritt gekoppelt war, schrillten in London die Alarmglocken. Für Churchill stand fest, dass Franco unmittelbar davor stand, sich vollends in die Arme der Achsenmächte zu werfen. Demnach hielt er den Augenblick des Handelns für gekommen und fällte den Entschluss, die Kanaren als präventive Gegenmaßnahme zu besetzen. Hiervon konnte Churchill, wie Denis Smyth erstmals nachwies,[26] gerade noch durch den über monarchistische Generäle gut informierten Botschafter Hoare abgehalten werden. Spanien war durch den unbedacht auftretenden Franco nahezu ins Kriegsgeschehen hineingestolpert.

Nachdem Spanien im Grunde weiterhin als Kriegsgegner gesehen wurde, entging das Land auch im Rahmen der unter amerikanischer Federführung durchgeführten Landung der Alliierten in Nordafrika im November 1942 nur knapp dem Schicksal, in den Strudel des Krieges hineingezogen zu werden. Das US-Militärkommando war davon überzeugt, dass Spanien bei groß angelegten Operationen vor der eigenen Haustür nicht neutral bleiben würde. Auch hier mussten die Beobachter vor Ort Überzeugungsarbeit leisten, um präventive Militärschläge abzuwenden. Wenngleich Franco-Spanien als Bündnispartner der Achsenmächte wahrgenommen wurde, war für die Alliierten eine in den Kriegshandlungen nicht involvierte Iberische Halbinsel letztlich von Vorteil. Ein Vorgehen gegen Franco und die *Falange* wurde indes für die Zeit anvisiert, in der ein Eingreifen keine negativen Auswirkungen auf die Erreichung des Kriegszieles haben würde. So schrieb Oliver Harvey, der Büroleiter des britischen Außenministers Anthony Eden, im Juli 1943 in sein Tagebuch: »Verfluchter Franco! Wir werden ihn vom Sockel stoßen, bevor wir fertig sind«.[27]

Die Unterstützung der Achsenmächte durch Spanien ging sogar nach der unübersehbaren Wende im Kriegsgeschehen und auch nach dem Sturz Mussolinis unbeirrt weiter. Für Franco war Hitler nicht nur noch lange nicht am Ende. Der *Caudillo* war vielmehr davon überzeugt, dass letztlich die »Vernunft« obsiegen und es zu einem Arrangement zwischen den Westmächten und dem »Dritten Reich« kommen würde, um in der Folge den Krieg gegen die Sowjetunion fortzusetzen und damit die abendländische Zivilisation zu retten. Da aber gleichzeitig der »Endsieg« nicht mehr wahrscheinlich war, ergriff die spanische Diplomatie mit Blick auf die Westmächte eine ganze Reihe von Maßnahmen, um die eigene internationale Position abzusichern. Hierzu gehörte Francos Theorie von den drei Kriegen, die gleichzeitig ausgetragen würden. Der eine sei gegen die Sowjetunion gerichtet, dem gegenüber Spanien eine unmissverständliche Haltung einnehme. Im Krieg der Westmächte gegen die Achsenmächte sei Spanien wiederum neutral. Schließlich gäbe noch den pazifischen Krieg.

Zu den Maßnahmen, die eine außenpolitische Unabhängigkeit dokumentieren sollten, gehörten zum Entsetzen des spanischen Botschafters und des päpstlichen Nuntius in Berlin an die Reichsregierung gerichtete Demarchen, um gegen die NS-Kirchenpolitik zu protestieren. Dabei ging es bezeichnenderweise gar nicht erst um das Ergebnis: »Das hat weniger mit Religion zu tun als vielmehr mit Haltungen, auf die wir gegebenenfalls zurückgreifen können«, ließ der Außenminister auf die vorgetragenen Sorgen über eine womöglich kontraproduktive Wirkung unmissverständlich wissen.[28]

Hierzu gehörte aber auch der Einsatz der spanischen Diplomatie für sephardische Juden, um sie vor den Gang in die Vernichtungslager zu bewahren.[29] Auch in diesem Fall bestand kein Zweifel, dass der eigentliche Adressat der Maßnahmen die in der Wahrnehmung des Franco-Regimes von jüdischen Interessen dominierte US-Regierung war. Der nach Kriegsende durch die spanische Propaganda verbreitete Mythos, der Franco zum Judenretter stilisierte, wurde zwar auch durch jüdische Organisationen und Autoren willig aufgegriffen,[30] doch gehört er in das Reich der Legenden. Spanien ist vielmehr außerordentlich widerwillig für die Rettung von Juden eingetreten. Zudem kann die Rettungsmaßnahme des Jahres 1943 keinesfalls als humanitär bezeichnet werden, ging es doch um Sepharden, die die spanische Staatsbürgerschaft besaßen, womit die Regierung in der Pflicht stand, sich für diese Landsleute einzusetzen. Zudem wurde ihnen untersagt, sich auf spanischem Staatsgebiet niederzulassen, und sie erhielten die begehrten Einreisevisa erst, wenn ihre Weiterreise in ein Drittland sichergestellt war. Dies sowie zusätzliche bürokratische Hemmnisse bedingten, dass die Zahl der schließlich Geretteten niedrig ausfiel, verglichen mit dem was tatsächlich möglich gewesen wäre. Die Rettungsaktionen in Budapest und anderen osteuropäischen Hauptstädten im Jahr darauf gingen wiederum vor allem auf das beherzte Engagement von spanischen Diplomaten vor Ort zurück, die dabei sogar ihre Kompetenzen überschritten und einschränkende Weisungen aus Madrid missachteten. Selbst eine ministeriumsinterne Analyse kam Jahre später zu dem Ergebnis, dass die spanische Diplomatie allzu zögerlich gehandelt habe.

Schließlich lancierte die spanische Diplomatie im Verlauf des Jahres 1943 auch noch mehrere an die Westmächte und die Achsenmächte gerichteten Aufrufe zu Waffenstillstandsverhandlungen. Dahinter stand einerseits die Überzeugung, dass es letztlich ohnehin zu einer Verständigung der Kriegsparteien kommen würde. Andererseits ging es auch hier vorrangig darum, zu dokumentieren, dass es Spanien gewesen sei, das in diesem Sinne als erstes die Stimme erhoben habe.[31] In diesem Zusammenhang ist durch Apologeten immer wieder herausgestrichen worden, dass Franco mit diesen Initiativen prophetisch die mit der Vernichtung des »Dritten Reichs« drohende Sowjetisierung Deutschlands und Osteuropas sowie die Frontstellung des Kalten Krieges vorausgesehen habe.[32] Tatsächlich bestanden aber bei Amerikanern und vor allem im konservativen Großbritannien längst entsprechende Vorbehalte und Sorgen, die freilich angesichts der gemeinsamen Kriegsanstrengung nicht offen thematisiert werden konnten.

Wenngleich dieser Kurswechsel hin zu einer Verbesserung der Beziehungen zu den Westmächten gerne mit Graf Jordana in Verbindung gebracht wird, der im Herbst 1942 eine zweite Amtszeit als Außenminister antrat, lässt dessen Tagebuch keinen Zweifel daran, dass der außenpolitische Kurs bis in die Details durch Franco bestimmt wurde. Gleichzeitig ist diese, immer wieder auf den Widerstand der *Falange* stoßende Politik als diplomatische Meisterleistung Francos herausgestrichen worden, die schließlich das Überleben des Regimes gesichert habe. Tatsächlich lässt sich vielmehr das Gegenteil behaupten: Während Berlin im Endeffekt froh darüber war, dass die spanische Regierung auch bei einer sich dramatisch verschlechternden Situation auf den Schlachtfeldern ein enger Partner blieb, hat die Strategie, möglichst gute Beziehungen mit beiden Kriegsparteien zu unterhalten, beinahe zum direkten Eingreifen der Westmächte in Spanien geführt. Ab dem Sommer 1943 bestand für diese nämlich kein Anlass mehr, kriegsstrategisch bedingte Rücksichten auf Franco zu nehmen. Vielmehr wuchs jetzt der Unmut über die unverändert pro-deutsche Haltung Spaniens. So erhöhte sich der Druck die Kooperation mit den Nationalsozialisten, sei es im geheimdienstlichen Bereich oder durch die Lieferung kriegsrelevanter Rohstoffe, zu beenden. Während Franco einzelnen Forderungen, wie dem Rückzug der »Blauen Division« nachkam, eskalierte Ende des Jahres die Situation aufgrund der Weigerung, den Export des für die deutsche Rüstungsindustrie dringend benötigten Minerals Wolfram einzustellen. Schließlich wurden auf Betreiben der US-Regierung, für die eine neutrale Haltung in diesem Krieg längst nicht mehr hinnehmbar war, sämtliche Treibstofflieferungen nach Spanien eingestellt. Diese Maßnahme hätte längerfristig zum Kollaps der spanischen Wirtschaftskreisläufe und zu unabsehbaren politischen Konsequenzen geführt. Vor dem Hintergrund einer sturen Haltung der spanischen Diplomatie, die auf ihren Status als neutrale Macht und damit auf ihr Recht, Handel mit Berlin zu treiben, pochte, und der Entschlossenheit der Amerikaner, ihrerseits nicht nachzugeben, spitzte sich die Situation dramatisch zu. Nur mit allergrößter Mühe konnte die britische Regierung, die sich scheute, in Spanien energisch durchzugreifen, Ende April 1944 Washington schließlich zur Annahme einer Kompromisslösung bewegen. Franco entging auch diesmal nur haarscharf einer Katastrophe.

Franco hielt bis Kriegsende an der Verbundenheit mit Berlin fest. Noch im Februar 1945 ließ der spanische Außenminister deutschen Diplomaten wissen, dass an den freundschaftlichen Beziehungen nicht gerüttelt würde. So steht der in den letzten Kriegswochen erfolgten Öffnung spanischer Flughäfen für amerikanische Versorgungsflüge, die durch die Forschung gerne als Ausdruck einer nun den Alliierten gegenüber wohlwollenden Neutralität bezeichnet wird,[33] die Aufrechterhaltung der Lufthansaverbindung bis April 1945 gegenüber. Damit hatte Berlin unverändert die Möglichkeit, eine Vielzahl Personen außer Landes zu schleusen.[34] Es wird gerne behauptet, dass Franco im Verlauf des Krieges den Deutschen stets genau jene Zugeständnisse gemacht hat, die absolut notwendig waren, um die Wehrmacht vom spanischen Territorium fern zu halten und so die eigene Neutralität und Souveränität zu bewahren.[35] Dieses Argument ist im Lichte der Forschungsergebnisse keinesfalls zu halten. Spanien war und blieb aus eigenem Antrieb heraus ein Verbündeter der Achsenmächte.

Gleichwohl legte Franco angesichts des letztlich unausweichlichen Unterganges des »Dritten Reichs« seine Bemühungen darauf, sich hinsichtlich der Nachkriegsordnung zu positionieren. Dabei richtete er zunächst seinen Blick nach London. Hierzu war er im Grunde durch Churchill ermuntert worden, der in einer Rede im Mai 1944 die Hoffnung auf eine stabilisierende Rolle Spaniens im westlichen Mittelmeerraum in der Nachkriegszeit zum Ausdruck gebracht hatte. Der britische Premier blickte bereits damals mit Sorge nach Moskau und auf die bevorstehende Besetzung Deutschlands, bei der mit einer Fülle von Unwägbarkeiten gerechnet werden musste. Vor diesem Hintergrund erschien angeraten, die politische Stabilität in einer Region anzustreben, die für die britischen Interessen hohe Bedeutung hatte. Mitte Oktober wandte sich Franco direkt an Churchill und diente sich als Nachkriegspartner an. Die schriftliche Mitteilung enthielt eine häufig zitierte Passage, in der Francos völlige Fehlwahrnehmung der internationalen Konstellation und seiner eigenen Lage hierin zum Ausdruck kommt:

> »Mit der schrecklichen Prüfung, die die europäischen Nationen erleiden mussten, haben sich unter jenen mit bedeutenden Ressourcen und Bevölkerungszahl nur drei als stark und mannhaft erwiesen: England, Deutschland und Spanien. Mit einem zerstörten Deutschland bleibt England nun nur noch die Möglichkeit, sich an ein Volk auf dem Kontinent zu wenden: Das ist Spanien.«[36]

Churchill war zwar an stabilen Verhältnissen in Spanien interessiert und fand die Koexistenz mit Stalin beunruhigender als eine mit Franco. Gleichzeitig kam aber nicht in Frage, Franco-Spanien in die eigenen Nachkriegsplanungen als Partner einzubinden. Daran ließ der Premier in einem Antwortschreiben keinen Zweifel.

Nach der Absage aus London wandte sich Franco, trotz aller bestehenden Vorbehalte gegenüber der in seinen Augen durch jüdische Organisationen und Freimaurerlogen dominierte amerikanische Exekutive, an die Vereinigten Staaten. Der im März 1945 eingetroffene neue US-Botschafter machte allerdings auch in diesem Fall sämtliche Hoffnungen zunichte. Die Haltung Roosevelts war unmissverständlich: »Ich sehe in der Staatengemeinschaft keinen Platz für Regierungen, die auf faschistischen Prinzipien gründen«.[37] Allerdings dachten die Vereinigten Staaten nicht daran, einen Regimewechsel zu erzwingen, und so widersetzten sie sich darauf abzielenden Forderungen Stalins auf der Potsdamer Konferenz und einer ganzen Reihe von Staaten im Zuge der Gründung der UNO in San Francisco. Vielmehr bestand in Washington, aber auch in London, die irrige Erwartung, dass Franco alsbald und mehr oder weniger freiwillig von der Bildfläche verschwinden und einem Regimewechsel Platz machen würde. Letztlich wurde aber eine Fortexistenz des Regimes zwar als Unglück für die Spanier gesehen, jedoch nicht als Bedrohung des Weltfriedens.

Die spanische Diplomatie entfaltete in der unmittelbaren Nachkriegszeit außerdem eine propagandistische Welle, mit der die grundsätzlichen politischen, ideologischen und religiösen Differenzen mit den Achsenmächten herausgestrichen wurden. So wurden vor allem die Bedeutung der *Falange* minimiert und die katholischen Grundlagen des Regimes betont. Sein autoritäres Wesen wurde wiederum als Notwendigkeit angesichts »gewisser Eigenarten des spanischen Temperaments« und der historischen Erfahrung rechtfertigt. Spanien benötige daher eine strenge aber gerechte väterliche Hand.[38] Nun erwuchs auch der Mythos, wonach sich Franco mit Zähigkeit gegen die Versuche Hitlers gewehrt habe, Spanien in den Krieg hineinzuziehen. So stellte der Diktator in einem Interview im Juni 1945 fest:

> »Als der Anschein bestand, dass Deutschland im Begriff war, den Krieg zu gewinnen, versuchten einige Mitglieder der Falange,

Spanien mit Deutschland und Italien zu identifizieren. Ich habe
daraufhin alle entlassen, die diese Haltung vertraten. Zu keinem
Zeitpunkt hatte ich auch nur im Entferntesten die Absicht, Spanien in den Krieg zu verwickeln.«[39]

In diesem Zusammenhang steht auch die Mitte Juli 1945 erfolgte Regierungsumbildung. Dabei verlor die *Falange* nicht nur den Kabinettsrang. Vor allem erhielt das Regime mit der Ernennung des Präsidenten von *Acción Católica* als größter katholischer Laienorganisation, Alberto Martín Artajo, zum Außenminister ein weithin sichtbares katholisches Aushängeschild. Darüber hinaus wurden das »Fuero de los Españoles« als scheinbarer Grundrechtskatalog erlassen und Wahlen auf kommunaler Ebene in Aussicht gestellt. Für London und Washington stellten die ergriffenen Maßnahmen, zu denen auch die Abschaffung des »römischen Grußes« gehörte, jedoch nichts anderes als Augenwischerei dar. Dafür war der Willkürcharakter des Regimes allzu offensichtlich. Der Scheincharakter des »Fuero de los Españoles« kam nicht zuletzt auch in Äußerungen Francos zum Ausdruck, so etwa als er in der Rede anlässlich dessen Verkündigung feststellte, dass die darin enthaltenen Rechte nichts mit den Freiheiten anderer Zeiten zu tun hätten.[40] Hinter verschlossenen Türen ließ er hieran keinerlei Zweifel, indem er ausführte, dass es insgesamt nur darum ginge, »sich demokratisch zu kleiden, ohne Risiken einzugehen«.[41] Für die Siegermächte des Zweiten Weltkriegs stand indes außer Frage, dass Spanien erst dann als vollwertiges Mitglied in die Staatengemeinschaft eintreten könnte, wenn Franco und die *Falange* von der politischen Bildfläche verschwunden sein würden.

Damit ging Francos außenpolitisches Kalkül nicht auf, wonach sein antikommunistisch und katholisch ausgerichtetes Regime unweigerlich in die westliche Staatengemeinschaft aufgenommen werden würde. Im März 1946 bekräftigten London, Washington und Paris, wo seit dem Rückzug von General de Gaulle eine starke gegen Franco gerichtete Stimmung bestand, vielmehr die bisherige Haltung:

»Für die Zeit, in der General Franco in Spanien regiert, kann das spanische Volk keine umfassende und herzliche Aufnahme in jene Staatengemeinschaft erwarten, die dank ihrer Kraftanstrengung die Niederlage des deutschen Nationalsozialismus und des italienischen Faschismus bewirkte, die ihrerseits der gegenwärtigen spanischen Regierung zur Macht verhalfen und Vorbild für das bestehende Regime waren«.[42]

Franco hatte die Wirkmacht der Losung der Alliierten, für Freiheit und Demokratie einzutreten, ein Schlagwort, das nun auch mit Blick auf die Auseinandersetzung mit der sowjetischen Diktatur und seinen Satellitenstaaten Bestand hatte, völlig unterschätzt und als Kriegspropaganda abgetan. Franco und sein Regime waren auf Jahre hinaus isoliert.

Vor diesem Hintergrund lässt sich keinesfalls das häufig anzutreffende Bild vom umsichtigen und klugen Außenpolitiker Franco nachvollziehen. So mag es zwar durchaus paradox klingen, dass das als Bündnispartner der Achsenmächte wahrgenommene Franco-Regime das Kriegsende über-

Propagandbild Francos zum Kriegsende 1939

stand. Die Gründe dafür liegen aber gerade nicht in einem geschickten Agieren des Diktators. Vielmehr war es zu keinem Zeitpunkt, weder vor noch nach 1945, im Interesse der Westmächte oder der Achsenmächte gewesen, in Spanien gewaltsam einzugreifen, um den Sturz Francos zu erzwingen. Ganz im Gegenteil hat Franco durch sein eigenes ungeschicktes Verhalten, sei es mit seiner Rede vom 17. Juli 1941 oder im Zusammenhang mit den Wolframexporten, mehr als einmal beinahe seinen eigenen Sturz provoziert.

Für ihn kam keinesfalls in Frage, grundlegende Reformen einzuleiten, um damit Forderungen nachzukommen, hinter denen er lediglich eine kommunistische und freimaurerische Verschwörung witterte, die das Ziel verfolgte die »freie und unabhängige spanische Nation« zu unterjochen. In diesem Sinne lautete für Spanien die durch den engsten Berater Francos, Marineoffizier Luis Carrero Blanco, auf den Punkt gebrachte Losung: »Ordnung, Geschlossenheit und Geduld«.[43] Wohlwollende Biographen lesen aus dieser Haltung Siegessicherheit und Selbstbewusstsein heraus:

> »Wie stets reagierte Franco mit Gelassenheit. Er spielte wieder um Zeitgewinn, was für ihn insofern taktisch geboten war, als sich rings um Eurasien eine zunehmende Polarisierung, der kommende Ostwest-Konflikt, abzeichnete.«[44]

Franco behielt in der Tat die Überzeugung, dass die globale Auseinandersetzung mit dem Kommunismus letztendlich in einer Einbindung Spaniens in den Westen münden würde. In diesem Sinn wetterte er im Oktober 1946 trotzig:

> »Die Verteidigung unserer Unabhängigkeit dient nicht nur den allerhöchsten Interessen unserer Nation. Wir stellen damit eine unerstürmbare Festung gegen den Kommunismus dar. Die Angriffe des Kommunismus gegen Spanien richten sich nämlich in Wirklichkeit gegen die künftige Sicherheit Westeuropas«.[45]

Den Vorhaltungen wiederum entgegnete er:

> »Jenseits unserer Grenzen spricht man von dem politischen Problem Spaniens. Ich verneine, dass in Spanien irgendein zu lösen-

des politisches Problem besteht. Unsere politischen Probleme haben wir bereits mit unserem Blut und in einer gemeinsamen Anstrengung gelöst«.[46]

Angesichts der neuen weltpolitischen Konstellation mit den Vereinigten Staaten als westlicher Führungsmacht verschwanden aber auch die öffentlichen Tiraden gegen die vermeintlicher Weise durch Freimaurer dominierte liberal-demokratische Gesellschaftsordnung. Die Hetze verlagerte sich indes auf eine nicht-offizielle Ebene. Franco und Luis Carrero Blanco verfassten unter Pseudonymen wie Jakim Boor, Ginés de Buitrago und Juan de la Cosa Artikel, in denen sie all das ungeniert von sich gaben, was zwar ihre Überzeugung darstellte, aus Gründen der Staatsräson aber nicht mehr gesagt werden konnte.[47]

Nun stimmte Franco seine Landsleute aber auch auf eine Fortsetzung der entbehrungsreichen Zeit ein, während er sich selbst, eingedenk der Bedrohung durch »finstere Mächte«, in pathetischen Worten als Wächter über das Wohlergehen der Nation stilisierte:

> »Gerade uns kann das nicht erstaunen, denn mit uns ist niemals über etwas anderes gesprochen worden, als über Opfer und Unannehmlichkeiten, über Enthaltsamkeit und lange Zeiten des Fastens, über Pflichten und Wachdienste. Aber bei dieser Pflichterfüllung gebührt Euch im Gegensatz zu mir von Zeit zu Zeit die Erholung. Ich bin der Wächter, der niemals abgelöst wird, der die unangenehmen Nachrichten erhält und die Lösung der Probleme diktiert. Ich bin der, der wacht, während alle anderen schlafen«.[48]

Hierin wird nicht nur sichtbar, wie Enrique Salgado herausstreicht, das sich Franco als Lenker und Herr des eigenen und des fremden Schicksals verstand und damit den unverrückbaren Willen zum Ausdruck brachte, an der Spitze der Macht auszuharren.[49] Von Bedeutung ist vor allem, dass er sich als Verkörperung der Nation empfand. Die Angriffe richteten sich demnach gegen Spanien und nicht gegen seine Person. Damit wurde Franco letztlich zum Retter Spaniens und stellte eben nicht das Grundübel dar. Ausländischen Beobachtern zufolge ging diese Taktik auf. Als Reaktion auf die internationale Kritik strömten Anfang Dezember 1946 Hunderttausende in einer Solidaritätskundgebung vor den Königspalast. Vor dieser Kulisse forderte Franco medienwirksam die Einheit von Volk und *Caudillo* ein und erfreute sich der Akklamation der Massen. Entsprechend schrieb die nationale Presse von dem überwältigenden Plebiszit, das dem *Caudillo* erwiesen worden sei. In London und Washington musste man sich wiederum eingestehen, dass der internationale Druck wohl kontraproduktiv gewesen sei und letztlich nur bewirkt habe, die Spanier um Franco zu scharen.

Am 12. Dezember 1946 verabschiedete die UNO-Vollversammlung schließlich eine Resolution, die das Franco-Regime nicht nur wieder einmal als faschistisch brandmarkte, sondern darüber hinaus den Mitgliedsstaaten empfahl, ihre Botschafter und bevollmächtigten Repräsentanten aus Madrid abzuziehen. Im historischen Rückblick stellte diese Resolution den Höhepunkt der internationalen Ächtung Franco-Spaniens dar. Die einzigen, die nun noch zu Franco hielten, waren der Vatikanstaat sowie die Diktatoren Salazar und Perón. Letzterer unterstützte Spanien zudem durch Nahrungsmittellieferungen, in erster Linie mit Weizen, zur Linderung der bestehenden dramatischen Versorgungsengpässe. Provozierend entsandte Perón Anfang 1947 auch noch einen neuen Botschafter nach Madrid, und der Besuch von »Evita« im Sommer jenen Jahres – der erste Staatsbesuch seit dem Aufenthalt Himmlers im Jahr 1940 – wurde zu einer Triumphfahrt, die propagandistisch in Szene gesetzt wurde.

Der sich verschärfende Ost-West-Konflikt, der mit der Verkündigung der Truman-Doktrin im März 1947 und dem Beginn der Berlin-Blockade Ende Juni 1948 immer weitere Höhepunkte erreichte, bestärkte nicht nur Franco in seiner Überzeugung einer bevorstehenden weltumspannenden Konfrontation mit dem Kommunismus. Bei den Westmächten reifte darüber hinaus der Gedanke, dass ein stabiles, dem Westen zugewandtes Regime in Spanien aufgrund der globalstrategisch wichtigen Lage der Iberischen Halbinsel Vorrang vor ideologischen Präferenzen hatte. Auch gewann in konservativen Kreisen der Wunsch nach einer Normalisierung der Beziehungen und sogar der Einbindung Spaniens in den westlichen Verteidigungsblock immer weitere Anhänger.

Zu einer Kehrtwende in der Haltung Franco gegenüber kam es dennoch nicht. Vor allem konnte sich Truman nicht dazu durchringen, ein erklärtermaßen faschistisches Regime entgegen der eigenen Prinzipien zu unterstützen oder gar als Partner zu akzeptieren. Entsprechend erhielt Franco-Spanien auch keine Hilfen aus dem Marshall-Plan. Darüber hinaus war an einer Verbesserung der Beziehungen zur Londoner Labour-Regierung und zur vierten französischen Republik, in der die Linke einen starken Einfluss hatte, nicht zu denken. Zur Enttäuschung Francos wurde Spanien vor allem auf Druck sozialdemokratisch regierter europäischer Staaten hin schließlich auch nicht die NATO aufgenommen. Franco stand nun einmal nicht für jene Werte und Prinzipien, zu deren Verteidigung die Organisation erklärtermaßen gegründet worden war. Für ihn wiederum war unbegreiflich, dass gerade sein Regime, das, wie er gebetsmühlenartig betonte, die erste siegreiche Schlacht gegen den Bolschewismus geschlagen hatte, nicht in die gemeinsame Front eingebunden wurde. So soll Franco gegenüber General Varela Anfang 1950 trotzig festgestellt haben: »Die Weltgemeinschaft benötigt uns mehr, als wir auf sie angewiesen sind«.[50]

Mit der weiteren Verschärfung des Ost-West-Konfliktes und der wachsenden Angst vor der Ausbreitung des Kommunismus, die mit der Zündung der ersten sowjetischen Atombombe im August 1949 und Maos Machtübernahme in China im Oktober einhergingen, gerieten die Gegner einer Annäherung an Franco-Spanien weiter unter Druck. Vor allem aber setzte sich in Washington die Überzeugung durch, dass Spanien auch ohne NATO-Beitritt in die westliche Verteidigungsgemeinschaft eingebunden werden müsse. Die Iberische Halbinsel wurde nun als idealer Brückenkopf der Vereinigten Staaten und strategisches Rückzugsgebiet hinter den Pyrenäen im Fall eines Angriffes der Roten Armee gesehen.

Mitte Januar 1950 erfolgte ein erster Schritt in diese Richtung, als US-Außenminister Dean Acheson bekannt gab, dass die Vereinigten Staaten sich einer Resolution zur Rückkehr der Botschafter nicht widersetzen würden. Der Beginn des Koreakrieges Mitte des Jahres und die von US-Senator Joseph McCarthy befeuerte Angst vor einer kommunistischen Unterwanderung der Vereinigten Staaten markierten schließlich den Wendepunkt. Anfang November wurde auf Betreiben Washingtons die Resolution von 1946 aufgehoben und auch der Weg für die Aufnahme Spaniens in Unterorganisationen der UNO freigemacht. Ende des Jahres erfolgte bereits die Bekanntgabe der Entsendung eines US-Botschafters nach Madrid.

Diese Entscheidungen wurden durch die spanische Presse als großartige Siege Francos präsentiert, der nun den Bannkreis durchbrochen habe. So zeigte sich auch der Diktator in seiner Neujahrsansprache für das Jahr 1951 selbstgefällig und von sich überzeugt:

> »Schließlich beginnen mit deutlicher Verspätung all jene, die gestern noch gleichgültig waren, den Beweggrund unserer Haltung zu verstehen. Und wenngleich es für manche schmerzhaft ist, die alten Fehler anzuerkennen, kann niemand mehr Spanien den Platz als Vorreiter in dieser weltumspannenden ideologischen Auseinandersetzung streitig machen, die in dramatischer Weise die Grundlagen aller Zivilisation erschüttert«.[51]

Trotzig fügte er hinzu:

> »Spanien hat sich einzig und allein mit seiner Ehre und der Wahrheit verteidigt. Spaniens Standhaftigkeit hat die Machenschaften unserer Feinde zunichte gemacht, und die Welt, die nun angesichts der Täuschungen die Augen geöffnet hat, richtet den Blick auf unser Vaterland in der Überzeugung, dass sich Spanien vor allem im Recht befand«.[52]

Aufreizend provokant waren auch Francos Entscheidungen bei der Besetzung der wichtigsten diplomatischen Posten, die er entgegen dem Dafürhalten des Außenministers fällte: Neuer Botschafter in Washington wurde José Félix de

Lequerica, der aufgrund ideologischer Bedenken 1945 durch Truman schon einmal für dieses Amt abgelehnt worden war. Für das nach wie vor durch Labour regierte London wurde Fernando María Castiella vorgeschlagen, der in der »Blauen Division« gekämpft hatte. Nachdem die britische Regierung diesem das Plazet verweigerte, nominierte Franco wiederum Miguel Primo de Rivera, den Bruder des Falangegründers und hochrangiges Mitglied der Partei.

Mitte 1951 begannen bei aller weiterhin bestehenden persönlichen Aversion Trumans gegenüber Franco schließlich bilaterale Gespräche über die Einrichtung von Stützpunkten für die amerikanischen Streitkräfte auf spanischem Boden. Die spanische Regierung erwartete im Gegenzug umfangreiche Leistungen auf finanzieller und wirtschaftlicher Ebene sowie die Lieferung von Rüstungsgütern. Wenngleich sich mit dem Wahlsieg Eisenhowers im November 1952 das Gesprächsklima verbesserte, verliefen die Verhandlungen schleppend. Das Ergebnis war für Spanien zudem enttäuschend, denn wenngleich Franco gerne betonte, dass es die Amerikaner gewesen seien, die auf ihn zugegangen waren, befand er sich in einer schwachen Verhandlungsposition. Viel zu groß war für ihn nämlich die Bedeutung eines Vertragsabschlusses zur Absicherung seines Regimes und damit zur Festigung seiner eigenen unangefochtenen Position in Spanien. Dieser Umstand war den amerikanischen Unterhändlern freilich bewusst. In diesem Sinn soll Franco in der Schlussphase der letztlich ernüchternden Gespräche zu seinen Verhandlungsführern ausdrücklich gesagt haben: »Sollten Sie die gesteckten Ziele nicht erreichen, unterschreiben Sie, was auch immer Ihnen vorgelegt wird. Wir brauchen dieses Abkommen«.[53]

Die propagandistische Bedeutung des Abkommens wurde überdeutlich, indem der Vertragsabschluss Ende September 1953 als unvergleichlicher Triumph Francos gefeiert wurde. Der *Caudillo* wurde als größter Staatsmann seit den Zeiten von Philipp II. gerühmt und auf eine Ebene mit Zeitgenossen wie Churchill oder Roosevelt gestellt. Er allein habe die Weitsicht besessen, frühzeitig und unbeirrt vor den Gefah-

Schutzumschlag der Franco-Biographie von Luis de Galinsoga

ren des Kommunismus zu warnen. Zudem habe er nun einmal die erste siegreiche Schlacht gegen den Bolschewismus geschlagen und damit weitaus mehr geleistet, als der kommunistischen Bedrohung zu trotzen.[54] Vollmundig erklärte Franco vor den *Cortes*, dass im Rahmen des Abkommens kein Fünkchen der Souveränität Spaniens zur Disposition gestanden habe und es zu keinem Kuhhandel oder Ausverkauf nach dem Motto Waffen und Dollars gegen Basen gekommen sei.[55] Tatsächlich kam jedoch das Gegenteil der Realität deutlich näher.

Im Ergebnis handelte es sich nicht einmal um eine Allianz im eigentlichen Sinne, da die Gegenseitigkeit völlig fehlte, nachdem sich Washington im Krisenfall nicht verpflichtete, für den Vertragspartner einzustehen. Auch in wirtschaftlicher Hinsicht war das Ergebnis enttäuschend, da die Vereinigten Staaten vor allem in Infrastruktur investierten, die für den Unterhalt der eigenen Basen von Bedeutung war. Die finanziellen Zuwendungen lagen darüber hinaus weit hinter den Erwartungen und fielen niedriger aus als jene für Jugoslawien, die Türkei oder Griechenland. Die gelieferten Waffen wiederum waren weitgehend veraltet und stammten zum Großteil aus dem Zweiten Weltkrieg. Zudem stellte das Abkommen von 1953 entgegen der Propaganda und anders als im Fall entsprechender Abkommen mit anderen Staaten letztlich doch einen gravierenden Eingriff in die Souveränität Spaniens dar. Wie Angel Viñas erstmals belegen konnte, sicherte sich Washington eine nahezu völlige Handlungsfreiheit in der Nutzung der Basen und konnte von ihnen aus operieren, ohne vorab Rücksprache mit der spanischen Regierung zu halten.[56]

Es existierte aber auch in Spanien Unbehagen über ein Abkommen mit einer Macht, die im Endeffekt all das verkörperte, was seit Errichtung des Franco-Regimes verteufelt worden war. In diesem Sinne bestand die Sorge vor einem spirituellen Ausverkauf. Hieraus erklärt sich, dass die Unterzeichnung des Abkommens spanischerseits um ein paar Monate verzögert worden war, um zunächst den Abschluss der zeitgleich verlaufenden Verhandlungen über ein neues Konkordat abzuwarten. Davon sollte ein Signal ausgehen. So würde das Konkordat, nachdem im Jahr davor in Barcelona der erste Eucharistische Weltkongress der Nachkriegszeit stattgefunden hatte, aller Welt den katholischen Charakter des Regimes unter Beweis stellen. Zusammen genommen entfalteten beide Abkommen, hierin ist sich die Forschung einig, eine starke außen- wie innenpolitisch stabilisierende Wirkung. Franco stand nun auf dem Höhepunkt seiner persönlichen Macht.

Nun ließ sich der *Caudillo* als »Wächter des Abendlandes« feiern, und so lautete nicht nur der Titel der unter dem Eindruck der nun beginnenden neuen Etappe erschienenen »offiziellen« Biographie aus der Feder von Luis de Galinsoga. Auf dem Schutzumschlag prangte darüber hinaus symbolträchtig Franco in Militäruniform vor einem amerikanischen Militärflugzeug.

Das Bild vom »Wächter des Abendlandes« wurde auch gerne im Ausland aufgegriffen, nicht zuletzt in konservativ-katholischen Kreisen der Bonner Republik, die innerhalb Europas zu wortmächtigen Fürsprechern des Franco-Regimes wurden und Spanien als Oase innerhalb einer von kommunistischer Subversion bedrohten Welt priesen.[57] So erschien auch außerhalb Spaniens eine neue Welle von Biographien, die sich Franco von der neuen, im Kalten Krieg begründeten Perspektive aus näherten. So verwendete Sydney Coles nicht nur dieses Bild der Oase, sondern sprach Franco auch noch das Anrecht auf den Friedensnobelpreis zu.[58]

Von einer völligen Normalisierung der außenpolitischen Situation Spaniens konnte jedoch nicht die Rede sein. Franco sollte das Stigma des Faschismus nie vollends ablegen können. Vor allem in Europa, wo die Erinnerung an die Schrecken der faschistischen Epoche und des Zweiten Weltkriegs besonders präsent war, bestanden die Vorbehalte fort. Dies spiegelt sich nicht zuletzt auch in Zahl und Zeitpunkt von Francos Auslandsreisen. Nach seinen Zusammentreffen mit Hitler und Mussolini führte er lediglich noch zwei weitere Auslandsreisen durch, die ihn beide Male bezeichnenderweise ins benachbarte Portugal Salazars führten. Damit würde die Rechnung nach langen Jahren des Wartens schließlich nur im Ansatz aufgehen. Franco war ein nun tolerierter aber keinesfalls gleichberechtigter Partner, dem der Zugang zu den dem westlichen Demokratieverständnis verpflichteten Organisationen der EWG und der NATO zeitlebens verwehrt blieb.

1961 erklärte er seinem behandelnden Arzt, dass es für die Staatsführung vor allem von Nutzen sei, sich einem Schäfer gleich in Geduld zu üben, wachsam zu sein und den Blick in die Ferne zu richten, um möglichst frühzeitig Veränderungen an Horizont zu erkennen.[59] Das Bild vom weitsichtigen Steuermann, der das Staatsschiff durch die schwierigen Wasser von Weltkrieg und Nachkriegszeit steuerte, hält sich in der landläufigen Meinung bis in die Gegenwart. Ein durch Bescheidenheit und Hartnäckigkeit bestimmter Realismus habe es Franco ermöglicht, sich auf sicherem Boden zu bewegen. Gut informiert habe er vor allem dank seiner misstrauischen Grundhaltung und seiner Schläue auch in schweren Zeiten nie die Orientierung verloren und damit unliebsame Überraschungen vermieden. Im Gegensatz zu diesem gerne gepflegten Mythos kann Franco jedoch kaum als Gestalter gesehen werden, der sich auf internationaler Ebene einen Handlungsspielraum verschaffte und nutzte. Zwar mag er als Schäfer am Horizont aufziehende Stürme erkannt haben. Doch letztlich bestand seine einzige Handlungsoption als Reaktion hierauf darin, die stürmischen Zeiten mit der als persönliches Eigentum verstandenen Herde möglichst unbeschadet zu überstehen.

Divide et impera

Es besteht Konsens darüber, dass Franco, der im Rahmen seiner Herrschaftsausübung seine Macht auf die verschiedenen, »Familien« genannten Gruppierungen seines Regimes gründete, stets darauf bedacht war, ein machtpolitisches Gleichgewicht der Kräfte zu wahren, und in Konfliktfällen als oberste Schiedsinstanz wirkte. Als solche »Familien« werden üblicherweise, wenngleich es sich dabei um unscharf gefasste Kategorien handelt, das Militär, die *Falange*, die Kirche, die Monarchisten und für die späteren Jahre die Technokraten genannt. Dabei habe es Franco bewusst vermieden, auf eine der Gruppierungen völlig zu verzichten, oder sich auf eine einzige zu stützen, da er damit in eine für seinen unumschränkten Führungsanspruch gefährliche Abhängigkeit geraten wäre. So ging es ihm nicht zuletzt um eine Machtbalance zwischen Falangisten und Monarchisten als den beiden großen miteinander konkurrierenden politischen Kräften seines Regimes.

In diesem Zusammenhang wird gerne eine Parallele zu der als prägend wahrgenommenen Kolonialkriegszeit hergestellt. Demnach habe Franco Lehren aus seinen Beobachtungen im Umgang mit rivalisierenden Kabylenstämmen gezogen, die er dann als Diktator zeitlebens beherzigte. Hierzu habe nicht zuletzt die Herrschaftspraxis des Sultans von Marokko gehört, der die lokalen Stammesfürsten durch eine Politik des »teile und herrsche« unter Kontrolle gehalten habe. So habe Franco die »Familien« seines Regimes ganz genauso manipuliert, bestochen, zur gegenseitigen Rivalität angestachelt, in Korruption verwickelt, so dass ein gegenseitiges Misstrauen, damit die Unfähigkeit zum eigenständigen Handeln sowie vor allem die Abhängigkeit von seiner Person als höchster Instanz entstanden seien.[1]

Aus den zahlreichen publizierten Erinnerungen ehemaliger Minister oder ranghoher Mitglieder des Regimes geht wiederum deutlich hervor, dass Franco den Mitgliedern seines Kabinetts, einmal abgesehen von besonderen Krisenzeiten, wie es die Außenpolitik in den für Spanien stürmischen 1940er Jahren war, einen großen Freiraum in der Amtsführung zugestand. Für gewöhnlich griff er bei Beratungen des Kabinetts in die Auseinandersetzungen nicht ein und beschränkte sich auf die Vorgabe der großen politischen Leitlinien. Wichtige Entscheidungen, vor allem in Personalfragen, fällte er ohnehin außerhalb der Kabinettssitzungen. Der Ministerrat stellte damit zu keinem Zeitpunkt das Zentrum der Macht dar. Genauso wenig lag diese im Nationalrat der *Falange* oder in den *Cortes*, die für Franco vielmehr als Bühne und Akklamationsorgan dienten. Als oberste Entscheidungsinstanz handelte Franco nach dem militärischen Prinzip. In den Worten von Sainz Rodríguez führte er die Regierung wie eine Militäroperation und sprach auch vom Kommando, wenn er sich auf die Staatsführung bezog.[2] Für ihn standen, wie er Ende Januar 1942 in der Militärakademie von Zaragoza verkündete, auch in Fragen der Regierung »die Kommandogewalt, die Disziplin und der Gehorsam« an oberster Stelle.[3] Ganz in diesem Sinne soll Franco 1948 gegenüber dem Thronprätendenten bemerkt haben: »Ich gestatte meinen Ministern nicht, mir zu widersprechen. Ich befehle und sie gehorchen«.[4] Franco diskutierte nicht und traf Entscheidungen, die für die Betroffenen oftmals überraschend kamen. Die militärische Disziplin spiegelt sich auch in den legendären Ministerratssitzungen, die sich über viele Stunden und ohne Pausen hinzogen, wobei laut den Erinnerungen Leid geplagter Teilnehmer nicht einmal Toilettengänge vorgesehen waren.

Trotz der als Kommando verstandenen Staatsführung versuchte Franco, offene Konfrontationen zu umgehen und vermied es bezeichnenderweise meist, Umbesetzungen und damit die Entlassung von Kabinettsmitgliedern von Angesicht zu Angesicht mitzuteilen. So erfuhren die Betroffenen davon zuweilen aus der Presse, meistens jedoch durch in diesem Zusammenhang berüchtigte Kuriere, die ein entsprechendes Schriftstück überbrachten. Da war es zweifellos schmerzlich, wenn Kabinettsmitglieder mitunter am Tag nach einem Zusammentreffen mit Franco aus heiterem Himmel erfuhren, dass sie ihres Amtes enthoben waren. Für die Betroffenen nicht minder konsternierend waren aber auch solche Fälle, in denen langjährige Minister ohne Vorankündigung im Rahmen einer Ministerratssitzung beiläufig von ihrer Ablösung erfuhren.[5] Franco hielt die Zügel der Macht unwidersprochen in seinen Händen und ließ sich in politischen Fragen nur von einzelnen Vertrauensmännern beraten. Hierzu gehörte in der Anfangsphase Serrano Súñer und danach vor allem Carrero Blanco.

Franco achtete zur Sicherung seiner Macht nicht nur darauf, dass innerhalb des Ministerrates eine Vielfalt an politischen Einstellungen vertreten war, die sich gegenseitig neutralisierte. Das Gleiche kann auch hinsichtlich der Zusammensetzung des Nationalrates der *Falange* gesagt werden, den Franco jenseits der ideologischen Ausrichtung der Partei als Vertretung aller Kräfte des Regimes verstand. Der Machtsicherung habe aber auch die politische Einbindung von Militärs gedient, sei es innerhalb des Kabinetts oder durch die Vergabe anderer Ämter. Hierdurch bot sich nicht zuletzt die Möglichkeit, potentiellen Widersachern das direkte Truppenkommando zu entziehen. Letztlich stellte das Franco-Regime zu keinem Zeitpunkt einen monolythischen Block dar, sondern war vielmehr von fortwährenden inneren Spannungen geprägt. Das zeigt sich auch daran, dass Franco das Kabinett im Verlauf der Diktatur neunzehn Mal umbildete, dabei zwölf Mal in grundlegender Weise, und insgesamt 124 Minister ernannte.

Nachdem aber Fachkompetenz nicht gerade zu den Voraussetzungen für die Übernahme von Ministerämtern zählte, gehörten nicht nur Misswirtschaft, sondern auch der Hang zum Klientelismus und zur Korruption zum Alltag.[6] Ein solches Verhalten stellte für Franco allerdings eine im Grunde lässliche Sünde dar. Das ging sogar so weit, dass sich selbst sein Cousin über das in dieser Frage gezeigte Desinteresse immer wieder wunderte. So heißt es in einem konkreten Fall von Amtsmissbrauch und illegalen Geschäften:

> »Franco glaubt fest daran, dass es sich um Geschwätz handelt, auf das wir hereinfallen, weil wir unzufrieden sind. Entweder will er davon nichts wissen, weil er ohnehin bestens informiert, übermäßig gutgläubig oder weil es bequemer ist, die Augen zu verschließen. Sollte es an letzterem liegen, handelt es sich um eine gewaltige und gefährliche Blindheit«.[7]

Ganz in diesem Sinne soll Franco gegenüber dem »Althemd« Dionisio Ridruejo eingestanden haben, dass in früheren Zeiten nach siegreich geführten Kriegen die Mitstreiter mit Ländereien und Adelstiteln bedacht worden seien, dies in den heutigen Zeiten aber nicht mehr so einfach sei. Entsprechend erachte er es für notwendig, gegenüber der Bestechlichkeit die Augen zu verschließen, um auf diese Weise zu vermeiden, dass sich unter den eigenen Parteigängern Unzufriedenheit breit mache.[8] Legendär sind in diesem Zusammenhang die Vermögen, die Demetrio Carceller im Zweiten Weltkrieg als Handelsminister im Geschäft mit durch beide Kriegsparteien heiß begehrten Rohstoffen sowie Manuel Arburúa ebenfalls in dieser Funktion in den 1950er Jahren mit Importlizenzen und Schwarzmarktgeschäften angehäuft haben.

Zudem konnte Franco mit dem Wissen über illegale Machenschaften Loyalitäten einfordern. Für Biographen wie Paul Preston lag es im Wesen Francos, die Schwächen der Leute in seiner Umgebung nicht nur zu tolerieren. Er habe darüber hinaus einen ganz besonderen Spürsinn dafür gehabt und sie sich gezielt zunutze gemacht:

> »Die Fähigkeit, auf den ersten Blick die Schwächen oder den Preis eines Mannes einschätzen zu können, erlaubte es Franco zu erkennen, ob ein möglicher Gegner durch einen Gefallen oder

auch nur das Versprechen eines Gefallens wie etwa eines Ministeramtes, eines Botschafterpostens, eines prestigereichen Militärkommandos, eines Postens in einem staatlichen Unternehmen, einer Auszeichnung, einer Importlizenz oder schlichtweg einer Zigarrenkiste zu einem Mitstreiter werden könnte«.[9]

Auch für einstige Weggefährten stand fest, dass Franco der Überzeugung war, dass jeder Mensch einen Preis habe und im Grunde alle Menschen tatsächlich auch bereit seien, sich zu verkaufen.[10]

Als vor allem mit der Liberalisierung des Pressewesens in der zweiten Hälfte der 1960er Jahre Korruption und Untreue, wie etwa im Fall der als »Caso Matesa« 1969 bekannt gewordenen massiven Veruntreuung öffentlicher Gelder, vermehrt an die Öffentlichkeit gelangten, war für Franco, wie dessen Schwester Pilar in ihren Erinnerungen einräumt, weniger der Betrug als solcher, sondern vielmehr die Tatsache verwerflich, dass die Machenschaften aus Gründen von Machtintrigen innerhalb des Regimes gezielt publik gemacht und als Skandale befeuert worden waren.[11] Zudem hielt Franco seine schützende Hand über die dubiosen Geschäfte der nächsten Angehörigen wie seiner Geschwister Nicolás und Pilar oder seines Schwiegersohnes, dem Marquis von Villaverde.

Franco selbst wird wiederum im Gegensatz zu seiner Tochter, die nach der Ehelichung des Marquis von Villaverde ostentativ einen Hang zum Luxus entwickelte und damit Aufsehen und Unmut erregte, keine besondere Neigung zu einem ausschweifenden Lebensstil nachgesagt. Trotz aller hierzu kontrovers geführten Diskussionen kommt die Charakterisierung von Fontana der Realität möglicherweise recht nahe:

»Franco, Militär und Beamter durch und durch, war die Anfälligkeit für ökonomische Anreize völlig fremd. […] Die Annehmlichkeiten, die ihm die Stellung als Staatschef boten, überstiegen bei weitem das nicht besonders ausgeprägte eigene Bedürfnis zur Befriedigung von Neigungen. […] Außerdem pflegte er keinerlei ästhetischen Liebhabereien, die ihn etwa zur Sammlung von Kunstwerken getrieben hätten, und sein spartanisches Gemüt bedingte, dass er jeglicher Disposition entbehrte, die die Menschen dazu bringt, nach Geld zu streben, darüber zu verfügen und es zu horten«.[12]

Francos große Leidenschaft war indes die Fischerei und vor allem die Jagd, denen er zeitlebens frönte und die gerne als Ventil für die Aggressivität eines Mannes beschrieben werden, der im Grunde schüchtern veranlagt und gezwungen war, stets Haltung zu bewahren. Allerdings muss in dieser Beschäftigung wohl vor allem die Möglichkeit erkannt werden, die sich Franco unter Verweis auf seine Leistungen auf diesem Gebiet bot, um die eigene Großartigkeit allseits sichtbar zu machen.[13] Einladungen zu Gesellschaftsjagden entwickelten sich darüber hinaus zu legendären Tummelplätzen der Günstlings- und Vetternwirtschaft.[14] Hierzu notierte Francos Cousin über ein Gespräch mit einem konsternierten General Muñoz Grandes:

> »Er erzählte mir von den Jagden, die zu Jahrmärkten für Geschäfte werden. Unter dem Vorwand, Seine Exzellenz erheitern zu wollen, geht es im Grunde um die Erlangung von Importlizenzen aller Art; die Nähe zu Seiner Exzellenz wird regelrecht gehandelt, um Einfluss vorzugeben und auf diese Weise weniger Abgaben zahlen zu müssen, Strafen erlassen zu bekommen und Ähnliches zu erreichen«.[15]

In diesem Zusammenhang ist auch viel über Nepotismus im Umfeld Francos geschrieben und dabei nicht zuletzt auf den Einfluss seiner Ehefrau verwiesen worden. So beklagte sich bereits in der Frühphase der Diktatur ein ernüchterter Serrano Súñer bei Ciano über den »unheilvollen Einfluss«, den Carmen Polo auf ihren Mann ausübe. Franco sei von nichtigen Leuten umgeben, die in El Pardo eine Atmosphäre schufen, die einer Parodie des alten königlichen Hofes gleiche.[16] Freilich beschränkte sich die Günstlingswirtschaft und die Bevorzugung von nahen Angehörigen keinesfalls auf Franco, sondern muss vielmehr als endemisch im Regime bezeichnet werden.

Das Kräftefeld innerhalb des Regimes lässt sich über die Jahre gerade an der Zusammensetzung des Ministerrates besonders gut ablesen. Nachdem die 1936 gebildete Technische Junta noch aus Fachleuten zusammengesetzt war, zeigt sich die Machtbalance bereits in dem Ende Januar 1938 gebildeten ersten regulären Ministerrat. Darin waren bei einer starken Präsenz des Militärs, das tendenziell monarchistisch eingestellt war, auch Mitglieder der *Falange*, mit Pedro Sainz Rodríguez ein erklärter Gefolgsmann von Alfons XIII. und mit Graf Rodezno ein herausragender Repräsentant des Karlismus vertreten. Dabei wurden die Ressorts tendenziell nach den jeweiligen Interessensfeldern der »Familien« verteilt. So waren in diesem ersten Kabinett Militärs für Fragen der Verteidigung und inneren Sicherheit zuständig, während die *Falange* die Bereiche der Landwirtschaft und der Arbeit übernahm. Die Ressort- und Machtverteilung stand freilich nicht allein im Zeichen des Proporzes. Vielmehr spiegelten sich hierin auch internationale Einflussfaktoren. So avancierte Ramón Serrano Súñer gerade angesichts der von den Achsenmächten ausgehenden Dynamik zur zentralen Figur innerhalb der Regierung. Auch die Ernennung von Alberto Martín Artajo im Jahr 1945 zum Außenminister stellte in erster Linie einen außenpolitischen Schachzug dar.

Die von Franco beförderte Stärkung falangistischer Elemente, auch über das Jahr 1945 hinaus, stellte aber nicht zuletzt ein Gegengewicht zu den starken monarchistischen Tendenzen innerhalb seines Regimes und vor allem in den Reihen der Generalität dar, die im Endeffekt gegen seinen persönlichen Herrschaftsanspruch zielten. Kronprinz Juan de Borbón hatte noch im Bürgerkrieg mehrmals versucht, auf der Seite der Nationalisten am Kriegsgeschehen teilzunehmen. Das erste Mal, im August 1936, war er auf Befehl des erklärten Republikaners Mola ausgewiesen worden. Ende des Jahres wiederum weigerte sich Franco, dem Kronprinzen die Genehmigung zu erteilen, auf einem Kriegsschiff Dienst zu tun. Franco erklärte einige Monate später in einem Interview, er habe damit das Leben des Prinzen nicht in Gefahr bringen wollen; die Vermutung liegt jedoch nahe, dass er eine Stärkung des monarchistischen Lagers vermeiden wollte, das in ihm lediglich einen Generalissimus und Staatschef für die Zeit des Krieges sah, nach dessen Ende die Restauration der Monarchie zu erfolgen hätte.

Gleichwohl vermied es Franco auch in den Jahren der forcierten faschistischen Umgestaltung des Regimes, sich offen gegen die Monarchisten und die Monarchie zu stellen. In einer für ihn typischen Weise blieb er in dieser Frage vielmehr syphinxartig:

> »Zu diesem Thema sind meine Präferenzen seit sehr langem bekannt, doch jetzt ist zunächst einmal allein daran zu denken, den Krieg zu beenden. Danach müssen die Folgen des Krieges beseitigt und dann muss der Staat auf eine solide Grundlage gestellt werden. [...] Zwischenzeitlich kann ich nicht als Übergangsfigur gelten«.[17]

Franco hütete sich davor, sich festzulegen. In diesem Sinne war zwar noch 1936 die rot-gelb-rote Fahne der Monarchie als Staatsflagge wiedereingeführt worden, allerdings ohne das ursprünglich darin enthaltene königliche Wappen.

Monarchisten wie Antonio Goicoechea, Pedro Sainz Rodríguez und Eugenio Vegas Latapie, oder Generäle wie Kindelán und Varela, die über hohes Prestige innerhalb der Streitkräfte verfügten, sollten angesichts dieser als hinhaltend wahrgenommenen Taktik alsbald mit Kritik reagieren. Vor allem aber wuchsen die Spannungen zwischen der monarchistischen Generalität und der *Falange*. Sie führten bereits im Mai 1941 zu einer ernsten Regierungskrise. Die dabei erfolgte Neubesetzung des Postens des Innenministers mit Oberst Valentín Galarza und die Entlassung enger Mitarbeiter Serrano Súñers aus diesem Ministerium wird vor allem als Schwächung der Position von Francos Schwager gedeutet. Gleichzeitig achtete Franco jedoch sorgsam darauf, keine der »Familien« sichtbar zu benachteiligen. So war die numerische Präsenz der *Falange* im Kabinett, wenngleich nicht unbedingt jene von Parteigängern Serrano Súñers, sogar gewachsen. Entscheidend war indes, dass sich die neu ernannten, so auch Oberst Galarza, durch Loyalität gegenüber

Franco auszeichneten und damit dessen Machtposition sicherten. Mit dieser Umbesetzung war allerdings das Kernproblem, das Spannungsverhältnis zwischen den Streitkräften und der *Falange*, nicht gelöst. Der Konflikt entbrannte entsprechend kurz darauf erneut im Zusammenhang mit der Ankündigung der Aufstellung der »Blauen Division«, die durch die *Falange* als eigenes militärisches Projekt verstanden wurde. Dies stieß auf den Widerspruch der Heeresleitung, die hierin vor allem eine Einmischung in die eigenen Kompetenzen sah.

Der Konflikt zwischen monarchistischen Militärs und der *Falange* erreichte schließlich im August 1942 mit dem durch Mitglieder der Einheitspartei gegen die Besucher einer Seelenmesse zu Ehren der spanischen Könige in der Wallfahrtskapelle von Begoña gerichteten Bombenattentat einen sich gewaltsam entladenden Höhepunkt. Heeresminister General Varela, der sich unter den Teilnehmern befunden hatte, blieb zwar unverletzt; auf seine aufgebrachte Reaktion, indem er das Attentat als Angriff gegen die Institution der Streitkräfte deutete, dem eine grundlegende Kurskorrektur gegenüber der *Falange* zu folgen habe, verhielt sich Franco in der für ihn als typisch bezeichneten Weise: Er ließ sich weder durch die Forderungen noch durch eine Rücktrittsdrohung Varelas aus der Ruhe bringen, nahm vielmehr den Rücktritt an, entließ aber auch den für die innere Sicherheit zuständigen Innenminister Galarza. Um die aufgebrachten Monarchisten zu beruhigen, schasste er darüber hinaus Serrano Súñer, der in den Vorfall nicht verwickelt gewesen war und damit zum Sündenbock wurde. Damit waren sowohl die Exponenten, die für eine Restauration sowie vor allem jene, die für die faschistische Umgestaltung des Regimes standen, geschwächt aus dem Konflikt hervorgegangen.

Der Proporz wurde wiederum dadurch wiederhergestellt, dass der monarchistisch eingestellte, aber die Autorität Francos nicht infrage stellende Graf Jordana zum zweiten Mal das Außenministerium, General Carlos Asensio als treuer Gefolgsmann Francos das Heeresministerium und der politisch nicht ambitionierte Falangist und Jurist Blas Pérez

González das Innenministerium übernahmen. Bezeichnenderweise hatte sich der Zorn der Monarchisten gegen Serrano Súñer als *bête noire* und nicht gegen Franco gerichtet, der in diesem Machtkampf im Hintergrund geblieben war. Vor allem aber hatte mit Serrano Súñer jemand die politische Bühne dauerhaft verlassen müssen, der für eigenständige Positionen und politische Visionen stand und damit letztlich auch eine potentielle Gefahr für den alleinigen Führungsanspruch Francos dargestellt hatte. Alternative Interpretationen des Ergebnisses dieser Regierungskrise, wonach Franco bereits zu diesem Zeitpunkt zur Überzeugung gelangt sei, dass die Achsenmächte den Krieg verlieren würden und demnach der Faschisierung ein Riegel vorgeschoben werden müsse, entbehren einer dokumentarischen Grundlage.

Für Preston stellt die Lösung dieser Krise die Reifeprüfung in Francos Herrschaftsausübung dar. Sie sei die wichtigste der gesamten Diktatur gewesen. Damals habe der Diktator das Gleichgewichtsspiel der politischen Kräfte zur Sicherung der eigenen Macht perfektioniert, zu dem gerade das Abstrafen beider miteinander im Streit liegenden Gruppierungen gehörte, ohne eine der Seiten dabei entscheidend zu schwächen.[18] Der Sturz von Serrano Súñer bedeutete jedenfalls nicht das Ende der Präsenz der *Falange*. Nun rückte aber mit dem im Zuge der Krise von 1941 zum Generalsekretär ernannten José Luis de Arrese jemand an die Spitze der Partei, der die Autorität Francos nicht infrage stellte und bereit war, die *Falange* dem Willen des Diktators zu unterwerfen.

Der Monarchismus gewann allerdings angesichts der sich zu den Alliierten neigenden Wagschale im Kriegsgeschehen weiter an Aufwind. Öffentliche Äußerungen der Unzufriedenheit verschiedener Generäle zogen zwar nach sich, dass den Kritikern das Truppenkommando entzogen wurde und in der Folge verstärkt Kommandeure wie Moscardó oder Yagüe in den Vordergrund traten, denen eine achsenfreundliche Haltung nachgesagt wurde. Diese Umbesetzungen konnten jedoch den wachsenden Druck der Monarchisten letztlich nicht entscheidend abbauen. Gleichzeitig vermied es Franco, sich mit dem Thronprätendenten zu überwerfen, der seinerseits immer wieder aufs Neue seinen dynastisch begründeten Anspruch auf die Krone betonte und die Rückkehr zur monarchischen Staatsform forderte.

Franco blieb seinerseits bei der Grundhaltung, wonach er sich selbst als das legitime Staatsoberhaupt betrachtete, nachdem er Spanien in einem nationalen Befreiungskrieg vom schweren Erbe entledigt habe, das nicht nur die Zweite Republik sondern darüber hinaus die liberal-demokratische Monarchie von Alfons XIII. dargestellt hätten. Er stelle keinesfalls eine vorübergehende Erscheinung dar, und es gehe auch nicht um eine Rückkehr zur bourbonischen Monarchie. Allenfalls sei, so Franco im Mai 1943 gegenüber dem Kronprinzen, die Etablierung einer Monarchie auf der Grundlage des Neuen Staates vorstellbar.[19]

Symptomatisch ist in diesem Zusammenhang auch die Reise, die Franco im Frühjahr 1943 durch Andalusien unternahm. Sie fand bezeichnenderweise nur wenige Tage nach dem mit weit über tausend Gästen gesellschaftlichen Großereignis in Sevilla statt, zu dem der Herzog von Alba als ranghöchstes Mitglied des spanischen Adels und bedingungslosem Monarchisten anlässlich der Einführung seiner Tochter in die Gesellschaft eingeladen hatte. Auf der gleichen symbolischen Ebene bewegte sich die feierliche Messe, die im Februar jenes Jahres am Todestag von Alfons XIII. im Beisein Francos zu Ehren der spanischen Könige im Escorial erstmals abgehalten wurde. Franco zeigte damit Gesten, blieb aber letztlich sybillinisch.

Der Druck der Monarchisten nahm indes weiter zu, wuchs doch gleichzeitig die Sorge, dass mit dem sich nun abzeichnenden Sieg der Alliierten das durch Franco und die *Falange* als faschistisch stigmatisierte Spanien noch in den Strudel des Unterganges hineingezogen werden könnte. Im Juni 1943 wandten sich 27 Mitglieder des Ständeparlaments *Cortes* schriftlich an den Diktator mit der Aufforderung der Rückkehr zur Monarchie noch vor Kriegsende. Franco, der keine offene Opposition duldete, reagierte umgehend. Alle

Unterzeichner wurden ihres Amtes als *Procuradores* enthoben.

Wenige Wochen später erreichte die Krise einen weiteren Höhepunkt. Inmitten von Verschwörungsgerüchten, wonach im Militär ein Putsch gegen Franco geplant würde,[20] wandten sich Mitte September acht Offiziere im höchsten Generalsrang – fünf von ihnen hatten sogar im Jahr 1936 Franco zum Generalissimus und Staatschef mit erhoben – schriftlich an den Diktator und forderten ihn mit Nachdruck auf, der Monarchie den Weg zu ebnen.[21] Franco reagierte in dieser für ihn tatsächlich bedrohlichen Lage mit größerer Vorsicht als im Fall der *Procuradores*: Er ließ zunächst einige Tage verstreichen und empfing die Generäle dann einzeln. Dabei beteuerte er zwar Verständnis für den vorgetragenen Wunsch, verwies jedoch gleichzeitig auf die vielen Fragezeichen, die der Krieg unverändert aufzeige und die kein vorschnelles Handeln anrieten. Zudem zeigte sich, dass innerhalb der Generalität keine Einigkeit bestand. Franco konnte sich auf im Dienstalter jüngere Kommandeure wie Yagüe, Muñoz Grandes oder auch Moscardó, und nicht zuletzt auf die drei Minister der Teilstreitkräfte Asensio, Vigón und Moreno unverändert verlassen.

Der Druck nahm indes im Laufe des Jahres 1944 weiter zu. So mahnte der Thronprätendent unverdrossen die Rückkehr zur Monarchie als einzigen Weg an, um auch über das Kriegsende hinaus Stabilität und Ordnung in Spanien gewährleisten zu können. Der Kronprinz – und nicht nur er – hielt es für ausgeschlossen, dass das Franco-Regime den Untergang der Achsenmächte überstehen könnte. Mit Franco an der Spitze würde das Land unweigerlich in Chaos und Gewalt stürzen.[22] Hinzu kam, dass auch die Alliierten den Druck erhöhten. Während Washington mit der moderaten republikanischen Opposition liebäugelte, befeuerte der britische Botschafter Hoare die Bestrebungen monarchistischer Kreise.

Franco gab sich jedoch nach außen undurchdringbar und unbeeindruckt. Hierbei wird ihm gerne eine Mischung aus Naivität, Machtbesessenheit und Selbstgefälligkeit attestiert, die seine Zeitgenossen zutiefst verwunderte und verstörte. Der um Sachlichkeit bemühte Biograph Brian Crozier stellte hierzu fest:

> »Nicht, dass es ihm an Intelligenz mangelte, aber es ist eine berechnende Intelligenz, mit Schläue vermischt, aufs Praktische gerichtet, auf die Erringung von Siegen und der Bewahrung der Macht, und sie drückt sich viel weniger in Beiträgen zur politischen Theorie aus«.[23]

Franco stellte sich unter Verweis auf die Partisanenkämpfe in Griechenland und Jugoslawien als den besten Garanten für Stabilität und Ordnung dar und ließ keinen Zweifel daran, dass er nicht bereit war, sich zurückzuziehen. Den Thronprätendenten ermahnte er wiederum, die Lage in Spanien nicht aus eigennützigen Interessen zu destabilisieren.[24] Der Einfall von einigen Tausend kommunistischen Untergrundkämpfern im katalanischen Pyrenäengebiet im Herbst 1944, die darauf hofften, einen landesweiten revolutionären Aufstand zu entfachen, sowie weitere Guerillatätigkeit im inneren des Landes wirkten wie Wasser auf die Mühlen Francos, konnte er doch damit warnend vor Augen führen, dass ein Regimewechsel ein hohes Risiko barg, im Endeffekt die Rückkehr zur Anarchie bedeuten und letztlich wieder in einen Bürgerkrieg münden würde.

Die fehlende Solidarisierung der Bevölkerung mit der Guerilla und die rasche Niederwerfung der Eingedrungenen zeigten wiederum dem Ausland, dass Franco die Lage im Griff hatte. In der von Bürgerkrieg und schwerer Nachkriegszeit gezeichneten Bevölkerung war kein besonderer Wille zu spüren, das Regime gewaltsam überwinden und damit vielleicht wieder einen Bürgerkrieg riskieren zu wollen.

Francos unbedingter Durchhaltewille und seine Aufrufe, nicht nur einer kommunistischen, sondern auch einer von London und Washington aus gelenkten freimaurerischen Subversion zur Wiederherstellung der Monarchie des Liberalismus zu trotzen, erzielten die erhoffte Wirkung. Letztlich wagten die monarchistischen Generäle nicht, das mit einem

Aufstand verbundene Risiko einzugehen. Zudem war der Diktator durch die Rede Churchills Ende Mai 1944 in seiner Haltung bestärkt worden, hatte der britische Premier doch darin nicht nur seine Hoffnung auf eine stabilisierende Rolle Spaniens im westlichen Mittelmeerraum zum Ausdruck gebracht, sondern auch noch klargestellt, dass sich London nicht in innerspanische Angelegenheiten einmischen würde. Die Fotos der geschändeten Leichname Mussolinis und seiner Geliebten Claretta Petacci bestärkten Franco zweifellos zusätzlich in seiner Überzeugung, keinesfalls die Macht abzugeben. So soll er im Herbst 1945 festgestellt haben: »Ich werde nicht jene Dummheit begehen, die Primo de Rivera gemacht hat. Ich trete nicht zurück. Von hier aus geht es ohne Umwege auf den Friedhof«.[25]

Den Epilog in dieser Auseinandersetzung zwischen Franco, den Monarchisten und dem Thronprätendenten bildete die Mitte Februar 1945 erfolgte öffentliche Distanzierung des Kronprinzen von Franco: Das »Manifest von Lausanne« verurteilte die totalitären Wurzeln und die enge Verbundenheit des Franco-Regimes mit den Achsenmächten und mahnte die Errichtung eines freiheitlich-demokratischen Gemeinwesens an. Zudem rief der Thronprätendent dazu auf, Franco die Gefolgschaft zu verweigern.[26] Das erhoffte Echo blieb nahezu vollständig aus. Einer der wenigen, die dem Aufruf Folge leisteten, war der Herzog von Alba, der damit den schon seit längerem angekündigten Rücktritt von seinem Posten als Botschafter in London vollzog. Dass kaum jemand im Sinne des Manifests reagierte, lag aber wohl weniger an der Treue zu Franco oder an der fehlenden monarchistischen Gesinnung. Vielmehr hatte der Thronprätendent in Hoffnung auf die Rückendeckung durch London und Washington die Wiederherstellung von Menschenrechten, politischen Freiheiten, eines demokratischen politischen Systems sowie die Anerkennung der regionalen Diversität versprochen. All das waren jedoch genau jene Umstände, gegen die sich der Putsch von 1936 und die ihn stützenden Kräfte gerichtet hatten. Im Grunde waren die Monarchisten mit der bestehenden politischen Situation, bis auf den fehlenden König, zufrieden. Letztlich stellte Franco da das kleinere Übel dar.

Wenngleich Franco durch das Manifest, wie er später wiederholt bemerkte, zutiefst gekränkt war, vermied er es dennoch weiterhin, das Tischtuch zu zerschneiden. Der Monarchismus blieb nämlich auch über das Kriegsende hinaus eine der zentralen Kräfte innerhalb des Regimes. Vor diesem Hintergrund kündigte Franco noch im Jahr 1945 an, Spanien als Monarchie zu verfassen. Gleichzeitig ließ er aber auch keinen Zweifel daran, dass eine künftige Monarchie den Prinzipien des *Neuen Spanien* verpflichtet zu sein habe. Das Tauziehen zwischen dem Prätendenten, seinen Anhängern und Franco ging somit weiter.

Der Thronprätendent erhöhte daraufhin seinerseits den Druck, indem er im Februar 1946 seinen Wohnsitz nach Estoril bei Lissabon verlegte. Dieser Schritt sowie seine Weigerung, spanischen Boden zu betreten, solange Franco an der Macht sei, hatten hohe Symbolkraft. Das wurde deutlich, als 458 Mitglieder des Establishments, darunter ehemalige Minister und höchste Repräsentanten aus Wirtschaft und Gesellschaft, ein kollektives Schreiben unterzeichneten, mit dem der Kronprinz auf der Iberischen Halbinsel willkommen geheißen wurde und der Wunsch nach einer Restauration in seiner Person zum Ausdruck kam. Für Franco war dieses Schreiben ein unerhörter Affront, und in seinem militärischen Verständnis von Herrschaft kam dieser Akt einer Rebellion gleich. Zudem stand für ihn fest, dass sich dahinter eine freimaurerische Verschwörung verbarg, die wiederum durch die Londoner Regierung befeuert wurde, um Spanien Schaden zuzufügen.[27] Dennoch waren Franco angesichts des Kräfteverhältnisses die Hände gebunden, und er konnte gegen die Monarchisten letztlich nicht in der gleichen Weise vorgehen, wie gegen die kommunistische Untergrundbewegung.

Insgesamt betrachtet reagierte Franco sogar mit verhältnismäßig großer Nachgiebigkeit auf Parteigänger, die sich von ihm abwandten oder gar gegen ihn stellten. So hatte General Queipo de Llano frühzeitig keinen Hehl aus seiner Antipathie gegenüber Franco gemacht. Als er dann auch noch konspirativ tätig wurde, enthob ihn Franco Ende Juli 1939 zwar seines Truppenkommandos in Sevilla, doch beschränkten sich die weiteren Maßnahmen darauf, ihn mit einer inhaltslosen Militärmission in Rom zu betrauen, dort unter Beobachtung zu stellen und damit von den politischen Machtzirkeln fernzuhalten. Auch der 1937 zunächst zum Tode verurteilte Falangistenführer Manuel Hedilla verbrachte »lediglich« einige Jahre in Haft sowie darüber hinaus in der Verbannung auf einer der Baleareninseln. Franco trat aber vor allem der Kritik aus den Reihen der Monarchisten mit besonderer Vorsicht entgegen. So wurde General Kindelán, der über viele Jahre hinweg im Mittelpunkt der Restaurationsbestrebungen und monarchistischer Verschwörerkreise stand, zwar auch das Truppenkommando entzogen, doch anstelle einer Inhaftierung vorübergehend auf eine der kanarischen Inseln verbannt. Widersacher wie Fal Conde oder Gil Robles mussten ebenfalls zeitweilig den Weg in die Verbannung antreten. Der Monarchist José Antonio de Sangróniz wurde wiederum mit einem Botschafterposten in Lateinamerika vom Machtzentrum ferngehalten.

Mit dem Ende März 1947 verkündeten Nachfolgegesetz wurde Spanien schließlich offiziell als Monarchie verfasst. Damit schritt Franco auf dem vorgezeichneten Weg voran. Hierzu gehörte vor allem, dass er sich vorbehielt, seinen Nachfolger im Rang eines Königs oder einen Regenten frei zu bestimmen. Zudem wurde im Gesetzestext vorgeschrieben, dass ein Nachfolger den Prinzipien der »Nationalen Bewegung« verpflichtet zu sein habe. So wurde noch einmal klar, dass es nicht darum ging, der bourbonischen Restauration den Weg zu ebnen, sondern vielmehr um die Schaffung einer neuen Monarchie auf der Grundlage von Francos *Neuem Spanien*.

Ein Anfang Juli 1947 durchgeführtes Referendum zielte wiederum darauf ab, das Nachfolgegesetz und damit vor allem das bestehende Regime plebiszitär zu legitimieren. Wenngleich der Kontroll- und Unterdrückungsapparat der Diktatur, die massive Propaganda, die starke Unterstützung durch die Kirche sowie Wahlbetrug ein überwältigendes Ergebnis sicherstellten, geht die Forschung davon aus, dass Franco zu diesem Zeitpunkt tatsächlich eine verhältnismäßig breite Unterstützung in der Bevölkerung genoss.[28] Er verbuchte jedenfalls einen enormen propagandistischen Sieg und nahm der monarchistischen Opposition weiteren Wind aus den Segeln. Ein ernüchterter General Kindelán schrieb unter dem Eindruck des Plebiszits an den Kronprinzen:

> »Man erzählt mir, Franco befinde sich in einer höchst euphorischen Stimmung. Dieser Mann hat die beneidenswerte Eigenschaft, all das anzunehmen, was ihm passt, und alles Unangenehme zu negieren oder zu vergessen. Außerdem ist er trunken von den Schmeicheleien und dem Beifall. So hat ihn der Hochmut erfasst, und er ist von der Macht besessen, entschlossen, sich mit Zähnen und Klauen daran zu klammern und dafür alles nur Erdenkliche zu opfern. Viele halten ihn für pervers oder bösartig. Ich glaube das nicht. Er ist verschlagen und gerissen, und ich glaube, dass er in der Überzeugung handelt, dass sein persönliches Schicksal und das Spaniens wesensgleich sind und Gott ihn an die Stelle gesetzt hat, um Großes zu vollbringen«.[29]

Letzteres nahmen auch ausländische Beobachter so wahr.

Wenngleich sich damit die Fronten zwischen Juan de Borbón, der die Illegitimität des Nachfolgegesetzes brandmarkte, und Franco, der mit einer Diffamierungskampagne und dem Vorwurf der Freimaurerei darauf reagierte, weiter verhärteten, rissen die Kontakte zwischen beiden auch jetzt nicht ab. Im Endeffekt waren sie aufeinander angewiesen: Franco musste Rücksicht auf die Befindlichkeit im eigenen Land nehmen, und der Thronprätendent hoffte angesichts der zunehmenden Stabilität des Regimes auf eine Evolution in seinem Sinne. So kam es Ende August 1948 sogar zum ersten persönlichen Treffen, das bezeichnenderweise nicht auf dem Festland, sondern auf der Jacht Francos vor der Küste von San Sebastián in der Biskaya stattfand.

Das wichtigste Ergebnis der Unterredung war die Übereinkunft, den zehnjährigen ältesten Sohn des Thronprätendenten, den Prinzen Juan Carlos, unter der Obhut Francos in Spanien erziehen zu lassen. Während der Bourbone damit ein Zeichen setzte, ohne die Diktatur als legitim anzuerkennen, erzielte Franco einen wichtigen Erfolg, wurde doch damit deutlich, dass der Thronprätendent keinen Weg sah, die Restauration ohne Einbindung Francos zu erreichen. Damit wurden wiederum jene Monarchisten wie Gil Robles vor den Kopf gestoßen, die unverändert an einen Neuanfang glaubten und hierzu sogar eine Übereinkunft mit politischen Kräften im Exil anstrebten.

Für Franco stand außer Frage, dass Prinz Juan Carlos, der im November 1948 auf spanischem Boden eintraf, die Prinzipien der Diktatur zu verinnerlichen hatte. »Es kann keine Monarchie außerhalb der nationalen Bewegung geben«, bekräftigte Franco einige Jahre später noch einmal gegenüber dem Thronprätendenten, der nun vor allem mit dem Titel des Grafen von Barcelona in Erscheinung trat.[30] Zudem ließ Franco weiterhin keinen Zweifel daran, dass er weder die Absicht hatte, das Regiment in absehbarer Zeit abzugeben, noch sich verpflichtet fühlte, den Prinzen Juan Carlos tatsächlich zu seinen Nachfolger zu bestimmen. Vielmehr ließ er immer wieder durchblicken, dass er auch mögliche Kandidaten anderer Linien der Bourbonen in Betracht zog, und er soll sogar beim österreichischen Kaisersohn Otto von Habsburg in diesem Sinn angefragt haben. Mit der Geburt von Francos Enkel Ende 1954, der nach einem den *Cortes* zur Abstimmung vorgelegten Antrag zur Änderung der Reihenfolge der Nachnamen Francisco Franco hieß, wurden darüber hinaus Spekulationen über die mögliche Absicht Francos genährt, die Monarchie innerhalb der eigenen Familie begründen zu wollen.

Bei aller zunehmenden Präsenz der Monarchisten stellte die *Falange* auch nach dem Ende des Zweiten Weltkrieges einen zentralen Machtfaktor im Regime dar. So war sie im Zuge der Kabinettsumbildung des Jahres 1945 an der Spitze der Ministerien für Inneres, Justiz, Arbeit und Landwirtschaft vertreten und übte auf diese Weise nicht zuletzt die Kontrolle über die Polizei, Erziehung, Presse und somit über die Zensur aus. Die Einheitspartei, die nun vor allem unter der Bezeichnung »Nationale Bewegung« in Erscheinung trat, war nach dem Ende der faschistischen Etappe mehr denn je eine Franco treu ergebene Organisation, die ein Gegengewicht zu den Monarchisten bildete. Darauf wollte Franco keinesfalls verzichten. Entsprechend widersetzte er sich auch katholischen Kreisen um Außenminister Alberto Martín Artajo, die danach strebten, das Regime auf eine rein römisch-katholische Grundlage zu stellen.[31]

Francos Berücksichtigung des Kräftegleichgewichts kam auch in der Regierungsumbildung des Jahres 1951 zum Ausdruck: Die »Nationale Bewegung« war unverändert stark im Ministerrat vertreten. So ging das neu geschaffene Amt des Informationsministers, der auch für die Zensur zuständig war, an den Falangisten Gabriel Arias Salgado, der bereits im Zweiten Weltkrieg die Zensurabteilung geleitet hatte. Auch in Wirtschaftsfragen blieb alles beim auf die Erreichung der Autarkie ausgerichteten Kurs, nachdem das Portefeuille für Industrie Joaquín Planell übernahm, ein General, der eng mit dem staatlichen Industrieplanungskonsortium INI verbunden war, und der bisherige Industrie- und Wirtschaftsminister Suanzes, der schon seit Gründung des INI im Jahr 1941 das Konsortium leitete, in diesem Amt bestätigt wurde. Zudem war die *Falange* mit ihrem Generalsekretär Raimundo Fernández Cuesta erstmals seit 1945 wieder als Organisation im Kabinett vertreten. Die Verbesserung der Beziehungen zum Thronprätendenten und zu den Vereinigten Staaten fand in der Regierungsbildung keine sichtbare Entsprechung.

Das katholische Lager wurde wiederum nicht zuletzt angesichts der laufenden Konkordatsverhandlungen mit einem engen Vertrauten von Artajo, Joaquín Ruiz Giménez, als Erziehungsminister verstärkt. Die Verhandlungen mit den Vereinigten Staaten über das Basenabkommen lagen dagegen maßgeblich in den Händen des Militärs. Hierzu gehörte der ehemalige Kommandeur der »Blauen Division«, General Agustín Muñoz Grandes, als neuer Heeresminister, der bezeichnenderweise völlig unbekümmert mit dem ihm von Hitler persönlich verliehenem Ritterkreuz zu Gesprächen in Washington erschien. Luis Carrero Blanco wiederum war längst zu Francos engstem Mitarbeiter geworden und erhielt nun als Staatssekretär im Amt des Regierungschefs ebenfalls Kabinettsrang. Er zeichnete sich durch bedingungslose Loyalität, einen unermüdlichen Arbeitseinsatz und völlige Kongruenz mit Franco in grundsätzlichen politischen sowie weltanschaulichen Fragen aus. Als graue Eminenz des Regimes genoss er bis zu seinem gewaltsamen Tod Ende 1973 das volle Vertrauen des Diktators.[32]

Die seit Errichtung der Diktatur bestehenden Spannungsfelder zwischen den verschiedenen »Familien« des Regimes und vor allem zwischen den Monarchisten und der *Falange* blieben damit auch über die Jahre hinweg bestehen. So richtete sich in Falangekreisen der Unmut gegen die sukzessive Stärkung des monarchistischen Erscheinungsbildes. Im November 1955 kam es hierbei zu einem Eklat, als Franco zu den Feierlichkeiten zu Ehren des Falangegründers in einer Militäruniform anstatt in der Uniform der *Falange* erschien und in der Folge aus den Reihen der angetretenen Falangeabteilungen empörte Schmährufe ertönten.

Im Februar 1956 kam es schließlich im Zuge zunehmender Forderungen innerhalb der Madrider Studentenschaft nach einer Liberalisierung des Regimes und der hieraus resultierenden Konfrontation mit dem Studentenbund SEU als korporativer Vertretung der Studierenden zu einer gewaltsamen Auseinandersetzung, die den Grad der Unzufriedenheit innerhalb der *Falange* über den letztlich schwindenden politischen Einfluss offenbarte. Auf die nach der Schussverletzung eines Falangisten drohende Eskalation der Lage, die selbst höchste Militärkreise in Alarmbereitschaft versetzte, reagierte Franco zunächst einmal mit Verhaftungen und der vorübergehenden Schließung der Universität. Bezeichnend sind jedoch die personellen Konsequenzen auf politischer Ebene. So wurde einerseits der Generalsekretär der *Falange* seines Amtes enthoben unter dem Vorwurf, seine Leute nicht unter Kontrolle zu haben. Zudem verlor aber auch Ruiz Giménez sein Ressort als Erziehungsminister, da er für die Studentenunruhen verantwortlich gemacht wurde. Damit wurden, wie etwa schon im September 1942, beide im Konflikt miteinander stehenden Fraktionen abgestraft.

Auch der neuerlich ernannte Generalsekretär der *Falange*, José Luis de Arrese, der das Amt schon im Zweiten Weltkrieg inne gehabt hatte, versuchte, sich gegen die restaurativen Tendenzen zu stemmen. Dabei erfuhr er durchaus die Unterstützung Francos, der dem Generalsekretär die Fortführung der bereits dem Vorgänger aufgetragenen Ausarbeitung eines Grundgesetzes übertrug, das den Aufbau des Staates und des politischen Systems definieren sollte. Der Projektentwurf von Arrese zielte auf die Errichtung eines durch den Nationalrat der *Falange* dominierten Regimes und legte sogar die Nachfolgefrage in die Hände der *Nationalen Bewegung*. In diesem Entwurf wurde die Monarchie als Staatsform nicht einmal mehr erwähnt. Damit zeigt sich, dass Franco noch Mitte der 1950er Jahre an dem am Faschismus angelehnten Modell des *Neuen Spanien* festhielt. Allerdings lief dieses Modell der gesellschaftlichen Entwicklung im Lande in eklatanter Weise zuwider, die vielmehr zu einer wirtschaftlichen und politischen Liberalisierung des Systems drängte.

Als Erklärung dieser bemerkenswerten Hartnäckigkeit könnte die häufig zu lesende Charakterzuschreibung angeführt werden, wonach Franco ein Mann »hausbackener Ideen« war und meist kein tiefer gehendes Verständnis für Probleme hatte.[33] Hiervon abgesehen, ist die Hinwendung zur *Falange* sicherlich als Gegengewicht zu den mit wachsender Ungeduld agierenden Monarchisten zu verstehen. So erging sich Franco auf einer Reise durch Andalusien im Frühjahr 1956 in Lobliedern auf die durch die *Falange* verkörperte Grundordnung und pries diese als wegweisend sowie konkurrenzlos im Vergleich »mit den besten bekannten oder vorstellbaren Regimes«.[34] Wenige Tage später richtete er die Speerspitze sogar explizit gegen die Monarchisten:

»Es ist im Sinne aller, dass das, wofür die *Falange* steht, die feste Grundlage für das Leben in unserem Vaterland bildet. Die Falange kann ohne die Monarchie auskommen. Die Monarchie aber hätte ohne die Falange keinen Bestand«.[35]

Franco griff dabei in alt bekannter Weise die Monarchie des Liberalismus als Hort der Freimaurerei an und unterstrich vor allem einmal mehr, dass die von ihm geschaffene Monarchie nicht einmal auf königliches Blut angewiesen sei. Seine Ausführungen gipfelten vielmehr in der Bekräftigung – ganz in faschistischer Manier – der Überlegenheit des aus einer historischen Ausnahmesituation hervorgegangenen *Caudillaje* als Ausdruck des kollektiven Volkswillens.[36] Als Spiegel dieser auch zehn Jahre nach Kriegsende unveränderten Geisteshaltung Francos kann ganz genauso die privat gemachte Aussage verstanden werden, wonach die Alliierten den besiegten Achsenmächten die Demokratie aufgenötigt hätten, um sie an deren Gesundung zu hindern.[37]

Alsbald regte sich jedoch von unerwarteter Seite gewichtiger Widerstand gegen die drohende Dominanz der *Falange*: Gleich drei spanische Kardinäle wandten sich Ende des Jahres schriftlich gegen das Vorhaben von Arrese und bezogen sich dabei explizit auf die gegen die NS-Diktatur gerichtete päpstliche Enzyklika »Mit brennender Sorge« aus dem Jahr 1937.[38] Franco wagte es nicht, sich gegen die Kirche zu stellen. Das Projekt wurde fallen gelassen.

Mitte der 1950er Jahre stand indes ein grundlegender gesellschaftspolitischer Richtungswechsel bevor, mit dem die bis dahin bestandenen Paradigmen obsolet wurden. Diese Zeit bildete aber auch aus einem anderen Grund eine Zäsur: Anfang April 1956 musste sich Spanien im Zuge der Unabhängigkeitsbestrebungen im französischen Teil Marokkos auch aus dem eigenen Protektorat zurückziehen. Damit war das »afrikanische Kapitel« zu Ende, das Franco ein Leben lang begleitet, ihn maßgeblich geprägt hatte und mit dem seine persönlichen imperialen Träume und Sehnsüchte verbunden gewesen waren. Im Februar 1957 besiegelten Franco und

Mohammed V. in El Pardo vertraglich das Ende der spanischen Präsenz in Marokko. Damit waren auch die Tage der exotisch anmutenden maurischen Leibgarde Francos vorbei, die zwanzig Jahre lang die »afrikanischen Wurzeln« der Diktatur versinnbildlicht hatten.

Der Herbst des Diktators

Die auf Autarkie abzielende gelenkte Wirtschaft wird maßgeblich für die sehr schleppende konjunkturelle Erholung Spaniens in den Nachkriegsjahren verantwortlich gemacht. Dirigismus, gepaart mit Missernten, bedingte zudem über viele Jahre hinweg eine katastrophale Versorgungslage sowie einen grassierenden Schwarzmarkt, von dem im Wesentlichen nur die wohlhabenden Bevölkerungsschichten profitieren konnten. Der Pro-Kopf-Verbrauch von Fleisch und Brot lag noch 1950 weit unter jenem, der vor dem Bürgerkrieg bestanden hatte. Fehlende Rohstoffe und eine unzureichende Energieversorgung hatten wiederum eine nur eingeschränkte Produktionsleistung in den Industrieregionen zur Folge. Hinzu kamen unrentable Produktionsmethoden. Fehlendes Kapital verhinderte seinerseits notwendige Investitionsmaßnahmen. Kostspielige Prestigeprojekte und hohe durch den sukzessiven Ausbau der Sozialleistungen bedingte Ausgaben der öffentlichen Hand mündeten ihrerseits in einer wachsenden Staatsverschuldung. Die chronische Unterfinanzierung des Haushalts führte wiederum zur Erhöhung der umlaufenden Geldmittelmenge und damit zur Entwertung der Währung. In der Folge reichten die Löhne häufig nicht zur Bestreitung des Lebensunterhalts aus. Selbst offizielle statistische Angaben zeigen, dass die Preissteigerung die Lohnerhöhung bei Weitem übertraf. Neben der Wirtschaftspolitik werden aber auch die Inkompetenz der Amtsinhaber sowie die fehlende Kontrolle der Ressortführung, die in Korruption und Mittelverschwendung mündeten, als Ursache der Misswirtschaft und damit der desolaten Wirtschaftslage ausgemacht.

Franco hielt trotz der sich dramatisch verschlechternden wirtschaftlichen und finanziellen Situation, an der auch die Kredite aus den USA nichts Entscheidendes ändern konnten, zunächst unbeirrt am eingeschlagenen Kurs fest. Mitte der 1950er Jahre war allerdings eine Generation fachlich ausgebildeter Nachwuchskräfte herangewachsen, die die wirtschaftspolitischen Paradigmen in Frage stellten und angesichts der sich zuspitzenden Lage ein Umdenken einforderten. Der meist als Technokraten bezeichnete Personenkreis, der nicht unbedingt einer der traditionellen »Familien« des Regimes zugeordnet werden kann und vor allem der katholischen Laienorganisation Opus Dei zugerechnet wird, sollte schließlich eine zentrale Stellung in der nun beginnenden Etappe einnehmen, in der die Lösung der strukturellen Wirtschaftsprobleme im Vordergrund stand. Der sichtbarste Exponent dieser Gruppe war der durch Carrero Blanco geförderte Verwaltungsjurist Laureano López Rodó, der als Vater des »spanischen Wirtschaftswunders« in die Geschichtsbücher eingegangen ist.

Im Kern ging es um die Zurückdrängung der dirigistischen zugunsten der kapitalistischen Wirtschaftsordnung. Auf diese Weise sollte Spanien nicht nur wirtschaftlich und finanzpolitisch stabilisiert, sondern darüber hinaus das bestehende politische System mittels einer allgemeinen Hebung des Lebensstandards zukunftsfähig gemacht werden. Auf politischer Ebene stellten die Technokraten ebenfalls die treibende Kraft dar, um das Regime auf eine kodifizierte institutionelle Grundlage zu stellen und damit dessen Fortbestand, auch über Francos Ableben hinaus, zu gewährleisten.

Mit einer grundlegenden Regierungsumbildung Ende Februar 1957 wurde nach außen sichtbar, dass eine neue Etappe begonnen hatte. Mehrere Ministerämter wurden nun mit ausgewiesenen Fachkräften besetzt. Die für die weitere Entwicklung zentralen Ressorts für Finanzen und Handel gingen an den Juristen Mariano Navarro Rubio sowie an den Wirtschaftswissenschaftler Alberto Ullastres. Beide waren Mitglieder des Opus Dei. Zwei Jahre später fiel das Industrieministerium, das sich bis dahin noch in Händen des Planwirtschaftlers Planell befunden hatte, an den Ingenieur Gregorio López Bravo, der ebenfalls Mitglied dieser Laienorganisation war. Bei einer folgenden Umbesetzung erhielt mit Manuel Lora Tamayo eine weitere dem Opus Dei nahe stehende Person ein für die Neuausrichtung relevantes Ministeramt, in diesem Fall das für Erziehung, dem zudem die Zuständigkeit für die Wissenschaft übertragen wurde. Auch in den folgenden Kabinettsumbildungen bestätigte sich die umfängliche Präsenz der Technokraten und Mitglieder des Opus Dei sowie vor allem der Einfluss von López Rodó, der ohne Ministeramt als Leiter des zentralen Planungs- und Koordinierungsbüros der Reformvorhaben die Schlüsselposition inne hatte.

Franco ließ aber ganz im Sinne des charakteristischen Kräftegleichgewichts die *Falange* auch jetzt nicht fallen. 1957 wurde sie mit den Ressorts für Arbeit, Wohnungsbau und zunächst auch Erziehung bedacht. Allerdings verlor sie nun jeglichen gestalterischen Einfluss auf das Regime und übernahm vollends die Funktion als Akklamationsorgan und als Organisation zur Einbindung der Massen. So soll Franco laut den Erinnerungen von López Rodó festgestellt haben, dass er die *Falange* brauche wie der Papst den Klerus.[1]

Die herausragende Stellung von Mitgliedern des Opus Dei bot wiederum Raum für Verschwörungstheorien, insbesondere von Seiten der *Falange*, aber auch katholischer Kreise. Die Forschung indes streicht vor allem heraus, dass das Opus Dei zwar sicherlich netzwerkartig vorging, die neuen Regierungsmitglieder aber vor allem Francos Grunderwartung einer bedingungslosen Loyalität entsprachen und aus diesem Grund derart rasch zum zentralen Machtfaktor im Regime avancierten.

Unmittelbar nach der Kabinettsumbildung des Jahres 1957 erfolgte mit der Schaffung des Amts des Ministerpräsidenten ein erster Schritt in Richtung einer Professionalisierung der Regierungsarbeit, wenngleich dessen Besetzung und somit die tatsächliche personelle Trennung der Ämter des Staats- und Regierungschefs noch viele Jahre auf sich warten lassen würde. Jedenfalls wurde damit auch ein unabhängiger bürokratischer Apparat geschaffen, der die Regierungsarbeit vorbereitete und koordinierte. Darüber hinaus wurden angesichts der wachsenden Komplexität der Regierungstätigkeit die bis dahin durch Franco (und zunehmend durch Carrero Blanco) zusammengehaltenen Fäden der Politik auf neue Ebenen problembezogener interministerieller Arbeit gezogen und diese damit versachlicht.

Ein weiterer Schritt in Richtung Institutionalisierung des Regimes erfolgte mit der Verabschiedung des *Gesetzes über die Prinzipien der Nationalen Bewegung* im Jahr 1958, das nach dem Scheitern des Projekts von Arrese nun auf Entwürfen von Carrero Blanco und López Rodó basierte. Darin wurden die doktrinären Grundlagen des franquistischen Systems festgeschrieben. Dazu gehörten die Nation als Schicksalsgemeinschaft aller Spanier, der Katholizismus als moralisches Richtmaß, sowie die Familie, Syndikate, Gemeinden als Basis der »organischen Demokratie«, einem Prinzip, das gegenüber demokratisch-liberalen Gesellschaftsordnungen als überlegen gepriesen wurde, da es auf das nationale Wohl hin und gegen Parteienzwist und sektiererische Egoismen ausgerichtet sei. Die auf diesem System basierenden *Cortes* als »zuverlässiger Gradmesser des seelischen und materiellen Zustandes der Nation«[2] entsprachen somit nicht im Entferntesten westlichen demokratischen Prinzipien. Gleichzeitig verkamen angesichts der bevorstehenden wirtschaftspolitischen Kehrtwende die Losung der »nationalen Revolution« und die Geißelung kapitalistischer Gesellschaftsordnungen vollends zur Worthülse.

Franco tat sich allerdings ungemein schwer, über den eigenen Schatten zu springen und einer Finanz- und Wirtschaftspolitik zuzustimmen, die nicht zuletzt eine enge Kooperation mit den bis dahin verteufelten internationalen Organisationen wie dem Internationalen Währungsfond und der OECD bedeutete. Vielmehr war er unverändert der Überzeugung, dass es eine seiner großen politischen Leistungen gewesen war, die Abhängigkeit Spaniens vom internationalen Kapital beendet zu haben. Franco musste mühevoll zur Einsicht gebracht werden, dass sich Spanien in einer dramatischen finanziellen Lage befand und die Situation keinesfalls aus eigener Kraft in den Griff bekommen würde. Hierzu gehörte die Beschreibung drastischer Drohszenarien wie die Rückkehr zu den Lebensmittelkarten oder zu den durch Holzvergasung betriebenen Kraftfahrzeugen. Erst eine solche Bildsprache, so zeitgenössische Beobachter, habe Wirkung gezeigt.³ Franco ließ seine Leute letztlich gewähren, doch blieb er misstrauisch gegenüber einer wirtschaftlichen Öffnung, die er als Auslieferung an ausländische Mächte verstand. Überlieferte private Äußerungen Francos zeigen unmissverständlich, dass er weiterhin der Vorstellung von der Vorherrschaft der Freimaurerei in den Vereinigten Staaten und anderen westlichen Demokratien sowie von der Überlegenheit der faschistischen Ideologie anhing.⁴ In diesem Sinn trugen Franco und Carrero Blanco die durch die Technokraten befürwortete Integration in die EWG mit großer Skepsis mit. Die Ablehnung des im Februar 1962 gestellten Assoziierungsantrages bestätigte Franco wiederum in seiner Idée fixe, wonach sich die feindlich gesinnten Kräfte wieder einmal gegen Spanien verschworen hatten.

Dieses Misstrauen gegen den neuen Kurs teilten auch andere Kräfte des Regimes und nicht zuletzt die *Falange*, deren Grollen unüberhörbar war, zumal die ersten Maßnahmen zur wirtschaftlichen Stabilisierung harte Einschnitte wie die Verminderung der öffentlichen Ausgaben und die Einfrierung des Lohnniveaus verlangten, was wiederum zunächst einmal schwerwiegende soziale Auswirkungen hatte. Bezeichnenderweise widersetzte sich Franco mit Entschiedenheit lediglich einer drastischen Kürzung der Ausgaben der Streitkräfte.⁵

Die Öffnung des spanischen Marktes für ausländische Investitionen bis hin zur Möglichkeit des Erwerbs von Mehrheitsbeteiligungen an Unternehmen bedeutete für viele eine schmerzhafte Abkehr von der Maxime des Schutzes der nationalen Wirtschaft. Letztlich aber waren die Gegner machtlos angesichts der durch eine positive Weltkonjunktur mitbedingten Erfolge der Technokraten. Die nach Spanien fließenden

Geldströme, zu denen nun auch immer stärker der Tourismus sowie die Devisenüberweisungen der ausschwärmenden »Gastarbeiter« zählten, führten in den 1960er Jahren zu einer Investitionstätigkeit und Wachstumsphase, die gerne als spanisches Wirtschaftswunder bezeichnet wird.

Rückblickend wurden dem Diktator eine außerordentliche Weitsicht und Klugheit bei der Einleitung der Wirtschaftsreformen attestiert. Zu dieser Legendenbildung hat die Propaganda des Regimes maßgeblich beigetragen. So wurde die wirtschaftspolitische Wende nicht als Bruch mit der Vergangenheit, sondern als Ausdruck von Kontinuität, Kohärenz und der Perfektionierung des Systems dargestellt. Demnach habe sie ihren eigentlichen Ursprung in der Erhebung vom 18. Juli 1936 und dem damals in Angriff genommenen Aufbau Nationalspaniens. Mit den ersten Erfolgen der neuen Wirtschaftspolitik wurden die Reformen jedoch vor allem zum persönlichen Erfolgsmodell Francos.[6] Entsprechend führte der in jenen Jahren durch Sáenz de Heredia gedrehte biographische Dokumentarfilm »Franco, ese hombre« einem Millionenpublikum das Bild der konsequenten und zielgerichteten Umsetzung eines durch den Diktator von Anbeginn angelegten Plans zur Erneuerung und Gesundung Spaniens vor Augen.

Zu den durch die Technokraten betriebenen Vorhaben zur Gewährleistung des Fortbestandes des Regimes gehörte auch, den Prinzen Juan Carlos zum Nachfolger Francos aufzubauen. In der Ablehnung seines Vaters, Juan de Borbón, waren sich die Technokraten und Franco indes einig, galt doch dessen Vorhaben, eine freiheitlich-demokratische Grundordnung wieder einzuführen, als völlig indiskutabel. So bemerkte Franco Anfang 1960:

> »Don Juan sollte verstehen, dass der blutgetränkte Bürgerkrieg nicht notwendig gewesen wäre, um am Ende alles so zu belassen, wie es während der Zweiten Republik gewesen war«.[7]

An dieser Haltung änderte sich auch in den Folgejahren nichts:

»Es ist völlig undenkbar, dass die Sieger eines Krieges den Verlierern die Macht übertragen, so tun als ob nichts geschehen sei und in diesem Fall das Rad der Geschichte bis zum Zeitpunkt der Ausrufung der unheilvollen Republik zurückgedreht wird. Das wäre ein Unding sowie ein Verrat am Vaterland und an den Toten, die in unserem Kreuzzug dafür gekämpft haben, Spanien zu erretten«.[8]

Franco hielt den Thronprätendenten unverändert für eine schwache Person, die von Freimaurern umgeben sei, und mit dem Spanien unweigerlich dem Untergang geweiht wäre. Da schien der innerhalb des Regimes heranwachsende Prinz Juan Carlos eine passendere Wahl zu sein, wenngleich sich Franco über dessen Loyalität und Überzeugungen nicht so recht im Klaren war. Entsprechend zog er weiterhin nicht nur andere Optionen, wie Alfonso de Borbón y Dampierre, einen Cousin von Juan Carlos, als Alternativen in Betracht, sondern hielt sich auch die Möglichkeit offen, für die Zeit nach seinem Ableben einen Regenten zu benennen.[9] Vor allem ließ er sich nicht zu einer Entscheidung drängen, die ihn in seiner Handlungsfreiheit als Diktator eingeschränkt hätte. Der für die Zeitgenossen quälend langsame Institutionalisierungsprozess hat aber auch dazu beigetragen, die miteinander rivalisierenden Kräfte ruhig zu halten. Eine »vorschnelle« Entscheidung hätte den unverändert bestehenden Spannungsfeldern zwischen den »Familien« des Regimes neue Nahrung geben und damit das gesamte System destabilisieren können.

Mit der Verbesserung der wirtschaftlichen Lage und der damit verbundenen allmählichen Hebung des Lebensstandards sicherte Franco noch einmal nachhaltig seinen Führungsanspruch. Damit trat auch seine Herrschaft in ein vergleichsweise ruhiges Fahrwasser. Das spiegelt sich nicht zuletzt in seinen Reden, die den aggressiven Tonfall verloren und sich nun vor allem in Erfolgsbilanzen ergingen. Aus dieser unangefochtenen Position heraus, aber auch aufgrund der wachsenden Bürokratisierung und Versachlichung des Regimes erklärt sich, dass Franco – wenngleich er weiterhin die wöchentlichen Ministerratssitzungen leitete und sich die letzte Entscheidungsgewalt vorbehielt – weniger Interesse an Fragen des politischen Tagesgeschäfts zeigte, von dem er aufgrund der zunehmenden Komplexität der Materie ohnehin immer weniger verstand. Nun ging er verstärkt seinen Leidenschaften nach. Hierzu gehörten Spielfilme, insbesondere Western, die er sich in einem in El Pardo eingerichteten privaten Vorführraum zeigen ließ, ein intensiver Fernsehkonsum, sowie vor allem die Jagd und der Fischfang. Franco malte auch gerne, gleichwohl über die Qualität der Bilder keine Einmütigkeit besteht.[10]

Jagd- und Fischfangerfolge stellten aber nicht nur eine persönliche Befriedigung dar, mit denen Franco gerne im Privaten prahlte. Sie wurden auch als herausragende Leistungen propagandistisch in Szene gesetzt. Im Sommer 1958 verkündete eine Presseschlagzeile, dass der Staatschef einen Zwanzig-Tonnen-Wal gefangen hatte. Damals berichtete Franco voller Stolz seinem Cousin, dass er zwanzig Stunden gegen das Tier hatte kämpfen müssen, bis er es schließlich erlegt hatte.[11] Im Jahr darauf brüstete er sich wiederum damit, 5000 Rebhühner geschossen zu haben.[12] Dem Diktator nahe stehende Personen beobachteten diese exzessive Leidenschaft mit gemischten Gefühlen. So notierte dessen Cousin über ein Gespräch mit Francos Leibarzt:

»Gestern sagte mir Vicente, dass er sechstausend Schuss abgegeben hat. Das ist besorgniserregend bei einem 62jährigen. Irgendwann wird ihm noch die Aorta platzen«.[13]

Max Borrell, einer der regen Begleiter Francos bei der beschwerlichen Hochseefischerei, kam sogar dazu, diese Leidenschaft mit der Regierungstätigkeit zu vergleichen:

»Wenn man ihn kennt und gesehen hat, wie er Pottwale jagt, versteht man auch den Erfolg seiner politischen Karriere. [...] Die Beharrlichkeit und Ausdauer, mit der er dem Wal nachstellt, sind bewundernswert. [...] Ich bin mir sicher, dass Franco den Wal selbst dann bis zu dem Tod des Tieres verfolgen würde, wenn es ihn in die Sowjetunion schleppen sollte«.[14]

Ein schwerer Jagdunfall Francos in der Weihnachtszeit 1961, bei dem das Jagdgewehr explodierte und seine linke Hand schwer verletzte, wurde zwar offiziell klein geredet, doch zeigte sich daran, dass das Regime mit einem plötzlichen Ableben oder der Regierungsunfähigkeit des Diktators in eine außerordentlich prekäre Lage gebracht worden wäre. Das politische System war nicht nur auf die Person Francos zugeschnitten, sondern wurde durch diesen verkörpert und zusammengehalten. Die Fragilität des Systems wurde auch nicht zuletzt durch die nach wie vor nicht präzise definierten Staatsstrukturen bedingt. Damit wurden in den Augen der politischen Berater die Institutionalisierung des Regimes und die Regelung der Nachfolge zu einer immer drängenderen Aufgabe.

Die dem wachsenden Wohlstand geschuldete Stabilität des Regimes ging wider Erwarten letztlich nicht mit einer Entpolitisierung im Sozialen einher. Zwar sehnte sich eine durch den Bürgerkrieg traumatisierte Gesellschaft nach den entbehrungsreichen Nachkriegsjahren nach einer materiell besseren Zukunft. Im Laufe der 1960er Jahre entstand innerhalb des Regimes aber auch eine Vielzahl kleiner politischer Zirkel unterschiedlicher Couleur, die von radikalen Falangisten bis hin zu Christdemokraten reichten und Reformen des Systems anstrebten. Hinzu kam der wachsende Druck seitens einer vor allem kommunistisch inspirierten Opposition, die neben der Artikulation sozialer Anliegen in Konfrontation mit der Diktatur trat. Im Baskenland und in Katalonien wurden wiederum die Rufe nach Anerkennung einer eigenen kulturellen Identität immer lauter. In diesem Zusammenhang spielte die 1959 gegründete baskische Untergrundorganisation ETA eine spektakuläre Rolle, nachdem ihre Aktionen ab Ende der 1960er Jahre mit den ersten Bluttaten dramatisch an Radikalität gewannen. Damit geriet das politische System von der Basis her immer stärker unter Druck.

Die massiven Streikbewegungen des Jahres 1962 machten schließlich auch noch die letzte Bastion der *Falange*, den

Syndikalismus als Grundpfeiler der Arbeitsbeziehungen, obsolet, da er sich als unfähig erwies, das zunehmende Aufbegehren innerhalb der Arbeiterschaft in gelenkten Bahnen zu halten. Nun nahmen unabhängige Arbeiterkommissionen (CC.OO.) am Rande der vertikalen Syndikate die Interessen der Arbeiter gegenüber den Arbeitgebern wahr. Ab der Mitte des Jahrzehnts setzten verstärkt auch noch Unruhen an den Universitäten ein, insbesondere in Madrid und Barcelona. Damit zeigte sich, dass selbst die künftigen sozialen Eliten auf Distanz zum Status quo gingen. Für Franco wiederum zeichneten in »bewährter Manier« die alten Feinde Spaniens für die Unruhen verantwortlich, die seiner Überzeugung nach unverändert danach trachteten, die Gesellschaft zu unterwandern und das Gemeinwesen zu zerstören.[15]

Für das Regime war besonders verstörend, dass sich auch der Klerus, der bis dahin Teil des Kontroll- und Repressionssystems gewesen war, von der Diktatur abzuwenden begann. Diese Tendenz hatte in der zweiten Hälfte der 1950er Jahre angesichts wachsender sozialer Probleme innerhalb der Industriearbeiterschaft im niederen Klerus eingesetzt. Sie nahm alsbald auch politische Züge an, bis hin zu einer aktiven Unterstützung von im Untergrund tätigen kommunistischen Gruppierungen sowie des gewaltbereiten baskischen Nationalismus. Während Franco 1962 noch feststellen konnte, dass es sich angesichts des »großartigen spirituellen Erwachens unseres Vaterlandes« dabei um die Handlungsweisen einzelner fehlgeleiteter Priester handle,[16] wurden solche Aussagen wenig später mit den Ergebnissen des Zweiten Vatikanischen Konzils obsolet. Die neuen Leitlinien aus Rom beflügelten aber nicht nur den niederen Klerus in seiner kritischen Haltung. Auch das Episkopat sah sich nun gezwungen, auf Distanz zur Diktatur zu gehen.

Auch auf der internationalen Ebene verlief nicht alles nach Plan. So bewirkte zwar die wirtschaftliche Öffnung dem Ausland gegenüber ein ungeahntes Wirtschaftswachstum. Sie trug aber letztlich nicht die erhofften politischen Früchte. So wurde zwar der Besuch Präsident Eisenhowers Ende 1959 und dessen herzliche Umarmung Francos auf dem Rollfeld des Madrider Flughafens propagandistisch als Bestätigung der Verankerung des Regimes in der westlichen Staatengemeinschaft in Szene gesetzt.

Tatsächlich aber blieb Spanien am Rande der großen Entwicklungen, wie jener, die zur Gründung und Vertiefung der EWG führten. Franco-Spanien scheiterte an den ideologischen Vorbehalten in Europa. Der Diktatur haftete weiterhin das Stigma des Faschismus an. Hierzu trug nicht zuletzt auch die hysterische Reaktion des Regimes auf ein Treffen der spanischen Opposition in München im Rahmen des Kongresses der Europäischen Bewegung Anfang Juni 1962 bei, als sich christdemokratisch und monarchistisch orientierte regimeinterne Kritiker erstmals seit dem Bürgerkrieg mit Repräsentanten des exilierten spanischen Sozialismus zusammensetzen und gemeinsam für einen friedlichen Wechsel hin zu einer freiheitlichen und demokratischen Grundordnung eintraten. Der Aufschrei gegen das als unerträglich empfundene und als Schandtreffen gebrandmarkte Ereignis, das für viele der aus Spanien angereisten Teilnehmer Haft, Verbannung oder ein unfreiwilliges Exil zur Folge hatte, zeigte vor allem erneut, dass für Franco keine Aussöhnung der ehemals verfeindeten Lager infrage kam. Dies war eine Reaktion, die sogar in wohlwollenden christdemokratischen Kreisen der Bundesrepublik mit Befremden aufgenommen wurde.

Für Franco stellte das Treffen von München indes wieder einmal den Beweis einer gegen das »authentische Spanien« gerichteten kommunistisch-freimaurerischen Verschwörung dar. Trotzig rief er wenige Tage später im Rahmen einer als Plebiszit inszenierten Massenkundgebung in Valencia aus:

> »Ich würde mir wünschen, dass das Ausland, das uns derart verleumdet, dieses beispielhafte Spektakel hier sehen könnte, um ihm sagen zu können: Hierin ruht meine Macht, in der innigen Verbindung mit meinem Volk«.[17]

Zwei Tage später fügte er bei einer weiteren Kundgebung hinzu:

»Wie ich schon immer gesagt habe, sind die Gefahren nicht vorüber. Wir haben uns seit Anbeginn der Freimaurerei und dem Kommunismus als Feinden der Würde unseres Vaterlandes entgegengestellt. Wir haben all das bekämpft, was das spanische Leben zersetzte. Wir haben auf unserem Boden gesiegt, doch konnten wir den Kampf nicht außerhalb unserer Grenzen führen. Jene Kräfte, die im Ausland gelenkt werden, versuchen nun mit allen Mitteln den inneren Frieden in unserem Vaterland zu zerstören«.[18]

Die Verschwörungstheorien blieben eine Konstante im Denken Francos. Auch Jahre später zeigte er sich seinem Cousin gegenüber davon überzeugt, dass

»alle gegen uns gerichteten Aktivitäten durch Gruppen durchgeführt werden, die Gelder von der CIA erhalten haben und dabei das Ziel verfolgen, in Spanien für die Zeit nach meinem Ableben ein politisches System nach dem Vorbild der Vereinigten Staaten zu errichten«.[19]

Auch die Ende der 1960er Jahre massiv zunehmenden Proteste innerhalb Spaniens wurden unverdrossen auf ausländische Provokateure und auf eine kommunistische Verschwörung zurückgeführt, die danach trachte, die Situation des Jahres 1936 wieder aufleben zu lassen.

Dieser Beharrungswille geriet unweigerlich immer stärker in Widerspruch zu den grundlegenden sozialen Veränderungen, die im Verlauf der 1960er Jahre auf den wachsenden Wohlstand, die Erfahrungen der rückkehrenden »Gastarbeiter«, die Folgen des technischen Fortschritts und nicht zuletzt den Zustrom von Touristen maßgeblich zurückzuführen waren. So stellte bereits Ende der 1960er Jahre Juan Goytisolo fest, dass Spanien mit dem dadurch bedingten Wertewandel längst aufgehört hatte, ein spirituell orientiertes Land zu sein.[20] Zwar hatte letztlich Franco selbst, wenn auch widerwillig, den Weg dazu geebnet. Das hinderte ihn aber jetzt nicht daran, mit wachsender Kritik an einer an materiellen Werten orientierten Gesellschaft zu reagieren. Nun wurden Sittenverfall, Verlust von Tugenden und eine zunehmende religiöse Indifferenz beklagt, die sich nicht zuletzt in einem dramatischen Rückgang der Ordinationen spiegelte.

Das Regime und erst recht der nun alternde Diktator sahen sich dieser im Aufbruch befindlichen, Reformen einfordernden Gesellschaft letztlich hilflos gegenüber und wussten ihr nur Repression als im Grunde einziges probates Mittel entgegenzustellen. Mit Manuel Fraga Iribarne, seit 1962 als neuem Informationsminister verbesserte sich zwar das äußere Erscheinungsbild des Regimes. Die grausame durch Foltermethoden, brutalen Polizeieinsatz, fragwürdige politische Prozesse, Hinrichtungen wie jener des Kommunistenführers Julián Grimau im April 1963 geprägte Seite, zerstörten jedoch immer wieder das propagierte Bild.

In diesem Sinn lautete zwar am 1. April 1964 das offizielle Motto der Siegesfeiern »25 Jahre Frieden«, was als zeitgemäße Äußerung eines im Aufbruch befindlichen Landes gemeint war. Franco ließ aber auch jetzt keinen Zweifel daran, dass sich an der Deutung des Bürgerkrieges als »Kreuzzug« und als Sieg des »wahren Spaniens« über das »Anti-Spanien« nichts verändert hatte. Es ging nach wie vor nicht um eine Versöhnung, sondern um die Eingliederung von »Geläuterten« und das Einschwören der Nachkriegsgeneration auf die ideologischen Grundlagen des Regimes.[21] Die wenigen, zögerlich umgesetzten Reformprojekte, wie im Jahr 1966 die Abschaffung der Vorzensur in der Presse oder die gesetzliche Verankerung der religiösen Toleranz im Jahr darauf, änderten nichts am Grundsätzlichen. Zudem genehmigte sie Franco nur mit außerordentlichem Widerwillen.[22]

Trotz des sich beschleunigenden sozialen Wandels wird Mitte der 1960er Jahre angesichts der wirtschaftlichen Prosperität als Höhepunkt in der Popularität Francos beschrieben. Franco fühlte sich in jenen Jahren durch die Bevölkerung geliebt. So urteilte er nach seiner Reise an die Mittelmeerküste im Jahr 1962: »Valencia hat meine Politik klar bejaht und meiner Staatsführung eindrucksvoll zugestimmt«. Nach der Rückkehr aus dem Baskenland im Jahr 1964 schilderte er gegenüber seinem Cousin seine Eindrücke besonders überschwänglich:

»Alles, was Du Dir an Enthusiasmus und Zuneigung mir gegenüber vorstellen könntest, reicht in keiner Weise an die Wirklichkeit heran. Es erinnerte an die große Massenveranstaltung vor dem Königspalast als Protest gegen die Sanktionen, die die Sieger des Zweiten Weltkriegs Spanien auferlegt haben. Es war etwas Umwerfendes, etwas woran ich mich immer erinnern und wofür ich dankbar sein werde. Die Bürger von Bilbao haben gezeigt, dass sie an meiner Seite stehen und dass alles, was über Separatismus, Unzufriedenheit über meine Politik, usw. geredet wird, nichts als Gerüchte sind, die durch eine hartnäckige Minderheit gestreut werden, und keinesfalls die Ansicht der Bürger von Bilbao spiegeln, die das Vaterland aufrichtig in sich tragen und mit ihrer Intelligenz, ihrem Patriotismus und ihrem Fleiß so viel zum Aufstieg Spaniens beitragen«.[23]

Mitte der 1960er Jahre stellten sich immer drängender die nach wie vor ungeklärten Fragen der Regelung der Nachfolge und der Institutionalisierung des Regimes. Das persönliche Umfeld des Diktators nahm nicht nur wahr, dass dieser merklich gealtert war, sondern auch zunehmend mit Konzentrationsschwierigkeiten kämpfte. Auch wurden seine Reden merklich kürzer. Franco litt an der Parkinson'schen Krankheit, und die Symptome wurden, wenngleich die Erkrankung bei allen kursierenden Gerüchten geheim gehalten wurde, allmählich sichtbar. Franco saß zwar unverändert den Ministerratssitzungen vor, doch wurde auch hier der allmähliche Niedergang deutlich. Anfang der 1960er Jahre hatten sich die Kabinettssitzungen üblicherweise noch bis tief in die Nacht erstreckt; Mitte des Jahrzehnts waren die Nachtsitzungen nicht mehr üblich, und schließlich reichten die Besprechungen nicht einmal mehr in den Abend hinein. Gerne wird in diesem Zusammenhang als sichtbares Zeichen des körperlichen Verfalls erwähnt, dass Franco im Dezember 1968 zum ersten Mal eine Ministerratssitzung unterbrechen musste, um die Toiletten aufzusuchen. Seine Interventionen wurden nun merklich kürzer, und sein lenkendes Eingreifen nahm kontinuierlich ab. In den letzten Jahren äußerte er sich schließlich kaum mehr und schlief sogar während den Sitzungen immer wieder ein. Die Parkinson'sche Krankheit ließ sich vor allem bei öffentlichen Auftritten kaum mehr verbergen, da Francos Hände immer stärker zitterten und die Symptome auch im persönlichen Umgang sichtbar wurden.[24] Die Medikation wiederum verstärkte die mentale Abwesenheit. Neben der körperlichen Schwäche strahlte Franco in den letzten Lebensjahren aber auch eine eigentümliche, auf den Verlauf der Krankheit zurückgeführte Milde und Freundlichkeit aus.[25] Gleichzeitig bestanden Befürchtungen in seinem persönlichen Umfeld, dass er in der Öffentlichkeit ein lächerliches oder unschickliches Bild abgeben könnte. Die Erkrankung wurde jedoch erst 1974 offiziell bekannt gegeben.

Vor dem Hintergrund der fortschreitenden Erkrankung wuchs die Sorge über die Zukunft des Regimes und ein zu befürchtendes politisches Chaos, wenn die Nachfolgefrage nicht rechtzeitig geklärt würde. So nahm der Druck von Francos engstem politischem Umfeld und nicht zuletzt seitens Carrero Blanco zu, die Kontinuität des Regimes für die Zeit nach dem Ableben des Diktators gesetzlich zu regeln.[26] Hierzu lagen bereits unterschiedliche Gesetzentwürfe vor, doch Franco verhielt sich zurückhaltend und verwahrte sich gegen eine Gängelung in dieser Frage. Psychologischen Erklärungsansätzen folgend konnte er sich nicht mit dem Gedanken abfinden, eine Regelung zu treffen, die für die Zeit nach dem eigenen Tod vorgesehen war und damit auf seine abzusehende Endlichkeit abzielte.[27] Gleichzeitig wehrte er sich dagegen, seiner eigenen nach wie vor unumschränkten Machtfülle Zügel anzulegen. Zudem barg eine Entscheidung die Gefahr einer neu aufflammenden Konfrontation zwischen der *Falange* und den Technokraten.

Im Sommer 1966 legte Franco schließlich seinen Gesetzentwurf vor. Dieser stieß zwar auf Vorbehalte bei den reformorientierten Kräften innerhalb des Regimes, doch wurde er Ende November als *Ley Orgánica del Estado* den *Cortes* vorgelegt und ohne Debatte verabschiedet. Darin wurden die Inhalte der verschiedenen seit 1938 erlassenen grundlegenden Gesetze aufgegriffen, der Staatsaufbau und die Kompetenzen der Institutionen definiert, sowie nicht zuletzt das Verfahren der Nachfolge geregelt. Im Kern wurde das über Jahrzehnte faktisch entstandene politische System in Gesetzesform gegossen und damit zementiert. Ein Referendum sollte diese Grundlegung des Staates absichern. So warb Franco drei Wochen später in einer Fernsehansprache für die Zustimmung zu dem Gesetz und machte ganz im Einklang mit dem konstruierten Mythos seiner Herrschaft die Abstimmung zu einem personenbezogenen Plebiszit:

> »Niemals zog es mich zur Übernahme des Kommandos. Schon in jungen Jahren lasteten auf meinen Schultern Verantwortungen, die größer waren, als es meinem Alter und meiner Stellung entsprochen hätte. Ich hätte mir gewünscht, das Leben so wie viele andere Spanier zu genießen, doch der Dienst am Vaterland nahm mir meine Zeit und beanspruchte mein Leben. Seit dreißig Jahren lenke ich nun das Staatsschiff und schütze die Nation vor den Stürmen der heutigen Welt. So stehe ich hier Gewehr bei Fuß, mit demselben Pflichtbewusstsein wie in jungen Jahren und stelle auch den Rest meines Lebens in Euren Dienst. Ist es somit zuviel verlangt, Euch um Unterstützung für jene Gesetze zu bitten, die allein zu Eurem Nutzen und dem der Nation einem Referendum unterworfen werden?«[28]

Das im Vorfeld der Abstimmung entfachte Trommelfeuer der Propaganda, der bis in die Wahllokale hinein ausgeübte Druck sowie Wahlfälschung erbrachten die erwarteten Früchte. Das verkündete Ergebnis wies eine überwältigende Mehrheit von weit über 90 Prozent aus, die für das Gesetz gestimmt hatte. Trotz aller Manipulationsvorwürfe konnte dies als enormer Vertrauensbeweis für den Diktator gedeutet werden. Das sah auch Franco so, als er bei seiner Neujahrsansprache von einem »grandiosen Tag der Demokratie« und von der »vorbildlichen und edlen« Art sprach, mit der die Spanier ihm »in freier und überwältigender« Weise ihre Zustimmung und Vertrauen ausgesprochen hätten.[29]

Trotzdem zeigten der gesellschaftliche Aufbruch in Spanien und das außenpolitische Umfeld, dass das Regime einen Anachronismus darstellte und weder in die Zeit noch in jene westliche Welt passte, in der es sich verankert fühlte. Das muss auch Franco letztlich so empfunden haben, waren doch seine Ansprachen stets von einem Rechtfertigungsdrang und der unaufhörlichen Abgrenzung gegenüber freiheitlich-demokratischen Gesellschaftsordnungen geprägt. Im Bewusstsein der fehlenden populären Legitimität des Regimes betonte Franco bezeichnenderweise entsprechend unablässig, dass für die Zeit nach seinem Ableben alles »gut geschnürt und festgezurrt« sei.

Für ihn ging es darum, die Gefahr des »Rückfalls« in eine liberaldemokratische Regierungsform, die seiner Überzeugung nach der Anarchie wieder Tür und Tor öffnen würde, dauerhaft zu unterbinden. So führte er vor den *Cortes* im Rahmen der Verabschiedung des Gesetzes warnend aus:

> »Die Spanier müssen sich vor Augen halten, dass jedes Volk ihm eigene dämonische Wesenszüge in sich trägt. Für Spanien sind das ein anarchistisches Gemüt, eine destruktive kritische Einstellung, eine unsolidarische Grundhaltung, sowie die Neigung zum Extremismus und zur gegenseitigen Feindseligkeit«.[30]

Der personelle Aspekt der Nachfolgefrage war aber auch mit diesem Gesetz noch nicht geklärt. Nach wie vor kursierten verschiedene Optionen, wenngleich mögliche Kandidaten wie Alfonso de Borbón y Dampierre und vor allem der dem Regime gegenüber kritisch eingestellte Carlos Hugo de Borbón-Parma nicht als konsensfähig galten. Demgegenüber konnte es durchaus als ein Zeichen gewertet werden, dass Prinz Juan Carlos, der zwar nach wie vor kein öffentliches Amt bekleidete, ab 1964 bei der Militärparade zum Bürgerkriegssieg neben Franco auf der Tribüne in Erscheinung trat.

Ende 1968 fiel schließlich die Entscheidung zugunsten von Prinz Juan Carlos. Den Prolog zur darauf folgenden formellen Ernennung bildete wiederum ein viel diskutiertes Interview, in dem sich der Prinz den Prinzipien des *Movimiento* bedingungslos verpflichtet zeigte und auch die Gründung einer neuen Dynastie in seiner Person anstelle einer Restauration der Monarchie akzeptierte. Mitte Juli 1969 wurde er schließlich gegen die Bedenken innerhalb der *Falange* und zum großen Verdruss seines Vaters zum königlichen Nachfolger Francos ausgerufen. Dabei erhielt er den neu geschaffenen Titel eines Prinzen von Spanien. Das markierte den Unterschied zum traditionellen Titel des Kronprinzen als Prinz von Asturien. Der designierte Nachfolger leistete wiederum einen Treueschwur auf Franco, die Grundgesetze und die Prinzipien des *Movimiento*. Damit waren nahezu sämtliche Maßnahmen erfolgt, um dem Regime über den Tod Francos hinaus Dauerhaftigkeit zu verleihen. Den letzten Schritt hierzu bildete im Juni 1973 die personelle Trennung der Ämter des Staats- und des Regierungschefs. Für die Zeitgenossen stand fest, dass dem zum Regierungschef ernannten Admiral Carrero Blanco die Aufgabe zugedacht war, über den Fortbestand des Regimes zu wachen.

Ende der 1960er Jahre positionierten sich mit Blick auf das absehbare biologische Ende Francos aber auch insgesamt die verschiedenen politischen Kräfte des Regimes. Neben den Technokraten als neuer Kraft hatte sich innerhalb der *Falange* ein Generationswechsel vollzogen. Damit waren Persönlichkeiten wie Torcuato Fernández Miranda oder Manuel Fraga Iribarne in Erscheinung getreten, die sich weniger ideologisch verorteten, sondern als Systemdiener verstanden und die Zukunftsfähigkeit des Regimes an politischen Reformen ausmachten. Die wachsenden Spannungen zwischen beiden Gruppierungen kulminierten schließlich in dem im Sommer 1969 an die Öffentlichkeit gelangten Subventionsskandal um das Textil verarbeitende Unternehmen Matesa. Das politisch Relevante dabei waren weniger die enormen Geldbeträge, um die es ging, als vielmehr die Tatsache, dass darin hochrangige zum Opus Dei gehörende oder ihm nahe stehende Persönlichkeiten verwickelt waren, während die Affäre durch Mitglieder des *Movimiento* in der Presse befeuert wurde.

Bei der Kabinettsumbildung als Folge der Krise mussten die ins Zwielicht geratenen Minister für Handel und Wirtschaft zurücktreten, gleichzeitig aber auch Informationsminister Fraga Iribarne und der Generalsekretär des *Movimiento*,

José Solís. Im neuen Kabinett hatten dann aber vor allem die Reformkräfte das Nachsehen: Die Ende Oktober 1969 aufgestellte Regierungsmannschaft wird als »einfarbige« Regierung bezeichnet, da darin anders als in der Vergangenheit keine besonderen Rücksichten mehr auf ein Gleichgewicht der Kräfte zwischen den »Familien« zum Ausdruck kamen. Vor dem Hintergrund einer wachsenden Unentschlossenheit des Diktators hatten sich diesmal Carrero Blanco und López Rodó weitestgehend mit ihren Interessen durchgesetzt. Franco lebte zunehmend zurückgezogen und isoliert in El Pardo. So beklagte er sich Besuchern gegenüber über eine wachsende Einsamkeit sowie darüber, dass er inmitten seines »Hofstaates« niemanden habe, den er ins Vertrauen ziehen könne.

In diesen letzten Jahren gewann aber neben den Technokraten und den Reformkräften eine weitere Gruppe an Prominenz, die sich jeglichen Veränderungen gegenüber sperrte und entsprechend gerne mit dem Begriff des »Bunker« belegt wird. Hierzu gehörten neben altgedienten Mitgliedern des Regimes wie Girón und Arrese nicht zuletzt die Kamarilla von El Pardo, so der Schwiegersohn Francos, der als Filter von Informationen wirkte, die zu den Ohren des Diktators vordrangen. Der »Bunker« sah bereits in der Wirtschaftsliberalisierung ein trojanisches Pferd und damit die Ursache für die wachsenden sozialen Spannungen. Er wandte sich auch gegen den als unzuverlässig wahrgenommenen Prinzen Juan Carlos und favorisierte in der Nachfolgefrage vielmehr den als konservativ geltenden Alfonso de Borbón y Dampierre. Diese Option erhielt vorübergehend zusätzlichen Auftrieb, als Alfonso im März 1972 die erstgeborene Enkelin Francos ehelichte.[31]

Die Institutionalisierung des Regimes und die Klärung der Nachfolgefrage hatten entgegen den damit verbundenen Hoffnungen keinerlei beruhigende Wirkung auf die Gesellschaft. Vielmehr bestand angesichts des körperlichen Verfalls Francos die Erwartung eines baldigen Neuanfangs. Auf die in der Folge weiter wachsenden sozialen Spannungen reagierte das Regime wiederum unverändert mit Gewalt, ein Vorgehen, das auch für Franco außer Frage stand.[32] Als Antwort auf die Gewalt und nicht zuletzt auf das rabiate Vorgehen gegen den ETA-Terrorismus, so etwa mit den im Rahmen des *Prozesses von Burgos* Ende 1970 verhängten, später jedoch in Haftstrafen umgewandelten Todesurteilen, kam es wiederum zu immer neuen Wellen der Empörung innerhalb und außerhalb Spaniens. Hierauf konterte Franco seinerseits in gewohnter Manier mit als Zeichen der Solidarität inszenierten Massendemonstrationen sowie mit einer Anklage gegen eine vom Ausland aus agierende Verschwörung.[33]

Die Radikalität der Opposition, die Gewalt und die Gegengewalt nahmen in den letzten Lebensjahren des Diktators kontinuierlich zu. So trat mit der FRAP neben der ETA eine weitere linksgerichtete Terrororganisation mit Bluttaten in Erscheinung, während auf der Gegenseite behördlich weitgehend tolerierte rechtsextreme Organisationen wie die *Guerrilleros de Cristo Rey* ihr Unwesen trieben. Angesichts der Gewaltspirale schien aber auch die Zukunft des Regimes alles andere als gesichert zu sein. Ein weiteres Problem, das eine Bürde für die Kontinuität des Franquismus darstellte, waren die Folgen der Ölkrise, die aufgrund der dramatischen Abhängigkeit Spaniens von Erdölprodukten auch das abrupte Ende des Wirtschaftswachstums bedeuteten und mit den damit einhergehenden sozialen Folgeerscheinungen zu einer weiteren Mobilisierung auf den Straßen führten. Damit wurde auch die Hoffnung obsolet, das politische Aufbegehren durch wirtschaftliche Prosperität kompensieren zu können.

Mit der Ermordung von Admiral Carrero Blanco bei einem spektakulären ETA-Attentat im Dezember 1973 brach schließlich auch noch einer der Ecksteine der Diktatur weg. Hinter der Fortexistenz des Regimes stand nun angesichts eines königlichen Nachfolgers, der als Büttel wahrgenommen wurde, sowie von einander überworfenen Eliten ein großes Fragezeichen. Franco verfiel mit dem Verlust seines engsten politischen Beraters in Apathie[34] und konnte sich nicht einmal mehr mit seinem Kandidaten, den mit ihm stark verbundenen Admiral Pedro Nieto Antúnez als Nachfolger Carreros im Amt des Ministerpräsidenten durchsetzen. Die Kamarilla von El Pardo und Hardliner des Regimes brachten Franco dazu, den bereits gefassten Entschluss zu verwerfen und stattdessen den als unnachgiebig wahrgenommenen Innenminister Carlos Arias Navarro zu ernennen. Diesem fehlte aber letztlich ein schlüssiges Konzept, um den Krisen und Zerfallserscheinungen zu begegnen. So schwankte er, getrieben durch die verschiedenen Kräfte des Regimes, zwischen Reformbereitschaft und einer auch von Franco befürworteten repressiven Härte gegenüber den inzwischen unaufhörlichen Unruheherden. Als Mitte September 1974 ein Bombenanschlag der ETA in einem Madrider Café zwölf Menschen in den Tod riss, war Francos Antwort hierauf unmissverständlich:

> »Diese Zersetzer der Gesellschaft müssen mit unnachgiebiger Härte angepackt werden. Entweder man erledigt sie, oder sie machen uns zunichte«.[35]

Mit diesem Attentat und nicht zuletzt unter dem Eindruck der portugiesischen *Nelkenrevolution*, die panikartige Reaktionen hervorrief, da befürchtet wurde, dass sie auf Spanien überspringen könnte, rückten jedoch die sich einander befehdenden Fraktionen in der Regierung reflexartig zusammen.

Auch ein sichtlich geschwächter Franco machte inmitten dieser instabilen Lage keine Anstalten, die Macht abzugeben. In sich ständig wiederholender Formelhaftigkeit hatte er in den vorangegangenen Jahren seine Neujahrsansprachen mit Sätzen beendeten wie: »Meine Stärke und Standfestigkeit wird Euch nicht fehlen, solange Gott mir Leben gewährt, um die Geschicke unseres Vaterlandes zu lenken«.[36] Daran hielt er sich eisern. Allerdings übte er keinerlei effektive Kontrolle mehr aus, und so stellte der Franco-Apologet Ricardo de la Cierva nach einer ihm im Oktober 1974 gewährten Audienz bedrückt fest, dass Franco inzwischen nur noch eine Marionette sei, die durch Dritte gelenkt würde.[37]

Im Juli jenes Jahres war Franco stationär behandelt worden und hatte aufgrund seines kritischen Gesundheitszustandes sogar die Amtsführung vorübergehend niederlegen müssen. Damals fehlte er zum ersten Mal bei einer Ministerratssitzung. Franco war aber auch jetzt nicht bereit, die Macht abzutreten und widersetzte sich dem Ratschlag, die Staatsführung dauerhaft Prinz Juan Carlos zu übertragen. Als sich der Gesundheitszustand besserte, übernahm er Anfang September wieder die Amtsgeschäfte, und zur Überraschung der Beobachter absolvierte er mit stoischer Ruhe mühevolle protokollarische Aufgaben, besuchte Sportveranstaltungen und ging bei aller Gebrechlichkeit und entgegen ärztlichem Rat sogar wieder auf die Jagd, spielte Golf und frönte der Fischerei auf seiner Jacht *Azor*. Ende Mai 1975 empfing er den amerikanischen Präsidenten Gerald Ford.

Die Unruhe im Regime wuchs indes weiter. Spanien wartete mit Spannung auf das biologische Ende Francos: Während sich im persönlichen Umfeld des Diktators Zukunftssorgen breit machten, die Regierung der Lage nicht Herr wurde und Hardliner die Kontrolle zu übernehmen versuchten, dominierten unzählige Links-Gruppierungen das Straßenbild. Reformkräfte des Regimes gingen wiederum zur Opposition über und bereiteten sich auf die Zeit nach Franco vor. Die dramatische Wirtschaftslage bewirkte ein Übriges. König Hassan von Marokko nutzte wiederum die angespannte Lage und zog im so genannten »Grünen Marsch« gegen Spanisch-Sahara. Madrid sah in dieser Situation keine andere Lösung, als das Gebiet zu räumen und es Marokko zu überlassen.

Die grausame repressive Seite des Regimes zeigte sich noch einmal im Spätsommer 1975. Diesmal weigerte sich Franco in fünf Fällen die Todesurteile gegen Mitglieder von ETA und FRAP in Haftstrafen umzuwandeln. Am 27. September wurden die Urteile vollstreckt. Dem Aufschrei in den internationalen Medien, dem Abzug von Botschaftern und den Ausschreitungen innerhalb und außerhalb Spaniens entgegnete Franco in üblicher Manier. Am 1. Oktober 1975, dem Jahrestag seiner Erhebung zum Generalissimus kamen

Hunderttausende vor dem Königspalast zusammen und bejubelten den Diktator, der zusammen mit seinem gesamten Kabinett auf dem Balkon erschien und mit zittriger, kaum verständlicher Sprache verkündete:

> »Ich danke Euch für Eure Unterstützung sowie für dieses standhafte und entschlossene Auftreten, das Ihr den Angriffen entgegensetzt, denen einige unserer diplomatischen Vertretungen und Einrichtungen in Europa ausgesetzt waren. Damit hat sich noch einmal gezeigt, was wir von bestimmten verdorbenen Ländern erwarten können [...]. All das, was in Spanien und Europa losgetreten worden ist, ist auf eine freimaurerisch-linke Verschwörung zurückzuführen, die schändlich verwoben ist mit der kommunistisch-terroristischen Unterwanderung der Gesellschaft«.[38]

Das war unverändert die Sprache des Jahres 1936, und hierin zeigte sich einmal mehr Francos zeitlebens im Handeln bestimmende Obsession, von äußeren und inneren Feinden bedroht zu sein.

Dieser war der letzte öffentliche Auftritt Francos. Mitte Oktober verschlechterte sich nach einem Herzanfall sein Gesundheitszustand stark. Dennoch nahm er zum Entsetzen seiner Ärzte zunächst weiter seine Amtsverpflichtungen wahr, gab Audienzen, beriet sich mit Ministern und präsidierte den Ministerrat, auch wenn er dabei an Elektroden angeschlossenen war und vom Nachbarzimmer aus medizinisch überwacht wurde. »Ich muss an meinem Platz sein«,[39] soll er den Bedenkenträgern entgegnet haben. Franco hielt eisern an seinem Willen fest, die Stellung bis zum letzten Augenblick zu halten.

In den Folgetagen erlitt er weitere immer heftigere Herzanfälle. Es folgten zusätzlich innere Blutungen und Ödeme sowie weitere Komplikationen, die auf die Wechselwirkung mit der Medikation gegen die Parkinson'sche Krankheit zurückgeführt werden. Von nun an verschlechterte sich der Zustand rapide. Am 30. Oktober ordnete Franco die Übertragung der Staatsführung an, diesmal endgültig. Anfang November wurde der bereits schwerstkranke nach einer in El

Pardo durchgeführten Notoperation in ein Krankenhaus verlegt. Weitere langwierige Operationen folgten. Die spanische Bevölkerung erfuhr nun tagtäglich via Fernsehen von den behandelnden Ärzten in ausführlichen Gesundheitsbulletins über den Zustand des Diktators. Franco verlor nach und nach das Bewusstsein und wurde schließlich nur noch künstlich am Leben gehalten. Ein damals entstandenes, Jahre später in den Medien erschienenes Foto zeigt den agonisierenden und an zahllosen Kabeln angeschlossenen Diktator.

Franco starb schließlich am 20. November 1975, am gleichen Datum wie der Gründer der *Falange* José Antonio Primo de Rivera. Eine halbe Million Menschen zog an dem im Königspalast aufgebahrten Leichnam vorbei. Am 23. November 1975 wurden die sterblichen Überreste Francos am Hochaltar der Basilika im *Valle de los Caídos* zu den Klängen der Hymnen der *Falange* und der Fremdenlegion in den Boden eingelassen. Dort ruhen sie heute noch.

Charisma und Herrschaftsrepräsentation

Der mit Sondervollmachten ausgestattete britische Botschafter Samuel Hoare vermerkte nach seinem ersten Zusammentreffen mit Franco im Juni 1940:

> »Inmitten von Ministern, Generälen und Bischöfen, die zu meinem Empfang versammelt waren, wirkte seine kleine etwas untersetzte bourgeoise Gestalt unbedeutend. Seine Stimme unterschied sich wesentlich von den Ausbrüchen und dem Geschrei Hitlers sowie dem opernhaft modulierten Bass Mussolinis. Es war vielmehr der Ton eines gepflegten Hausarztes, der eine große Familienpraxis unterhält und ein gesichertes Einkommen hat. Bei meiner ersten Begegnung mit Franco konnte ich es nicht fassen, dass er jener glänzende junge Offizier in Marokko und oberste Befehlshaber in einem wilden Bürgerkrieg gewesen war«.[1]

Diese Charakterisierung deckt sich mit dem gängigen Bild. Franco wird als schüchterner und unsicherer Mensch beschrieben, der sich vor großen ihm zujubelnden Menschenmassen sichtlich unwohl fühlte. Legendär und aus heutiger Sicht außerordentlich amüsant ist seine, in sozialen Medien vielfach aufrufbare, hilflos wirkende Ansprache in englischer Sprache, mit der er im Bürgerkrieg um Solidarität mit der Kriegsanstrengung der Nationalisten warb, oder jene völlig unbeholfen wirkende Familieninszenierung, bei der Franco seine Tochter auffordert, den Kindern der Welt Weihnachtswünsche zu übermitteln. Seine Reden waren, was die rhetorischen Qualitäten anbelangt, auch in späteren Jahren völlig glanzlos. Franco verzichtete auf eine bildhafte Sprache, auf ästhetische Ausdrucksformen und auf Emotionen. Dies war von ihm durchaus beabsichtigt. So ist eine Anekdote aus den 1950er Jahren überliefert, wonach sich einer der Redenschreiber Francos in Vorahnung ohnehin schon bemüht habe, einen Text ohne literarische Ansprüche zu verfassen. Dennoch habe der zuständige Minister Streichungen vorgenommen, und selbst diese seien Franco nicht weit genug gegangen, der aus dem ursprünglichen Manuskript nur noch ein »blankes Gerippe« übrig gelassen habe.[2] Der wohlwollende Biograph Brian Crozier, der Mitte der 1960er Jahre von der Galerie des Parlamentsgebäudes aus eine Rede Francos mitverfolgte, konnte in diesem Zusammenhang nicht umhin festzustellen:

> »Ohne Pause las er 55 Minuten lang, wobei er während der letzten halben Stunde nicht einmal von seinem Text aufblickte. Nach einiger Zeit ließ die Kommunikation nach, und obwohl die einzelnen Worte deutlich zu vernehmen waren, ging der Sinn verloren«.[3]

Für die meisten Historiker war Franco eine mittelmäßige und ausdruckslose Persönlichkeit, der alles fehlte, was Mussolinis und Hitlers Ausstrahlung ausmachte. Sogar Zeitgenossen, die Franco Bewunderung entgegenbrachten, mussten einer solchen Einschätzung beipflichten:

> »Der Kontrast zwischen Franco und Mussolini, Hitler, Churchill oder Stalin – allesamt wahrhaftige Führer, die in der Lage waren, durch ihre Präsenz und Sprache die Anwesenden in ihren Bann zu ziehen – ist auffallend und eklatant«.[4]

Kritische Stimmen bezeichnen Franco daher als einen ausstrahlungslosen »Pseudo-Führer«, der allein kraft seiner Militärgewalt herrschte und der durch Schmeichler in seiner Umgebung so lange als Retter Spaniens gepriesen worden ist, bis er selbst an die eigene Sendungsmission glaubte.[5] Ganz in diesem Sinn kommt die Forschung zu dem Ergebnis, in Franco weniger einen Führer als vielmehr ein durch die Propaganda konstruiertes Symbol zu erkennen.[6]

Fontana, Franco-Biograph und Falangeanhänger der ersten Stunde, beschreibt jedoch bei aller Kritik eine Begebenheit aus der Anfangszeit des Bürgerkrieges, die ein anderes Licht auf Francos Ausstrahlung wirft:

»Franco war ein katastrophal schlechter Redner, vor allem in jenen Jahren. Außerdem passte der flötenhafte, falsettartige Klang seiner Stimme nicht, und das Zischen zwischen den Zähnen war auch nicht gerade vorteilhaft. Zu meinem Unglück als neu hinzugekommenen Anhänger sprach Franco auch noch immerfort von der Kartoffel, und dabei nicht einmal von ihrer ökonomischen Bedeutung, sondern schlichtweg über ihren Alltagsnutzen. Das gebotene Schauspiel stellte just das Gegenteil zu jenem Führer und Helden dar, den ich erwartete und ersehnte. So kam ich zu der Überzeugung, dass dieser Mensch schlichtweg nicht in der Lage war, eine Verbindung mit den vor ihm stehenden Massen aufzubauen oder gar mit ihnen zu verschmelzen. Doch zu meiner großen Überraschung führten die Ausführungen über die Knolle zu hysterischen Begeisterungsstürmen und fortwährenden durch Sprechchöre erzwungene Unterbrechungen, die seinen Namen riefen. Es bestand ein derartiges Missverhältnis zwischen dem Darsteller, seinen Worten und der Reaktion der Massen, dass ich mich verblüfft zu fragen begann, ob Franco und sein Mythos nicht schlichtweg eine einseitige Schöpfung der spanischen Bevölkerung waren. [...] Stellte der Franquismus gar eine Notwendigkeit und eine Sehnsucht der Menschen dar, trotz Franco und ohne dass dieser hieran Anteil gehabt hätte?«[7]

In der Tat attestieren im Sinne einer solchen Zuschreibung viele Zeitgenossen Franco trotz des fehlenden Redetalents eine außerordentliche charismatische Ausstrahlung. Das muss sich selbst der kritische Fontana eingestehen:

»Es war nicht einfach, sich dem Charisma Francos zu entziehen, sowie der Versuchung zu widerstehen, ganz genauso zu schmeicheln und Lob zu hudeln, wie es bis auf vernachlässigbare Minderheiten alle Spanier taten«.[8]

Entsprechend lautet das bilanzierende Urteil dieses Biographen:

»Franco war ein wahrhaftiger Caudillo mit all der tiefer gehenden historischen Bedeutung des Begriffs. Die Tatsache, dass er trotz seines wenig ansprechenden Erscheinungsbildes und seiner Mängel ein großer Führer war und zu sein wusste, wird für meinen mediterranen Kritizismus ein Rätsel bleiben. Es stellt aber nicht nur eine Realität dar. Hierbei handelt es sich auch um eine seiner Glanzleistungen«.[9]

Fontana spricht hiermit im Endeffekt eines der Kernelemente des charismatischen Herrschaftskonzepts nach Max Weber an, nämlich das der Zuschreibung im Zuge der Konstruktion von mythischen Führerfiguren durch die »Beherrschten«. Analog zur Schaffung des Mussolini- und Hitlermythos durch Glorifizierung in Schrift und Bild lässt sich auch bei Franco eine ganze Reihe solcher Zuschreibungen ausmachen, die dem Weber'schen Konzept der charismatischen Herrschaft entsprechen. Hierzu gehören die Vorstellung, dass der Führer mit übernatürlichen oder außeralltäglichen Eigenschaften ausgestattet ist, die Führerschaft der Vorsehung geschuldet ist, die Herrschaft durch die unbedingte Bereitschaft gekennzeichnet ist, dem Führer mit Hingabe Folge zu leisten, der Führer nicht nur keine Grenzen in der Herrschaftsausübung kennt, sondern darüber hinaus als Verkörperung des Volkswillens zu verstehen ist, der Führer aus der Mitte des Volkes stammt, der historische Augenblick der Machtübernahme als Schicksalsstunde in einer krisenhaften Situation empfunden wird, der Führer diese Krisensituation nicht nur bewältigt, sondern darüber hinaus auf revolutionärem Weg etwas Neues begründet, sowie dass sich der Führer durch fortwährende Erfolge bewährt und damit die Legitimitätsgrundlage seiner Herrschaft sichert.

Francos Aureole als Held des Afrikakrieges, seine kometenhafte Karriere, durch die er zum »jüngsten General Europas« geworden war, sein Ruhm als Feldherr, der die »Oktoberrevolution« von 1934 niedergerungen hatte, und damit als »beste und höchste Garantie« des spanischen Heeres,[10] bildeten im Sinne der Konstruktion des Führermythos nicht nur die Grundlage der Herrschaftslegitimation, sondern boten zudem die Gewähr, dass sich Spanien nun in sicheren Händen befand und »jegliche Unwetter« siegreich überstehen würde.[11] Solche die Herrschaft begründende außeralltägliche Eigenschaften erkannte Francos Cousin rückblickend auch in einer anekdotischen Begebenheit vom März 1936, als Franco in Santa Cruz de Tenerife anlandete, um das dortige Kommando zu übernehmen. Am Hafen habe sich damals eine wütende feindselige Menge versammelt, die ihn für die Massaker in Asturien verantwortlich machte. Franco sei indes unbeeindruckt und festen Schrittes von Bord gegangen und habe durch sein Auftreten bewirkt, dass die Menge schließlich nicht in Schmähungen, sondern in Jubelrufe ausbrach.[12]

Mit der Ausrufung Francos zum *Caudillo* stellte freilich der fortwährende militärische Erfolg im Weber'schen Sinne die Bewährung in seiner Führerschaft dar. Entsprechend wurde Franco vor allem mit Napoleon verglichen, der bezeichnenderweise von sich gesagt haben soll, dass seine Herrschaft allein auf seinen Siegen beruhe und er somit dazu verdammt sei, zu siegen oder unterzugehen. Wenngleich der Vergleich mit Napoleon nicht nur durch Militärhistoriker als vermessen bezeichnet wird,[13] wurden jede gewonnene Schlacht und die Einnahme von Provinzhauptstädten propagandistisch als persönliche Leistungen Francos bejubelt. In diesem Zusammenhang muss aber vor allem die Befreiung der im Alcázar von Toledo Belagerten genannt werden. So geht die Forschung davon aus, dass der siegreiche Einzug in diesen mythischen, die »Werte Spaniens« repräsentierenden und durch die Propaganda emotional aufgeladenen und ikonographisch in Szene gesetzten Ort den Weg für die unumschränkte Herrschaft Francos erst frei gemacht hat. Hierzu hat nach Eickhoff maßgeblich beigetragen, dass der Alcázar mit seinen Eingeschlossenen als Metapher für die Kriegsanstrengung, die Opferbereitschaft und den erwarteten Sieg der Nationalisten gedeutet werden konnte.[14]

Apotheotisch wurde schließlich auch der Bürgerkriegssieg als persönliche Leistung Francos gefeiert. So prangten an der Ehrentribüne bei der Siegesparade überdimensionale Schriftzüge der als Sprechchor etablierten dreifachen Namensnennung: »Franco, Franco, Franco«, und Kampfflugzeuge schrieben mit ihrer Formation den Namen des Diktators in den Himmel. Bezeichnend ist vor allem, dass Hermann Göring die Anwesenheit bei der Parade versagt blieb, hätte dies doch die Inszenierung des *Caudillo* als Personifizierung des Sieges empfindlich gestört. Ganz in diesem Sinne streicht Stanley Payne heraus, dass Francos Charisma auf der Mystik des totalen Sieges gründet.

Die Propaganda ließ darüber hinaus keinen Zweifel daran, dass es sich nicht nur um einen militärischen Sieg Francos, sondern um die Bewältigung einer die Nation im Innersten bedrohenden krisenhaften Situation handelte:

> »Wenn in der Geschichte eines Landes ein Ereignis von einer Tragweite geschieht, die jene Wurzeln der Überzeugungen und Gefühle erschüttert, in denen die Persönlichkeit und die Lebensgrundlagen eines Volkes zum Ausdruck kommen, dann muss die Bewegung, die sich dagegen auflehnt, unweigerlich in einer Person substantiieren. Solche Männer, in denen sich die Sehnsüchte der Massen offenbaren, bilden die großen Meilensteine der Menschheitsgeschichte. Sie sind jene alles überragende Streiter, die die großen Zäsuren zwischen dem Überkommenen und dem Neuanfang setzen«.[15]

Dieses Bild präzisiert Arrarás in folgenden Worten:

> »General Franco [...] ist durch den einheitlichen Willen aller Spanier zum Führer der Nation erwählt worden, und zwar in einer Weise, die mehr Wert hat, als alle anderen: durch die wortlose inbrünstige Zuneigung aller Herzen; durch jene geheimnisvolle Kraft, mit der Glaube, Instinkt und Gefühl stets richtig wirken. Genau genommen, geschah es aufgrund seiner Ausstrahlung. Eine außergewöhnliche Begabung und ein Können sind wirkmächtig, aber wenn sie mit einer solchen Ausstrahlung zusammenfallen, wird jenes Wunder vollbracht, das den Völkern nur ganz selten zuteil wird: eine Führerschaft, die mit der höchsten und durch die Vorsehung bestimmten Gewalt ausgestattet ist«.[16]

Franco selbst verinnerlichte diese Vorstellung und vertrat sie noch Jahrzehnte nach Bürgerkriegsbeginn:

> »Die großen Führerschaften entstehen in historischen Ausnahmesituationen und spezifischen Umständen. Die Führerschaft kann weder geschaffen noch hergestellt werden«.[17]

Unablässig vertrat das Regime die Vorstellung von jener krisenhaften Situation, die Spanien mit einer unmittelbar bevorgestandenen kommunistischen Revolution in den Grundfesten bedroht habe. Damals habe Franco als Heilsfigur das Kommando übernommen, und das spanische Volk habe nicht nur seine Augen und Hoffnungen auf den General gerichtet, sondern längst »gefühlt, dass mit ihm zur rechten Stunde jemand auf die Weltbühne der Geschichte trat, der sein Vaterland erretten würde«.[18] Diesen Gedanken nahmen auch der Ideologie des Nationalsozialismus verpflichtete Biographen auf,[19] und in diesem Sinne hatte für den spanischen Staatstheoretiker Francisco Javier Conde die Machtübernahme bei Franco, Hitler und Mussolini den gleichen Ursprung.[20]

Als Vollstrecker des Willens der Massen habe Franco jedoch nicht das Ziel der Wiederherstellung der alten Ordnung angestrebt. Vielmehr sei es ihm auf revolutionärem Weg darum gegangen, ein *Neues Spanien* zu errichten. So verkündete der Ideologe der *Falange*, Raimundo Fernández Cuesta, am zweiten Jahrestag der Erhebung: Eine derartig tiefgehende soziale Krise

> »kann nur mit einer neuen Staatsauffassung und somit mit einer Revolution bewältigt werden. Und an der Spitze einer solchen Revolution kann kein Anführer einer demokratischen Partei, auch kein Regierungschef und nicht einmal ein gewöhnlicher Diktator stehen. Ein solches Vorhaben verlangt einen Caudillo, einen charismatischen Führer, einen durch die Vorsehung zur Errettung des eigenen Volkes auserwählten Mann. Eine solche Führergestalt ist nicht juristisch oder politikwissenschaftlich zu fassen, sondern hat mit der Dimension des Helden bei Carlyle und des Übermenschen bei Nietzsche zu tun. Es handelt sich schlichtweg um jene Kraft, die den gesamten revolutionären Prozess bewegt, der wiederum das neue Regime hervorbringt. In Spanien ist das Francisco Franco«.[21]

Nach Conde kam es dabei ganz im Sinne Webers zu einer freiwilligen Unterwerfung der Beherrschten auf der Grundlage des unverbrüchlichen blinden Glaubens an den Führer.[22] So wurde eine klare Unterscheidung zwischen dem spanischen *Caudillaje* und dem Herrschaftsprinzip »gewöhnlicher« Diktaturen gezogen:

> »*Caudillaje* ist Ausdruck einer Doktrin und eines Projekts, also einer visionären Politik. Hierin liegt der Unterschied zur Diktatur. Der *Caudillo* dient der historischen Mission eines Volkes, und seine Autorität gründet im Innersten der nationalen Gemeinschaft. Der Diktator regiert wiederum auf der Grundlage der Umstände. Demgegenüber gibt es keinen *Caudillaje* ohne einen politisch schöpferischen Willen universeller Strahlkraft zur Gestaltung der inneren Ordnung, der nicht gleichzeitig in der Tradition eines Volkes gründet.«[23]

Auf diese Weise erlangte nach Conde die Befehlsgewalt Francos, nicht zuletzt unter Bezug auf das in Spanien stark rezipierte Herrschaftsideal bei Carl Schmitt, einen höchsten Grad an Legitimität.[24]

Als Umstand, in dem dieses charismatisch verstandene Herrschaftsverhältnis besonders stark zum Ausdruck kommt, wird gerne auf die Akklamation verwiesen. Sie sei »das stärkste, das dauerhafteste, das beherrschendste Bild jeder Herrschaft«.[25] Dabei stehen die Masseninszenierungen der Franco-Diktatur als Treuebekenntnis Hunderttausender und als Ausdruck der Bewährung der charismatischen Herrschaft sowie der Verehrung und innigen Verbindung zwischen dem *Caudillo* und dem Volk sicherlich im Schatten jener des Nationalsozialismus und des italienischen Faschismus. Dennoch hat sich auch Franco wirkungsvoll dieser Bühne bedient, wie etwa in Burgos anlässlich seiner Ausrufung zum Generalissimus Anfang Oktober 1936 oder am Madrider Königspalast im Dezember 1946 als Reaktion auf die Ächtung Spaniens durch die UNO. Hierzu zählen aber ganz genauso Akklamationen in Sportstadien und Stierkampfarenen, auf die Franco großen Wert legte.

Auch nach der Zäsur des Jahres 1945 wurde diese Einheit von Volkswillen und Führung Francos propagiert, die dem eigenen Selbstverständnis nach eine Einbindung der Beherrschten in die Herrschaftsausübung oder gar eine demokratische Entscheidungsfindung überflüssig mache:

»Zu regieren, heißt im Wesentlichen zu ›repräsentieren‹, der aus dem Volk hervorgehenden Wahrheit Geltung zu verschaffen. Der Regierende ist damit mit seinem Kommando ein Repräsentant, der die verschiedenen Optionen, die die gesellschaftliche Realität bietet, immer wieder aufs Neue in Handlungseinheiten zusammenfasst. [...] Durch den Gehorsam, der auf dem Glauben in den Vorbildcharakter des Herrschenden gründet, kommt es zur Vertretung der Gesamtheit an der Spitze der Herrschaft, und diese Spitze stellt auf der Grundlage ihres Mandats die politische Einheit immer wieder aufs Neue her. Beim Caudillaje liegt diese Gesamtvertretung im Oberkommando. Dieses spiegelt sich auch in den übrigen Repräsentationsinstanzen, die ihren Vertretungsauftrag allein im Rahmen ihrer Fähigkeit erfüllen, zur politischen Einheit beizutragen. Wenn also das Kommando und damit die Autorität in einem Punkt zusammengefasst sind, kann die Entstehung hiervon abgeleiteter repräsentativer Instanzen nicht durch Wahlen, sondern nur durch Berufung erfolgen«.[26]

Mit dem Rückgriff auf den Begriff *Caudillo* wurde eine Brücke in eine verklärte und mythisierte kollektive Vergangenheit geschlagen. Die mittelalterliche Verortung des Caudillo-Begriffs wurde an einer Vielzahl Analogien deutlich. Dazu gehörte natürlich der legendäre *El Cid Campeador* als Idealbild eines kastilischen Ritters und Archetyp der Heldenfigur. So ließ es sich Franco nicht nehmen, im Jahr 1955 in Burgos ein Denkmal zu Ehren dieses Ritters einzuweihen und dabei in Analogien zwischen den heldenmütigen Taten *El Cids* und dem Kreuzzugsgedanken im Bürgerkrieg zu schwelgen.[27] Ganz entsprechend wurden im September 1943 im Zuge der 1000-Jahr-Feiern zur Gründung Kastiliens die Parallelen zwischen dem mythischen Begründer des Reiches, Fernán González, und Franco als Erschaffer des *Neuen Spanien* herausgestrichen. Franco stand somit in einer Reihe mit den großen Heldengestalten der spanischen Geschichte.

Nach Conde habe Francos Herrschaft mit der Anknüpfung an die Vergangenheit im Sinne der Weber'schen Herrschaftssoziologie den charismatisch begründeten Ursprung verlassen und eine Verstetigung auf der Grundlage der Tradition erreicht.[28] Dieser Schritt sei auf symbolischer Ebene im Rahmen des Dankgottesdienstes in der Kirche Sankt Barbara anlässlich des Bürgerkriegssieges vollzogen worden. Damit habe sich die charismatische Herrschaft im Zuge der Veralltäglichung in eine traditionale und nicht in eine cäsarische gewandelt, die nach Weber wiederum auf das Plebiszit zur Sicherung der Legitimität angewiesen ist. Diese Unterscheidung, die Conde nach Ende des Zweiten Weltkriegs zur Abgrenzung von der Herrschaft Hitlers und Mussolinis traf, muss freilich im Zusammenhang mit den damals heftig geführten Debatten um den faschistischen Charakter der Franco-Diktatur gesehen werden. Dessen ungeachtet knüpften aber nicht nur Nationalsozialismus und italienischer Faschismus ganz genauso an eine mythisierte Vergangenheit an. Francos Herrschaft blieb darüber hinaus trotz aller Institutionalisierungsmaßnahmen ein ausschließlich an die Person gebundenes Regime, das auf eine plebiszitäre Bestätigung der Herrschaft angewiesen war.

Nach 1945 wurde freilich darüber hinaus betont, dass die allumfängliche Macht Francos durch die Doktrin der katholischen Kirche begrenzt sei und sie sich insoweit relativiere. Ganz genauso sei im Unterschied zur Vorstellung von der Schicksalsgemeinschaft im Faschismus und Nationalsozialismus die Führerschaft Francos allein durch den Willen der göttlichen Vorsehung erklärlich:

> »Hierin und nicht in biologischen oder in der Natur zu suchenden Argumenten liegt der innerste Grund für die völlige Übereinstimmung zwischen dem *Caudillo* und den Beherrschten. Der religiöse Auftrag des politischen Kommandos setzt korrelativ das Bewusstsein voraus, einem auserwählten Volk anzugehören«.[29]

Ein solches Bewusstsein spiegelte sich natürlich auch im Verständnis des Bürgerkrieges als »Kreuzzug« und in der »Mission« dieses Krieges, die abendländische Zivilisation zu erretten.

Die Vorstellung von Franco als Gottgesandtem und Streitarm Gottes ist auch ein gängiger Topos im Narrativ frühzeitig entstandener Biographien und Darstellungen.[30] Ganz in diesem Sinne verkündete Raimundo Fernández Cuesta in pathetischen Worten vor dem Nationalrat der *Falange* Anfang Juni 1939:

> »Die höchste Stimme der spanischen Kirche hat vor wenigen Tagen die Einheit zwischen Deinem Schicksal und dem Deines Volkes feierlich verkündet, deren Führung Dir durch den Willen der Vorsehung anvertraut worden ist. Uns hat diese vorausgeahnte und ersehnte Botschaft aufgrund der Präsenz der unfehlbaren Transzendenz zutiefst ergriffen. [...] Der Krieg war fruchtbar, denn das Wunder des Krieges hat das Wunder eines charismatischen Herrschers bewirkt, der von allen Spaniern inbrünstig geliebt und dem gehorcht wird«.[31]

Die damit einhergehende Sakralisierung Francos spiegelte sich auch in einem intensiven Personenkult. Alsbald prangten nicht nur in den Amtsstuben, sondern auch an zahllosen Hauswänden das Konterfei und der Name Francos. Briefmarkenserien und Kursmünzen zeigten sein Bild, und letztere betonten auch noch ausdrücklich das Gottesgnadentum seiner Herrschaft.

Dieser Personenkult fand mannigfach Ausdruck: In Analogie zum nationalsozialistischen Wahlspruch entstand in Spanien der Dreiklang: »Ein Vaterland, ein Staat, ein Caudillo«. Anfang 1939 legte ein Dekret wiederum fest, dass am Ende aller öffentlichen Veranstaltungen die Nationalhymne zu spielen sei und die Anwesenden dazu aufzustehen und den »römischen Gruß« zu entbieten hätten. Bei Vorhandensein eines Projektors sei darüber hinaus das Bildnis Francos zu zeigen. Allerorts wurden die wichtigsten Straßen oder Plätze nach Franco benannt, während nachrangige Straßenzüge die Erinnerung an die »Märtyrer des Kreuzzuges« wie José Antonio Primo de Rivera, General Mola, die »Helden von Teruel«, oder an Orte siegreich geschlagener Bürgerkriegsschlachten wach hielt. So wurde in Madrid der prachtvolle Paseo de la Castellana und in Barcelona die Avenida Diagonal in Avenida del Generalísimo umbenannt. El Ferrol als Geburtsort Francos gab sich bereits im Jahr 1938 den Namenszusatz »del Caudillo«. Eine ganze Reihe kleinerer Ortschaften folgten diesem

Beispiel. Darüber hinaus wurden zahllose Denkmäler zu Ehren der Erhebung und vor allem Standbilder Francos errichtet. Im Rahmen dieser Herrschaftsrepräsentation ist bezeichnend, dass in den ersten Jahren zwar aufwendige Inszenierungen der Macht nach faschistischem Muster mit Fackelzügen, überdimensionalen Franco-Bildnissen, Schriftzügen mit seinem Namen, sowie einem Amalgam aus frühneuzeitlichen und falangistischen Symbolen dominierten, an denen zehntausende Falangemitglieder beteiligt waren. Francos Repräsentation von Herrschaft orientierte sich aber vor allem an monarchischen Vorbildern. Dies wurde frühzeitig deutlich, als bereits kurz nach Übernahme der Staatsführung ein feierliches Protokoll samt einer Kleiderordnung für Empfänge in seinem Hauptquartier in Salamanca erlassen wurde. Auch die Einführung von Uniformen für das Dienstpersonal, die an frühneuzeitlichen Vorbildern angelehnt waren, unterstrichen dieses monarchische Flair. Der damit nach außen getragene Glanz wurde Anfang März 1937 eindrucksvoll sichtbar, als der neue italienische Botschafter sein Beglaubigungsschreiben übergab: Die pompöse Feierlichkeit, zu der Franco mit seiner schillernden maurischen Eskorte erschien und bei der er den Massen vom Balkon aus huldvoll zuwinkte, erinnerte auch den Vertreter Mussolinis eher an ein höfisches Zeremoniell als an eine faschistische Machtdemonstration.[32] Der französische Botschafter, Marschall Pétain, bemerkte ebenfalls nach seinem Eintreffen in Spanien im März 1939, dass Franco die Verhaltensweisen eines Monarchen angenommen hatte.[33] In diesem Sinne glichen auch die Empfänge für das diplomatische Corps im Thronsaal des Königspalastes einem höfischen Defilee. Vor allem aber wird in diesem Zusammenhang gerne darauf verwiesen, dass Franco das den Königen Spaniens vorbehaltene Privileg für sich in Anspruch nahm, Gotteshäuser unter einem Baldachin zu betreten. Mit Einführung der Monarchie im Jahr 1947 ging er sogar dazu über, Adelstitel zu verleihen. So wurden 1948 posthum Mola, Calvo Sotelo und Primo de Rivera in den Rang eines Herzogs erhoben. Zudem erhielt General Moscardó damals einen Grafentitel. Insgesamt adelte Franco drei Dutzend Personen. Dabei handelte es sich insbesondere um Militärs seines näheren Umfeldes in Anerkennung für im Zuge der »nationalen Erhebung« erworbener Verdienste.[34]

In den Zeiten der alfonsinischen Monarchie war der königliche Hof in den Sommermonaten in das mondäne, an der Biskaya gelegene San Sebastián gezogen, um der Hitze in Madrid zu entfliehen. Franco tat es den Monarchen gleich und verlegte seinen Amtssitz in den Palacio de Ayete, der einst ebenfalls als königliche Sommerresidenz gedient hatte. Mit ihm zogen auch der Ministerrat und das diplomatische Corps an die Küste. Den zweiten Teil des Sommers verbrachte Franco jedoch auf seinem Landsitz in Galicien, dem *Pazo de Meirás*. Die alljährlichen Empfänge zum 18. Juli fanden wiederum im am Nordhang des Gebirgszuges von Guadarrama gelegenen königlichen Lustschloss von La Granja de San Ildefonso statt. Bei aller Inszenierung mokierten sich Monarchisten wie der Herzog von Alba jedoch darüber, dass solche Veranstaltungen letztlich doch nur einen Abklatsch monarchischer Pracht und Würde darstellten.

Im Sinne dieser monarchischen Inszenierung hatten auch familiäre Feierlichkeiten ein entsprechendes Flair. So wurde die in El Pardo im Dezember 1944 festlich begangene Einführung der Tochter Francos in die Gesellschaft zu einem gesellschaftlichen Ereignis ersten Ranges. Deren Hochzeit im Jahr 1950 mit Cristóbal Martínez Bordiú, dem künftigen Marquis von Villaverde, glich wiederum einem königlichen Staatsakt aufgrund der Anwesenheit des Kardinalprimas, des päpstlichen Nuntius sowie der Mitglieder des Ministerrates und des diplomatischen Corps. Hierzu passt natürlich auch, dass Francos Ehefrau protokollarisch entsprechend der Würde einer Königin zu behandeln war. In diesem Zusammenhang kam es laut Ramón Garriga zu einem Eklat anlässlich eines offiziellen Besuchs Francos in Begleitung seiner Ehefrau in Sevilla im Oktober 1948: Im Anschluss an die Einweihung eines religiösen Monumentes war im erzbischöflichen Palais ein Bankett vorgesehen. Die hierfür geplanten zwei Tafeln sollten dabei durch Franco und durch seine Ehefrau präsidiert werden. Der streitbare Kardinal Segura widersetzte sich jedoch als Hausherr mit der Begründung, dass das kirchliche Protokoll vorsehe, dass ein Kardinal besagtes Präsidium lediglich an einen Monarchen, einen Staatschef oder eine Königin abtreten könne. Daraufhin wurde auf das vorgesehene Bankett verzichtet.[35]

Der Journalist Brian Crozier, der Mitte der 1960er Jahre eine Audienz bei Franco hatte, brachte diese monarchische Inszenierung auf den Punkt:

> »Feierlichkeit und Pomp sind denn auch die bestimmenden Züge von ›Francos Hofhaltung‹, wie man zu sagen versucht ist. Man muss den spanischen Staatschef bei einer Audienz im Pardo-Palast erlebt haben, um zu verstehen, dass für Franco das Paradox einer Monarchie ohne einen König durchaus nichts Widersprüchliches hat. Franco ist in jeder Hinsicht König *ad interim*.«[36]

Allem Anschein nach hatte er sogar davon abgehalten werden müssen, sich im Madrider Königspalast wohnlich einzurichten. So soll ihn damals Serrano Súñer von diesem selbstverräterischen und selbstherrlichen Schritt, mit dem er zudem den Unmut der Monarchisten auf sich gezogen hätte, eindringlich abgeraten haben.[37] Die Wahl fiel schließlich auf das ebenfalls königliche Anwesen von El Pardo außerhalb von Madrid, das ursprünglich als Jagdschloss konzipiert und im Laufe der Zeit immer wieder erweitert worden war. Die Residenz wurde nun im Stil des 18. Jahrhunderts eingerichtet und umgab Franco mit dem erwünschten königlichen Flair. Die Anlage bot ohnehin Vorteile. Zum einen lag sie inmitten eines Jagdreservats, was dem passionierten Jäger durchaus gefallen haben wird. Vor allem aber bot die Abgeschiedenheit die Möglichkeit der Gewährleistung höherer Sicherheit. In der unmittelbaren Umgebung wurden entsprechend auch große Kasernenanlagen zum persönlichen Schutz des Diktators errichtet. Der weitgereiste Journalist Hans Ulrich Kempski nannte die Anlage später einmal den am besten bewachten Regierungssitz der Welt.[38]

Ganz im Sinne der Übernahme monarchischer Verhaltensweisen kennzeichnete Franco ein distanziertes Auftreten. Das betraf aber nicht allein offizielle Anlässe. Er wirkt auch auf bei Freizeitbeschäftigungen wie der Jagd oder Fischerei gemachten Aufnahmen stets reserviert und ernst. Zudem existieren im Grunde keine Bilder, die ihn bei einem »Bad in der Menge« oder Gesten der Annäherung an die Massen zeigen.

Francos Unnahbarkeit tritt aber vor allem in den vielfältig erhaltenen Berichten über Audienzen zutage, die er über Jahrzehnte hinweg in seinem Arbeitszimmer vor einem stets mit Aktenstapeln überladenen Schreibtisch gab. Die Gesprächsführung hinterließ die Gäste oftmals völlig ratlos. So erging es etwa dem britischen Botschafter, Samuel Hoare, der im Verlauf des Zweiten Weltkriegs häufig mit Franco zu tun hatte:

> »Es war immer schwierig, ihn zu einer Diskussion im Wechselspiel von Fragen und Antworten zu bewegen. Noch schwieriger war allerdings, den watteartigen Polster seiner außerordentlichen Selbstgefälligkeit zu durchdringen«.[39]

Diese Wahrnehmung teilten auch andere Besucher. So stellte der spätere britische Außenminister Selwyn Lloyd im August 1954 fest:

> »Mir kam so vor, dass nichts von dem, was ich sagte, irgendeinen Eindruck auf ihn machte. Allerdings hat man mir versichert, dass das nichts Außergewöhnliches ist«.[40]

Franco monologisierte, blieb dabei meist vage und rätselhaft und verwirrte mit doppeldeutigen Antworten.[41] In diesem Sinne verließ auch der Rabbiner Chaim Lipschitz völlig ernüchtert die ihm im Juli 1970 gewährte Audienz, von der er sich Klarheit über die Gründe der in seinen Augen philosephardischen Grundhaltung des Diktators während des Zweiten Weltkriegs erhofft hatte.[42]

Solche Besucher indes, die Franco ohnehin mit Wohlwollen gegenübertraten, sahen die ritualisierten Audienzen in einem gänzlich anderen Licht. So stellte der konservative britische Geschäftsmann, der Earl of Bessborough, 1951 fest:

»Ich musste daran denken, wie sehr sich der Caudillo von dem Bild unterscheidet, das man gemeinhin von einem Diktator hat. Er spricht mit großer Einfachheit, Höflichkeit und Natürlichkeit und hat eine weiche Stimme, ohne jegliche Affektiertheit. [...] Ich muss der Gerechtigkeit halber sagen, dass er einem mit großer Geduld und einer Portion Humor zuhört«.[43]

Selbst US-Präsident Eisenhower zeigte sich nach einem Treffen mit Franco Ende 1959 in der gleichen Weise positiv überrascht und sinnierte darüber, ob Franco in Spanien nicht sogar freie Wahlen gewinnen würde.[44]

Francos Cousin kam wiederum zu einem zwiespältigen Ergebnis, das einen erhellenden Einblick in den protokollarischen Alltag in El Pardo bietet:

»Diese Veranstaltungen im Pardo-Palast sind zwar sehr gut organisiert, doch finden sie in einem faden Rahmen statt und sind allzu protokollarisch und langweilig. Da spürt man eine Trennwand eisiger Kälte, wenngleich ich aber nicht so recht weiß, worauf diese letztlich zurückzuführen ist. Der Caudillo ist im Umgang ein sehr gütiger Mensch, aber er ist kalt, sehr kalt. Oftmals erstarren seine guten Freunde in Eiseskälte und wissen dabei nicht, worauf diese Kälte und mangelnde Herzlichkeit zurückzuführen sind. Dieses Auftreten ist nicht geplant, erfolgt nicht mit Absicht und ist auch nicht das Ergebnis einer gesteigerten Überheblichkeit. Er ist schlichtweg so. So war er schon immer. Im Beisein seiner Ehefrau ist dieses Verhalten noch ausgeprägter. Das konnte ich zahllose Male beobachten. Sie ist nochmals anders, und wenngleich sie aufgrund ihrer Liebenswürdigkeit, Frömmigkeit und Eleganz über großartige Eigenschaften verfügt, gibt es Tage, an denen sie unerträglich ist. Dann kehrt sie eine absurde Strenge und Gravität nach außen. Tatsache ist, dass in Anwesenheit beider, zumal in Gesellschaften, niemals Vertraulichkeit aufkommt und Spontaneität sowie Freude völlig fehlen. Alle bewegen sich wie auf einer Bühne«.[45]

Psychologischen Deutungen zufolge verbirgt sich hinter dieser bewusst aufrechterhaltenen Distanziertheit, jenseits einer grundsätzlichen Schüchternheit Francos, vor allem die Absicht, keinesfalls vermenschlicht wahrgenommen zu werden und damit angreifbar zu sein.[46]

Selbst gute Freunde Francos aus Kindheitstagen, wie Juan Antonio Suanzes, mussten bereits in den Tagen des Bürgerkriegs mit Resignation akzeptieren, dass Franco einen solchen Respekt einforderte.[47] Er nahm auch gegenüber engsten und langjährigen Mitarbeitern wie seinem eigenen Cousin oder Carrero Blanco stets eine kühle und distanzierte Haltung ein. Er soll sogar seinen eigenen Schwiegersohn zur Einhaltung der korrekten Anrede als Exzellenz angehalten haben.[48]

Fontana, der ein zwiespältiges Verhältnis zu Franco hatte, zeichnet ein ergänzendes, recht anschauliches Bild dieser Außenwirkung:

»Franco war ein gravitätischer und würdevoller Mann, der gar nicht in der Lage war, schallend zu lachen oder ausgelassen zu sein. Mit seiner ernsten Grundhaltung wirkte sein Lächeln distanziert; es war nicht einmal liebenswürdig und entsprang eher seiner veranlagten Höflichkeit. Ohne unbedingt dem schwermütigen Philipp II. zu gleichen, entsprach er doch einem solchen von Beherrschung bestimmtem Wesen, das keinerlei Zugeständnisse im sozialen Umgang machte. Ich glaube nicht, dass er jemals nervös, erregt oder auch nur umtriebig gesehen worden ist. Er wahrte stets eine völlige Selbstbeherrschung, die nicht Ausdruck einer Pose oder vorgetäuscht, sondern auf seine unglaubliche innere Ruhe zurückzuführen war. [...] Als mediterranem und extrovertiertem Charakter konnte er auf mich gar nicht sympathisch wirken, und ich bezweifle, dass er es für irgendjemanden war. Das widerspricht sich aber nicht mit der Bewunderung, die er hervorrief, und der Autorität, die von ihm ausging und ihn als Aura umgab«.[49]

Franco sah sich selbst vor allem als jemanden, der seine Pflicht erfüllte. Das Bild eines bescheidenen, hingebungsvoll zum Wohle der Nation arbeitenden Staatschefs wurde auch in der Öffentlichkeit intensiv gepflegt. In diesem Sinne erklärte er 1947 im Rahmen eines einem amerikanischen Journalisten gewährten Interviews:

»Ich bin jemand, den es niemals zur Übernahme des Kommandos oder zur Macht hingezogen hat. Seit meiner Jugend hatte ich harte Prüfungen zu bestehen, indem auf meinen Schultern eine Verantwortung lastete, die größer war, als es meinem Alter und meiner Stellung entsprochen hätte. Aber ich habe eine hohe Auffassung von Verantwortungsbewusstsein und Pflichterfüllung, denn das Gefühl der Pflicht ist untrennbar mit dem Gewissen eines jeden Menschen verbunden. Seien sie versichert, dass ich mich mit Freude und ohne zu zögern vom Kommando zurückziehen würde, wenn ich davon überzeugt wäre, damit im Interesse meines Vaterlandes zu handeln. Für mich persönlich bedeutet das Kommando die Erbringung von Pflicht und Opfern«.[50]

Das waren der gleiche Tonfall und teilweise sogar die gleichen Worte, mit denen sich Franco 20 Jahre später im Zusammenhang mit dem Referendum über die *Ley Orgánica del Estado* an die spanische Bevölkerung richtete.

Über diesen Vorrang der Pflichterfüllung kursierten auch bezeichnende Anekdoten. So soll Francos Ehefrau, die am Vorabend der Erhebung zusammen mit ihrer Tochter die Kanaren auf einem Schiff verlassen hatte, beim Eintreffen in Francos Hauptquartier in Cáceres einige Wochen später zur Verwunderung der Anwesenden über eine Stunde haben warten müssen, bevor der Gatte aus einer Besprechung herauskam. Zu der Disziplin gehörte auch ein streng reglementierter Tages- und Wochenablauf mit Bürozeiten, Besprechungen, Audienzen, Ministerratssitzungen und nicht zuletzt Gottesdiensten. In diesem Sinne wird Francos Regierungstätigkeit von wohlwollenden Betrachtern als das Ergebnis harter tagtäglicher Arbeit dargestellt.[51]

Ganz genauso wird in diesem Zusammenhang das maßvolle Privatleben kolportiert, das manche als asketisch bewundern, andere schlichtweg als kleinbürgerlich abtun. Hierin hatten weder amouröse Beziehungen, noch übermäßiger Alkoholkonsum Platz. Und obwohl Franco die Pracht der Inszenierung schätzte und offizielle Aufgaben besonders gerne in der prächtigen Admiralsuniform wahrnahm, beschränkte sich sein Brustschmuck auf den höchsten ihm verliehenen Militärorden. Das war in den frühen Jahren die Militärmedaille und später die *Laureada*. Auch besaß Franco unweit von El Pardo zwei landwirtschaftliche Güter, Valdefuente in Navalcarnero sowie Canto del Pico in Torrelodones, deren Bewirtschaftung er sich ebenfalls diszipliniert widmete. So wurde das Bild eines spartanischen Menschen gepflegt, und in diesem Sinne ist auch hervorgehoben worden, dass selbst der Pardo-Palast zwar aus Staatsbesitzbeständen ansehnlich ausgestattet gewesen sei, letztlich aber keinen Vergleich mit dem Luxus der Residenzen anderer Diktatoren seiner Zeit oder sogar wohlhabender spanischer Familien habe standhalten können. Zu dem Privatleben, an dem nur wenige Außenstehende wie Pedro Nieto Antúnez oder Max Borrell mit Regelmäßigkeit teil hatten, gehörten aber auch Seiten, die zur öffentlichen Darstellung weniger geeignet schienen, wie Francos exzessiver Fernsehkonsum, seine Kartenspiel- und Dominopartien sowie eine offenbar bestehende Leidenschaft für Fußballwetten.[52]

Franco hielt an der selbst auferlegten Pflichterfüllung sprichwörtlich bis zum bitteren Schluss fest. Dabei hat er trotz aller Rhetorik, wonach für die Zeit nach seinem Ableben alles ordentlich festgezurrt sei, wohl mit großem Unbehagen daran gedacht. Letztlich blieb das Regime nicht nur tatsächlich untrennbar und ausschließlich mit der Person Franco verbunden. Es war im Grunde auch schon zu Lebzeiten des Diktators zu einer inhaltslosen Schale geworden und zehrte in den letzten Jahren nur noch vom Mythos, den Franco um sich geschaffen hatte. Das zeigt sich an dem für die Diktatur etablierten Begriff »Franquismus« und nicht zuletzt daran, dass nur drei Jahre nach dem Tod des Diktators bereits eine freiheitlich-demokratische Verfassung verkündet und durch das spanische Volk mit überwältigender Mehrheit angenommen worden ist.

Der Schatten des Diktators und seiner Mythen

Francos Witwe verließ Ende Januar 1976 die Residenz von El Pardo. Abgesehen von der periodischen Aufmerksamkeit, die die Regenbogenpresse den Familienangehörigen widmete, sowie den Schlagzeilen, die die Tochter im April 1978 mit ihrem Versuch machte, Schmuck illegal in die Schweiz zu schaffen, wurde es ruhig um die Familie Franco. Das entsprach letztlich ganz dem Willen des größten Teils einer Gesellschaft, die ein völlig neues Kapitel in der Geschichte des Landes aufschlagen wollte. In der Forschung herrscht Einigkeit darüber, dass nicht nur der Bürgerkrieg tiefgehende soziale Folgen hinterlassen hatte. Gerade die Diktatur, die über Jahrzehnte eine klare Trennung zwischen Siegern und Besiegten vollzog, hatte verhindert, dass die damals entstandenen Wunden heilen konnten. Für viele endete der Bürgerkrieg erst mit dem Tod Francos.[1] Die Erfahrung von Krieg und Diktatur bewirkte wiederum – analog zur Tabuisierung der NS-Vergangenheit in der bundesrepublikanischen Nachkriegszeit – einen Verdrängungsprozess zugunsten des in die Zukunft weisenden Aufbaus einer neuen Grundordnung. Hinzu kamen die Lehren aus der Zweiten Republik, in der eine ideologisch begründete Konfrontationshaltung sukzessive eskaliert und scheinbar unausweichlich im Bürgerkrieg zur Entladung gekommen war. So bestand nach 1975 gesellschaftsübergreifend die Sorge vor einer Wiederholung der Geschichte. Entsprechend wurde der Konsens als eine Ideologien übergreifende gemeinsame Kraftanstrengung zum Schlüsselbegriff im Übergangsprozess zur Demokratie.

Dies zeigt sich am Amnestiegesetz vom Oktober 1977, das Straffreiheit für alle während der Diktatur verübten, politisch motivierten Straftaten zusicherte und damit vor allem den Schergen des Regimes zugute kam. Der Gesellschaftskonsens zeigte sich auch am Ergebnis der ersten demokratischen Parlamentswahlen im Juni 1977, als die politischen Extreme abgestraft wurden. Das traf Parteien, denen beträchtliche Wahlchancen eingeräumt worden waren, wie die kommunistische Partei, die die Opposition im Spätfranquismus maßgeblich geprägt hatte, oder jene des reformorientierten Ministers Francos, Manuel Fraga Iribarne, der davon überzeugt gewesen war, dass eine breite bürgerliche Gesellschaftsschicht, die während der Diktatur zu (bescheidenem) Wohlstand gekommen war und folglich profitiert hatte, auch an den Wahlurnen für Kontinuität eintreten würde. Beide Gruppierungen wurden bitter enttäuscht und erreichten lediglich einige wenige Prozent der abgegebenen Stimmen. Franquisten und Kommunisten, letztere mit ihrem Parteiführer Santiago Carrillo, der in die dunklen Seiten der Repression auf republikanischer Seite verstrickt war, symbolisierten jene beiden Extreme, die sich im Bürgerkrieg unversöhnlich gegenübergestanden waren. Entsprechend waren sie, so der soziologische Erklärungsansatz, diskreditiert.

Ganz in diesem Sinne wurde auch die Vergangenheit tabuisiert. Hierzu heißt es pointiert, dass auf die Amnestie eine Amnesie folgte.[2] Franco verschwand damit trotz der nun beginnenden intensiven geschichtswissenschaftlichen Beschäftigung mit Bürgerkrieg und Diktatur weitgehend aus der öffentlichen Wahrnehmung und fiel dem Vergessen anheim. Über der Esplanade vor dem Mausoleum im *Tal der Gefallenen* wuchs sprichwörtlich Gras, wenngleich sich dort alljährlich zum Todestag von Franco und José Antonio Primo de Rivera am 20. November kleine Grüppchen von Ewiggestrigen trafen. Der *Pakt des Vergessens* schien damals notwendig, um den Übergang zur Demokratie abzusichern und das Aufleben von Zuständen wie in den 1930er Jahren zu vermeiden. Diese Grundhaltung spiegelt sich deutlich in der Verlautbarung der sozialistischen Regierung unter Felipe González aus dem Jahr 1986 zum 50. Jahrestag des Bürgerkriegbeginns: Dieser Krieg sei kein Ereignis, dessen man gedenken solle, auch nicht durch jene, die ihn erlebt und erlitten hätten. Der Bürgerkrieg sei vielmehr endgültig zur Geschichte geworden und damit für Spaniens Realität nicht mehr lebendig und präsent. Ganz im Einklang hiermit sprachen sich damals drei Viertel der Befragten in einer repräsentativen Meinungsumfrage dafür aus, dass er als beschämendes Ereignis vergessen werden sollte.[3]

Dieser Konsenswillen des Übergangsprozesses zeigt sich auch in der Historiographie, die sich besonders darum bemühte, von dem Blickwinkel ideologischer Neutralität aufzuwarten. Das galt auch für die Franco-Biographik. So strebten Carlos Fernández Santander[4] und nicht zuletzt Juan Pablo Fusi mit seiner im Jahr 1985 erschienenen, häufig als erste kritische Franco-Biographie bezeichneten Studie ganz ausdrücklich nach einem ausgewogenen Bild. So macht Fusi zwar im Vorwort seines biographischen Essays keinen Hehl aus seiner Selbstverortung im anti-franquistischen Lager, streicht aber gleichzeitig heraus:

»Ich bin der Auffassung, dass die Geschichtsschreibung nicht dazu da ist, tendenziöse Meinungen auszudrücken, und dass der Historiker in seiner Arbeit nur seine historischen Schlussfolgerungen zu äußern hat und nicht seine politischen Vorlieben oder seine besonderen Leidenschaften. Dies gilt auch für den Historiker, der sich mit der Biographie Francos befasst. Ich war zumindest bestrebt, gemäß Max Weber der Verantwortungsethik den Vorrang vor der Gesinnungsethik zu geben«.[5]

Eine solche Feststellung aus der Feder eines wissenschaftlichen Maßstäben verpflichteten Historikers mag als unnötig zu betonende Selbstverständlichkeit wirken. Dass sie gemacht wurde, ist wiederum bezeichnend und muss im historischen Kontext betrachtet werden. Solche Bekenntnisse zur Neutralität finden sich entsprechend auch in den Publikationen erklärter Bewunderer des Diktators wie Ricardo de la Cierva[6] oder Luis Suárez Fernández.[7] Letztlich gelingt es diesen Autoren, die in einer engen persönlichen Verbindung zur Diktatur gestanden hatten, jedoch kaum, ihre Grundhaltung zu verbergen. Entsprechend wurden sie durch die Fachwelt weitgehend ignoriert. Allerdings hatte Anekdotisches zu Franco nicht nur bei Nostalgikern der Diktatur Hochkonjunktur. So erzielten gleich eine ganze Reihe von Titeln aus der Feder von Fernando Vizcaíno Casas enorme Verkaufserfolge, und Spielfilme, die sich ironisch mit dem System des Franquismus auseinandersetzen, wurden zu Publikumsmagneten.[8]

Anlässlich von Francos 100. Geburtstag im Jahr 1992 erschien eine Welle von Biographien, die sich weiterhin dem Grundsatz verpflichtet fühlten, ein ideologiefreies Bild zu zeichnen.[9] Gleichzeitig bemühte sich die Historiographie aber vor allem, jene Mythen zu dekonstruieren, die durch die Propaganda der Diktatur permanent verbreitet worden waren und sich in das kollektive Gedächtnis eingebrannt hatten. Dazu hatte schon die Biographik aus der Zeit des Bürgerkrieges einen richtungsweisenden Anfang gesetzt, indem sie die Heldenfigur Francos erschuf, der die spanische Nation vor dem Untergang bewahrt habe.[10] An erster Stelle steht dabei die in mehreren Auflagen und Übersetzungen erschienene Biographie des Journalisten Joaquín Arrarás, die zwar sachliche Fehler enthielt, aber im Geiste klassischer Heldengeschichten das Bild der von früher Kindheit an durch die Vorsehung bestimmten Lichtgestalt prägte. Diesem Muster folgten andere, dem faschistischen Zeitgeist verpflichtete Autoren. Vor allem bei Dagobert von Mikusch zeigt sich diese teleologische Herangehensweise, sowohl immanenter als auch vor allem transzendenter Zweckursachen. Auch hier lenkte eine »höhere Hand«, »damit sich das Geschick erfülle, das Spanien eine Wiedergeburt beschieden hatte«.[11] Typisch für diese biographischen Ansätze war auch, dass die Rolle anderer Verschwörer, wie vor allem General Molas als »Direktor« des Putsches, minimiert und Franco als von Anbeginn unumstrittener Führer der Erhebung dargestellt wurde. Zu den durch die Bürgerkriegsforschung als Legenden entlarvten Behauptungen gehört auch ganz genauso jene, eines im Sommer 1936 unmittelbar bevorgestandenen freimaurerischkommunistischen Staatsstreichs, dem die »Nationale Erhebung« zuvorgekommen sei – eine Behauptung, mit der die Nationalisten ihren Putsch gegen die legal konstituierte Regierung legitimierten.[12] Damit wurde im Geist des Faschismus die Auseinandersetzung als Kampf einer nationalen Bewegung gegen das »internationale Judentum«, das durch die Freimaurerei verkörperte »internationale Finanzkapital« sowie den Bolschewismus in seinem Streben nach der Weltherrschaft wahrgenommen. Putsch und Bürgerkrieg wurden darüber hinaus auch als Beginn einer neuen Weltordnung gedeutet, »am Schnittpunkt zweier Epochen, da die alte bürgerliche Lebensordnung rettungslos dahin sank und eine neue soziale Daseinsgestaltung im Werden war«.[13]

Dieses Interpretationsmuster konnte nach 1945 vor dem Hintergrund des Ost-West-Konflikts zumindest teilweise den neuen Zeiten angepasst werden. So nimmt etwa Dahms noch im Jahr 1972 nur allzu gerne die Legende der kommunistischen Verschwörung und Revolutionspläne auf, um das Vorgehen Francos zur Errettung einer demnach am Rande des Abgrunds gestandenen Republik zu rechtfertigen.[14] Jüngere Publikationen, wie die von Rafael Cruz, belegen indes, dass bei allen Schwierigkeiten vor denen die Republik im Jahr 1936 stand, die Zivilgesellschaft alles andere als in Auflösung begriffen war und entsprechend die zwingende Kausalität einer sich im Bürgerkrieg entladenden Gewalt eine exkulpatorische Argumentation darstellt.[15]

Noch hartnäckiger als der Mythos der kommunistischen Revolution hat sich die Legende vom *Caudillo* gehalten, der im Zweiten Weltkrieg alles daran gesetzt hat, seinem Land das mit einem neuerlichen Krieg verbundene Leid zu ersparen. Hierzu fanden sich »Kronzeugen«. Dazu gehörte nicht zuletzt der Chefdolmetscher im Auswärtigen Amt, Paul Schmidt, der, wenngleich er an den Gesprächen zwischen Hitler und Franco in Hendaye im Oktober 1940 nicht unmittelbar beteiligt war, diesen Mythos in seinen Erinnerungen befeuert hat. Hierzu zählt aber auch Winston Churchill als unverdächtiger Zeitzeuge, der nicht nur im Mai 1944 in einer Rede für Franco in die Bresche sprang, sondern auch danach das Bild vermittelte, Franco habe Hitler die Stirn geboten.[16] So kann es nicht Wunder nehmen, wenn Biographen wie Crozier zu folgender Beurteilung Francos gelangten:

> »Meisterhaft war es, wie er mit Hitler umging. Er machte ihm keinerlei Konzessionen, abgesehen von öffentlichen Komplimenten, und konterte Hitlers Forderungen mit endlosen Verzögerungen, dem Hinweis auf die ungünstige materielle Lage und anderen Kunstgriffen«.[17]

Zudem wurde nach 1945 die Schuld am Rapprochement Ramón Serrano Súñer, dem Schwager Francos, angelastet – ein Argument, das erst ab Mitte der 1980er Jahre auf der Grundlage eines mit der Öffnung spanischer Archive besseren Verständnisses der Außenpolitik Spaniens im Zweiten Weltkrieg als Legende entlarvt werden konnte. Heute besteht Einigkeit darüber, dass Franco willens war, in den Krieg einzutreten und dies in den entscheidenden Wochen nach der Niederlage Frankreichs bei einer entsprechenden territorialen Gegenleistung auf Kosten Frankreichs getan hätte. Auch ist sich die Forschung einig, dass seine Haltung im Verlauf des Weltkriegs keinesfalls als neutral verstanden werden kann. Francos »meisterhafte Fähigkeit«, das Staatsschiff durch die stürmischen Wasser des Weltkriegs zu steuern, erweist sich angesichts der Überzeugung beider Kriegsparteien, wonach eine Militärintervention in Spanien kontraproduktiv sei, ebenfalls als Illusion. In der landläufigen Meinung hält sich indes mit erstaunlicher Zähigkeit der »Mythos von Hendaye«, sowie die Vorstellung von Franco als geschicktem Außenpolitiker.

Selbst die während der Diktatur gepriesene hartnäckige Verteidigung der nationalen Interessen, Souveränität und Würde durch Franco erscheint nicht zuletzt vor dem Hintergrund der Geheimklauseln zum spanisch-amerikanischen Basenabkommen von 1953 als abwegig. Vielmehr tritt das Bild eines Diktators zutage, dem es vor allen anderem um die Sicherung der persönlichen Macht gegangen ist. Hierbei bildete gerade dieses Basenabkommen einen der zentralen

Stützpfeiler. Franco wird in diesem Zusammenhang gerne attestiert, letztlich für keinerlei Ideologie zu stehen. Im Sinne des eigenen Machterhalts habe er sich verändernden politischen Rahmenbedingungen angepasst. Dabei habe er es vor allem verstanden, die eigenen Interessen mit dem Erhalt des Wohles der Nation gleichzusetzen. Die Sicherung der Macht verfolgte er nicht zuletzt auch dadurch, dass er die verschiedenen politischen und ideologischen Kräfte innerhalb seines Regimes im Gleichgewicht hielt und dadurch neutralisierte.[18]

Kritiker können hierin lediglich eine Skrupel- und Prinzipienlosigkeit erkennen. Bewunderer sehen darin indes eine der großen Leistungen des Diktators:

> »In Wahrheit aber ist Franco der seltene Fall eines von Ideologie unbeschwerten Staatschefs, der sein Handeln durch die Umstände bestimmt fand, die 1936 und 1937 in Spanien herrschten. Aber auch sein Verhalten als opportunistisch zu beschreiben, wäre nur die halbe Wahrheit. Franco war immer ein Mann der Grundsätze und nicht der Weltanschauung. [...] Sie hießen Pflicht, Disziplin und Ordnung«.[19]

Entsprechend könne nicht von einer Ideologie des Franquismus, sondern von einem modalen Franquismus als Repertorium von Strategien, Taktiken und Handlungsweisen gesprochen werden, der die Stabilisierung des Regimes bezweckt habe. In der Forschung hat sich in diesem Zusammenhang darüber hinaus das Bild verfestigt, wonach Francos Persönlichkeit starke narzisstische und psychopathische Züge trug und durch eine krankhafte Machtbesessenheit bestimmt wurde.[20] Schon aus diesem Grunde habe dieses allein auf den persönlichen Machterhalt Francos ausgerichtete System keine Kontinuität haben können.[21]

Bei aller Machtbesessenheit als die Herrschaft bestimmende Antriebsfeder lässt sich dennoch feststellen, dass Franco auch weit über das Jahr 1945 hinaus nicht nur hartnäckig an der *Falange* festhielt, sondern vor allem an seiner Vorstellung von einer Synthese zwischen dem Nationalen und dem Sozialen im Rahmen eines autoritären, korporativen Staates mit der *Falange* als totalisierender Massenbewegung. Und wenngleich die Technokraten um López Rodó Ende der 1950er Jahre Franco mühsam hiervon abbrachten und eine gesellschaftspolitische Kehrtwende in Gang setzten, kam er in seinen Reden immer wieder darauf zurück. Ganz genauso hat Franco den Glauben an die Bedrohung durch Freimaurerei und Kommunismus als finstere gegen Spanien verschworene Mächte zeitlebens nicht abgelegt.

Das auch außerhalb Spaniens entstandene positive Erscheinungsbild des Diktators ist im Wesentlichen durch das nach 1945 verstärkt gepflegte katholische Antlitz des Regimes geprägt und im Zeichen des Kalten Krieges durch Fürsprecher verbreitet worden. Hierzu gehörte bereits frühzeitig der US-amerikanische Botschafter in Madrid, Carlton Hayes, der sich noch vor Kriegsende von einem Gegner zu einem Bewunderer Francos gewandelt hatte. Gestrige wie Franz von Papen lobten den Diktator über alle Maße für seine vermeintliche Weitsicht, den Kommunismus als wahren Feind der Zivilisation erkannt und vor einer Zerstörung Deutschlands als Bollwerk gegenüber der Sowjetunion gewarnt zu haben.[22] Ein im heutigen Licht befremdliches Bild bestand aber auch bei führenden deutschen christdemokratischen Politikern wie Richard Jaeger, der im April 1960 vor dem Deutschen Bundestag zum Wesen der Franco-Diktatur feststellte:

> »Es ist ja auch die Diktatur in einem romanischen Volk; sie wird also weder mit preußischer Exaktheit noch mit deutscher Perfektion durchgeführt, sondern eben in der etwas leichteren Lebensart dieser Völker«.[23]

Diese Feststellung spricht Hohn angesichts der aktuellen Forschungsergebnisse zum Gewaltcharakter der Diktatur.

Ganz in dieser Linie steht der Großteil der in jenen Jahren entstandenen Biographien, die im Sinne der Renaissance des Abendlandgedankens Francos »Sendungsauftrag« im Bürgerkrieg unterstreichen.[24] Die häufig zeitnahe Übertragung solcher Biographien ins Spanische ist darüber hinaus ein guter Indikator für die politische Ausrichtung der Texte und die Selbstverortung der Biographen.[25] So nahmen die im Geiste des Kalten Krieges verfassten Biographien die historisch nachweislich falsche Vorstellung willig auf, wonach im Bürgerkrieg die Hilfe durch Hitler und Mussolini erst erfolgt sei, nachdem Stalin beschlossen hatte, die Republik militärisch zu unterstützen. Hierzu gehört auch jene als irrig entlarvte These, wonach die republikanische Regierung im Bürgerkrieg eine Marionette Moskaus gewesen sei.[26] Eine ebenfalls gebetsmühlenartig verbreitete irrige Vorstellung besagt, dass das Franco-Regime nach 1945 aufgrund der außenpolitischen Isolation, in der es sich befand, keine Alternative zur Autarkie-Politik gehabt habe. Tatsächlich hatten es Francos Finanz- und Wirtschaftsfachleute ungemein schwer, den Diktator zu einer Abkehr von dieser Politik zu bewegen. Entsprechend kann er auch nicht als Vater des »spanischen Wirtschaftswunders« bezeichnet werden. In diesem Kontext ist mit Blick auf die spätere Demokratisierung ein weiterer Mythos entwickelt worden: Franco habe im Rahmen dieses »Wirtschaftswunders« nicht nur eine breite bürgerliche Mittelschicht, sondern damit darüber hinaus jene sozialen Grundlagen geschaffen, die dem Demokratisierungsprozess den Weg bahnten.[27] Franco dachte freilich keinesfalls an die Etablierung einer freiheitlichen Grundordnung nach seinem Tod. Vielmehr sollte eine wirtschaftliche Stabilität die Diktatur auf Dauer zementieren.

Diesen dem Diktator wohlwollende Darstellungen aus der Zeit des Kalten Krieges steht als markantes Gegenbeispiel die im Jahr 1964 unter dem Pseudonym Luis Ramírez durch den in Paris ansässigen Verlag »Ruedo Ibérico« als namhaftes Sprachrohr der Opposition zur Diktatur herausgegebene, eine anti-franquistische Haltung nicht verhehlende und für die weitere kritische Auseinandersetzung mit Franco wegweisende Biographie.[28] Sie entstand in einer Zeit, in der auch die geschichtswissenschaftliche Beschäftigung mit der Diktatur und dem Bürgerkrieg ihren Anfang nahm, wozu vor allem die ebenfalls bei »Ruedo Ibérico« erschienenen Pionierstudien von Herbert Southworth, Hugh Thomas oder Stanley Payne gehören.

In dieser Verschiedenartigkeit der Annäherungen an das Leben Francos zeigt sich nicht zuletzt die herausragende Rolle des Biographen bei der narrativen Konstruktion des historischen Subjekts. Die Franco-Biographik erweist sich als ein besonders augenfälliges Beispiel für zeitbedingte Deutungen in spezifischen politischen und sozialen Kontexten, in die der Biograph konstitutiv eingebettet ist.[29]

In den 1990er Jahren war Franco trotz einer aufkommenden intensiven Forschungstätigkeit aus der öffentlichen Diskussion weitgehend verschwunden. Hieran konnten auch empörte, in Beschimpfungen gipfelnde Publikationen einzelner Ewiggestriger als Reaktion auf die Dekonstruktion des Franco-Mythos nichts ändern. So wetterte etwa Ricardo de la Cierva gegen Paul Preston, indem er dessen Franco-Biographie als »reine Esoterik«, als »horrende Seiten« und als »comichaft« bezeichnete.[30] Für de la Cierva ging es dabei, wie er selbst betonte, um eine moralische Pflichterfüllung:

> »Jene Hälfte Spaniens, die sich [1936] dagegen aufgelehnt hatte, unterzugehen, hat das Recht, ihre Wahrheit zu erfahren und in ihrer Wahrheit bestätigt zu werden; ich bin bereit, dies zu tun«.[31]

Allerdings waren de la Cierva, der in der Spätphase des Franquismus eine staatlich subventionierte zweibändige Biographie Francos publiziert hatte und entsprechend als dessen »offizieller Biograph« galt, sowie der Mediävist Luis Suárez Fernández, der Zugang zu Dokumenten aus dem Nachlass Francos erhalten und auf dieser Grundlage Mitte der 1980er Jahre eine achtbändige Geschichte der Diktatur verfasst hatte, im Grunde die Einzigen, die in diesen Jahren das Banner der Deutungshoheit im Sinne der franquistischen Propaganda hochhielten.[32]

Das Desinteresse der breiten Öffentlichkeit an Franco brachte der Historiker Enrique Moradiellos mit dem Untertitel seiner 2002 erschienenen Biographie auf den Punkt: »Chronik eines nahezu vergessenen Caudillo«.[33] Zwei Jahre zuvor hatte eine Meinungsumfrage ganz in diesem Sinn zutage gebracht, dass über 40 Prozent der Befragten dem Diktator völlig indifferent gegenüberstanden.³⁴ Diese auffällige Ruhe um Franco war jedoch trügerisch. Der Diktator war auch ein Vierteljahrhundert nach seinem Tod omnipräsent, und das nicht nur auf den bis zur Einführung des Euro im Umlauf befundenen Münzen mit seinem Konterfei. An Franco und die Sieger des Bürgerkrieges erinnerten unverändert, auch nach einer ersten Welle von Umbenennungen in vor allem sozialdemokratisch regierten Kommunen, die Namen zahlloser Straßen, Plätze und Denkmäler. Dies war nicht zuletzt in Madrid der Fall, wo sich noch bis 2005 das Reiterstandbild Francos behaupten konnte.

Eine Trendwende kündigte sich schon Ende der 1990er Jahre an, als sich der Konsens im Beschweigen der Vergangenheit allmählich aufzulösen begann. So wurde damals im Parlament eine Verurteilung des Putsches vom Juli 1936 betrieben, die bezeichnenderweise allein durch die konservative Volkspartei nicht mitgetragen wurde. Mit der im Jahr 2000 erfolgten Öffnung von Massengräbern aus der Zeit des Bürgerkrieges, in denen zehntausende Repressionsopfer verscharrt worden waren und an denen bis dahin niemand zu rühren gewagt hatte, trat die Vergangenheit schließlich wirkmächtig an die Oberfläche. Jene über Jahrzehnte »zum Schweigen verdammte Hälfte Spaniens« erhob nun das Wort, so die übereinstimmende Deutung von Historikern und Soziologen. Dies spiegelt sich nicht zuletzt auch in dem Begriff der »Wiedererlangung des historischen Gedächtnisses«, der sich in jenen Jahren in Abgrenzung zur »kollektiven Amnesie« und zum Konsensgebot des Übergangsprozesses etablierte und für den im deutschen kollektiven Bewusstsein die »Vergangenheitsbewältigung« steht.

Der Bürgerkrieg und mit ihm Franco rückten nun in den Blickpunkt des öffentlichen Interesses und lösten eine bis in die Gegenwart andauernde außerordentlich emotional besetzte gesellschaftliche Auseinandersetzung aus. Nun wurden erstmals Fragen nach Schuld und Verantwortung gestellt und kontrovers diskutiert. Die Konfliktlinien zeigten sich, wie eingangs angesprochen, nicht zuletzt auch innerhalb der Geschichtsschreibung. Damit kamen Studien auf den Markt, die im Ergebnis diametral entgegengesetzt liegen und sich sogar mitunter ausdrücklich als Gegendarstellungen verstehen. So erschien im Jahr 2000 eine militärhistorische Studie mit dem provokanten Titel »Die militärische Inkompetenz Francos«. Sie erfuhr noch im gleichen Jahr eine Entgegnung, die wiederum mit dem »militärischen Genie Francos« aufmachte. Im Untertitel wurde sogar explizit auf die vorangegangene Publikation Bezug genommen: »Präzisierungen zum Werk von Oberst Blanco Escolá«.[35]

Vor dem Hintergrund dieser Auseinandersetzung ist in den letzten Jahre eine durchaus politisch zu verstehende Historiographie entstanden, die sich gegen eine als »neo-franquistisch« wahrgenommene »Geschichtsklitterung« wendet:[36] »Wir schreiben gegen Franco. [...] Mehr noch als gegen Franco schreiben wir gegen die Neofranquisten«.[37] Dahinter steht die Grundhaltung, dass gegenüber der Person Francos aufgrund der Folgen seiner Herrschaftsausübung keine Neutralität und Wertfreiheit möglich seien – erst recht nicht aus der Perspektive eines freiheitlich-demokratischen Gemeinwesens.[38]

An dieser Auseinandersetzung wurde zudem deutlich, dass der Bürgerkrieg, der schon während der Diktatur den erklärten Referenzpunkt der Herrschaft Francos dargestellt hatte, auch jetzt den zentralen Bezugspunkt in der Beschäftigung mit der Person bildete. Entsprechend nimmt er in den meisten Franco-Biographien einen außerordentlich breiten Raum ein. So widmet Paul Preston in seiner monumentalen 1000-Seiten-Darstellung den knapp drei Jahren des Krieges ein Viertel des Gesamtumfangs. Eine solche Gewichtung stellt keine Ausnahme dar. Autoren wie Javier Tusell oder Vaca de Osma wenden sich in ihren biographischen Annäherungen an Franco paradigmatisch gleich ausschließlich den Jahren des Bürgerkrieges zu.[39] In diesem Sinne betont Tusell, dass allein dessen Spezifika die Dauer der Diktatur erklärlich machen.[40] Autoren wie Alan Lloyd beginnen wiederum ihre Darstellung mit den Ereignissen des 17. und 18. Juli 1936, um sich erst im Anschluss daran mit der Kindheit Francos zu befassen.[41] Bezeichnend ist in diesem Zusammenhang auch, dass erklärte Bewunderer des Diktators gerade den Jahren des Bürgerkriegs deutlich weniger Raum bieten. So räumt die weit über 1000 Seiten umfassende Biographie von Suárez Fernández dieser Zeit lediglich an die 80 Seiten ein.[42]

Ganz im Sinne der Fokussierung des historiographischen Interesses auf den Bürgerkrieg wird letztlich auch die gesamte Lebensspanne Francos in einen unmittelbaren Bezug zu diesem gesetzt.[43] Hierzu gehören Kindheitserlebnisse Francos, mit denen spätere Verhaltensweisen wie seine Unnahbarkeit und Kälte erklärt werden. Ganz genauso wird sein Lebensabschnitt als Offizier im marokkanischen Kolonialkrieg in Beziehung zu seinem Handeln während des Bürgerkrieges gebracht. Hierbei geraten aber auch kollektive milieutypische Verhaltensweisen und die sozialen Strukturen des Offizierskorps in den Blickpunkt. So werden der Afrikakrieg und der Spanische Bürgerkrieg als zusammenhängend oder, präziser formuliert, der Bürgerkrieg als eine Fortsetzung des Kolonialkrieges betrachtet, in dem es mit der Entgrenzung von Gewalt, der Entmenschlichung des Gegners sowie den Merkmalen »ethnischer Säuberungsmaßnahmen« zu einer Übertragung von Feindbildern und Verhaltensweisen kam.[44]

Der Bürgerkrieg bildet ganz genauso den Bezugspunkt, wenn im Rahmen der Konstruktion personaler Kohärenz und Plausibilität die Ernennung Francos zum Generalissimus am 1. Oktober 1936 als eine linear verlaufene Krönung der mit dem Kolonialkrieg verbundenen meteorhaften militärischen Karriere erscheint.[45] Diese konstruierte Kausalität und als konsistent dargestellte Ganzheit sind vor allem im Zuge der hagiographischen Stilisierung während der Diktatur erfolgt und entsprachen der Vorstellung eines der Vorsehung geschuldeten Führertums. Wenngleich diese Sichtweise überholt ist, kann sich die Biographik trotzdem nicht der literarischen Schöpfung von Kontinuitätslinien als »artifizieller Konstruktion von Sinn« und »biographischer Illusion«[46] entziehen. Dies zeigt sich etwa in der auf ein unterstelltes Ziel hin ausgerichteten Anlage von Studien wie jene von Philippe

Nourry oder Georg Eickhoff, die den Weg zur Machtergreifung Francos in den Mittelpunkt rücken.[47]

Auch die nach Weltkriegsende sich verändernden gesellschaftlichen Kontexte, ein sich damit wandelnder biographischer Selbstentwurf oder eine sich entsprechend anpassende biographische Inszenierung des Diktators konnten nichts daran ändern, dass der Bürgerkrieg jenes nahezu zwanghaft anmutende zentrale Ereignis blieb, um das der gesamte Lebenshorizont General Francos kreist. Dies zeigen nicht zuletzt die gegenwärtigen emotional aufgeladenen Debatten um Schuld und Verantwortung, die das Augenmerk der Forschung in ganz besonderer Weise auf das im Bürgerkrieg konstituierte Herrschaftsverständnis und eine für den gesamten Verlauf der Diktatur durch Gewalt gekennzeichnete Herrschaftsausübung lenkt.

Die Auseinandersetzungen um die Bewertung von Diktator und Diktatur erreichten auf politischer Ebene einen weiteren Höhepunkt mit dem Ende 2007 verabschiedeten *Gesetz zum historischen Gedächtnis*, das einen deutlichen Trennstrich zur Diktatur bedeutete, indem die Erinnerung an die im Bürgerkrieg unterlegene Seite in den Mittelpunkt gerückt wurde. Die konservative Opposition reagierte hierauf mit Entrüstung, würden doch damit die Grundlage des Konsenses im Übergangsprozess verlassen und lediglich alte Narben aufgerissen. Mit dem Gesetz würden lediglich Rachegefühlen nachgegeben und neuerlicher Hass geschürt. Zu seinen Bestimmungen gehörte nicht zuletzt die Entfernung aus dem öffentlichen Raum der noch verbliebenen Symbole der Diktatur. Nachdem in den vorangegangenen Jahren bereits einige Standbilder aus Protest zerstört worden waren, wurde auf dieser Gesetzesgrundlage 2008 das auf einem zentralen Platz der nordspanischen Stadt Santander befindliche letzte Reiterstandbild Francos unter großer medialer Anteilnahme entfernt. Die Umsetzung des Gesetzes verlief allerdings außerordentlich schleppend. Besonders befremdlich mag hierbei wirken, dass das Denkmal zu Ehren Francos in Santa Cruz de Tenerife lediglich umbenannt und das Standbild Francos in der nordafrikanischen Exklave Melilla nur versetzt wurde.

Auf historiographischer Ebene erreichten die Diskussionen um Franco im Jahr 2011 ihren bisherigen Höhepunkt mit der eingangs angesprochenen als unerträglich beschönigend empfundenen biographischen Skizze von Luis Suárez Fernández im durch die Königliche Akademie für Geschichte herausgegebenen biographischen Lexikon.

Wie kann diese Heftigkeit der Auseinandersetzung um die Deutung der Biographie Francos auch 40 Jahre nach dessen Tod erklärt werden? Können diese Kontroversen – vergleichbar etwa mit der deutschen »Ostalgiewelle« – als Folge der Reaktionen auf als revisionistisch aufgefasste nostalgische Rückblicke auf die Diktatur verstanden werden, die mit der Konsolidierung der Demokratie eine immer größere mediale Aufmerksamkeit erfuhren? Wehrt sich damit – wie in der zweiten Hälfte der 1990er Jahre im Zusammenhang mit den Debatten um die Verbrechen der Wehrmacht – jene bürgerliche Mitte, die zu den sozioökonomischen Profiteuren der Diktatur zählte, gegen eine als Angriff auf das eigene Selbstverständnis verstandene Dekonstruktion der Mythen der Diktatur? Bernecker und Brinkmann verorten in ihrer Studie mit dem griffigen Titel »Kampf der Erinnerungen« den Beginn der Politisierung des Erinnerungsdiskurses im Jahr 1996 mit der Regierungsübernahme durch die konservative Volkspartei *Partido Popular*.[48] Vor diesem Hintergrund kann hinter der Auseinandersetzung um die Deutung der Vergangenheit jenseits eines primär aus der Gesellschaft heraus artikulierten Bedürfnisses auch ein politisches Programm im Sinne einer intentioniert induzierten Umdeutung der Geschichte und Nationalisierung der Geschichtsschreibung ausgemacht werden. Hierzu können auch die im Jahr 1998 inszenierten Feierlichkeiten zum 400. Todestag Philipps II. als Personifizierung imperialer Größe Spaniens gerechnet werden. Damals wurde die forcierte Konstruktion einer »rosa Legende« beklagt, als Gegenentwurf zur im kollektiven Gedächtnis fest verankerten »schwarzen Legende«. Diese Nationalisierung im Sinne eines in der Tradition Kastiliens stehenden nationalspanischen Narrativs wendet sich nicht zuletzt auch gegen die in den »historischen Regionen«, so vor allem in Katalonien und dem Baskenland, vermittelte und als geschichtsklitternd empfundene Deutung der Vergangenheit. In diesem Zusammenhang geriet die Königliche Akademie der Geschichte schon einmal in die Schlagzeilen, als sie im Jahr 2000 mit einem Gutachten über die Inhalte von Geschichtsbüchern der Sekundarstufe an Schulen in den »historischen Regionen« an die Öffentlichkeit ging. Darin hieß es, dass die in Katalonien und im Baskenland erfolgte Geschichtsvermittlung vorrangig den regionalen Nationalismen diene und der spanische Staat in der Folge nicht viel mehr als eine ideologisch bedingte Fiktion darstelle, die kaum etwas mit der nationalen Realität auf der Iberischen Halbinsel zu tun habe.[49] Hierauf kam es zu lautstarken Reaktionen, die einen unverblümten kastilischen Nationalismus geißelten.

Dem angesprochenen biographischen Lexikon, dessen Entstehung auf eine Initiative des spanischen Ministerpräsidenten José María Aznar aus dem Jahr 1998 zurückgeht und für das die Regierung beträchtliche 6,4 Millionen Euro bereitstellte, wird in diesem Sinne ebenfalls eine politische Intention attestiert. Dabei ist durchaus bezeichnend, dass ganz in der Tradition der Nationalhistoriographie des 19. Jahrhunderts der chronologische Rahmen für, wie es heißt, die Behandlung von »relevanten Persönlichkeiten der Geschichte Spaniens« bis in die vorchristliche keltiberische Zeit gesetzt wird.[50] Nach der in ihrer Wirkung bis in die Gegenwart hineinreichende historiographische Debatte der 1950er Jahre über das Wesen Spaniens, bei der sich federführend Claudio Sánchez Albornoz mit seiner Verortung der spanischen Nation in einem Kontinuum, das in der römischen Tradition und der Reichsidee der Westgoten gründe,[51] und Américo Castro gegenüberstanden, der wiederum das Konzept der »drei Kulturen«, der christlichen, der maurischen und der jüdischen, als Schmelztiegel der spanischen Identität vertrat,[52] geht es gegenwärtig vor allem um die im ausgehenden 19. Jahrhundert beginnende Auseinandersetzung zwischen einem nationalen spanischen Narrativ und jenem der »historischen Regionen«. In diesem Zusammenhang steht auch Franco für das Verständnis Spaniens als unverbrüchliche nationale Einheit.

Die Kontroversen um das nationale Narrativ sind in Spanien gesellschaftlich, politisch und historiographisch deutlich zu vernehmen. Dennoch können die Debatten um Franco weder hierauf reduziert werden, noch reicht ein solcher Erklärungsansatz aus, um deren gegenwärtige Härte und Emotionalität zu begründen. Der Ursprung muss vielmehr in der Ende der 1990er Jahre in Spanien als Ausdruck eines tief empfundenen Bedürfnisses beginnenden Auseinandersetzung mit dem Spanischen Bürgerkrieg und der Nachkriegsrepression als Teil der kollektiven Vergangenheit verortet werden, die in ihrer Bedeutung für die spanische Gesellschaft durchaus mit der Auseinandersetzung in Deutschland mit den NS-Verbrechen und dem Zweiten Weltkrieg vergleichbar ist. Nach den Jahren der nationalistischen Siegesrhetorik und einer Zeit, in der alles unterlassen wurde, was vermeintlicher Weise zu ideologisch begründeten Kontroversen hätte führen können, werden nun, eine Generation nach dem Tod Francos, die Erfahrung von Leid und Fragen von Schuld weit über geschichtswissenschaftliche Fachkreise hinaus emotional aufgeladen thematisiert. Der Blick auf Franco mag dabei wieder einmal neue Perspektiven eröffnen und neue Fragestellungen aufwerfen. Die Debatten um kollektiv empfundenes Leid sowie eine kollektiv wahrgenommene, historisch begründete Schuld, um Sühne und Bestrafung, um Wiedergutmachung und Rehabilitierung von Opfern werden als Teil der kollektiven Identität ein zentraler Referenzpunkt bleiben. Diese Auseinandersetzung stellt noch längst keinen abgeschlossenen Prozess dar, und die spanische Gesellschaft wird auch künftig im Bann der Wirkmacht dieser gemeinsamen Vergangenheit stehen.

Literaturverzeichnis

Schriften Francos

Comandante Franco [Francisco Franco Bahamonde]: Diario de una bandera. Madrid: Pueyo, 1922 (überarbeitete Neuauflage: Madrid: Aguado, 1956)

Francisco Franco Bahamonde: Papeles de la guerra de Marruecos. Diario de una bandera. Madrid: Fundación Nacional Francisco Franco, 1986

Jaime de Andrade [Francisco Franco Bahamonde]: Raza. Anecdotario para el guión de una película. Madrid: Numancia, 1942 (Neudruck: Barcelona: Planeta, 1997)

Jakim Boor [Francisco Franco Bahamonde]: Masonería. Madrid: Gráficas Valera, 1952 (Neuausgabe: Barcelona: Asociación Cultural, 2004)

[Francisco Franco Bahamonde:] Palabras del Caudillo. 19 de abril de 1937–31 de diciembre de 1938. Madrid: Ediciones FE, 1939

[Francisco Franco Bahamonde:] Palabras del Caudillo. 19 de abril de 1937–7 de diciembre de 1942. Madrid: Vicesecretaría de Educación Popular, 1943

Francisco Franco: Textos de doctrina política: palabras y escritos de 1945 a 1950. Madrid: Publicaciones Españolas, 1951

Francisco Franco: Discursos y mensajes del Jefe del Estado, 5 Bde. 1951–1970. Madrid: Publicaciones Españolas, 1955–1971

[Francisco Franco Bahamonde:] Pensamiento político de Franco. Antología. 2 Bde. Madrid: Ediciones del Movimiento, 1975

Francisco Franco, escritor militar. Revista de historia militar [Sondernummer], 20. Jg., Bd. 40, 1976

Francisco Franco Bahamonde: ›Apuntes‹ personales sobre la república y la guerra civil, hgg. durch Luis Suárez Fernández. Madrid: Fundación Nacional Francisco Franco, 1987

[Francisco Franco Bahamonde:] Las cartas de Franco. La correspondencia desconocida que marcó el destino de España, hgg. durch Jesús Palacios. Madrid: La Esfera de los Libros, 2005

Tagebücher und Erinnerungen

Niceto Alcalá Zamora: Memorias. Barcelona: Planeta, 1998
Juan Antonio Ansaldo: ¿Para qué? (De Alfonso XIII a Juan III). Buenos Aires: Ekin, 1951
José María de Areilza: Diario de un ministro de la monarquía. Barcelona: Planeta, 1977
Manuel Azaña: Diarios completos. Monarquía, República, Guerra Civil. Barcelona: Crítica, 2000
Angel Bayod (Hrsg.): Franco visto por sus ministros. Barcelona: Planeta, 1981
José Calvo Sotelo: Mis servicios al Estado. Seis años de gestión: apuntes para la Historia. Madrid: Instituto de Estudios de Administración Local, 1974 (Erstauflage: Madrid: Imprenta Clásica Española, 1931)
Roberto Cantalupo: Fu la Spagna. Ambasciata presso Franco. Febbraio-aprile 1937. Mailand: Mondadori, 1948
Ciano's Diary, 1937–1938, hgg. von Malcolm Muggeridge. London: Methuen, 1952
Ciano's Diary, 1939–1943, hgg. von Malcolm Muggeridge. London: Heinemann, 1947
Ciano's Diplomatic Papers, hgg. durch Malcolm Muggeridge. London: Odhams, 1948
Dwight D. Eisenhower: The White House Years. Waging Peace. Garden City, NY: Doubleday, 1965
José Ignacio Escobar: Así empezó ... Madrid: del Toro, 1975
Herbert Feis: The Spanish Story: Franco and the Nations at War. New York: Knopf, 1948
Manuel Fraga Iribarne: Memoria breve de una vida pública. Barcelona: Planeta, 1980
Pilar Franco: Nosotros los Franco. Barcelona: Planeta, 1980
Francisco Franco Martínez-Bordiú: La naturaleza de Franco. Cuando mi abuelo era persona. Madrid: La Esfera de los Libros, 2011
Carmen Franco y Polo: Franco, mi padre. Madrid: La Esfera de los Libros, 2008

Francisco Franco Salgado-Araujo: Mis conversaciones privadas con Franco. Barcelona: Planeta, 1976
Francisco Franco Salgado-Araujo: Mi vida junto a Franco. Barcelona: Planeta, 1977
Vicente Gil: Cuarenta años junto a Franco. Barcelona: Planeta, 1981
José María Gil Robles: No fue posible la paz. Barcelona: Ariel, 1968 (Neuausgabe: Barcelona: Planeta, 1978)
José María Gil Robles: La Monarquía por la que yo luché. Páginas de un Diario (1941–1954). Madrid: Taurus, 1976
[Joseph Goebbels:] Die Tagebücher von Joseph Goebbels. Sämtliche Fragmente, Teil 1: Aufzeichnungen 1924–1941, 4 Bde. München: Saur, 1987
Vicente Guarner: Cataluña en la guerra de España. Memorias de la guerra civil española, 1936–39. Madrid: del Toro, 1975
Carlton J. H. Hayes: Wartime Mission in Spain, 1942–1945. New York: Macmillan, 1946 (spanische Ausgabe: Madrid: Epesa, 1946)
Diego Hidalgo Durán: ¿Por qué fui lanzado del Ministerio de la Guerra? (Diez meses de actuación ministerial). Madrid: Espasa-Calpe, 1934
Samuel Hoare [Viscount Templewood]: Ambassador on Special Mission. London: Collins, 1946 (deutsch: Gesandter in besonderer Mission. Hamburg: Toth, 1949)
Pilar Jaraiz Franco: Historia de una disidencia. Barcelona: Planeta, 1981
Alfredo Kindelán: Mis cuadernos de guerra. Barcelona: Planeta, 1982 (zensierte Erstausgabe: Madrid: Plus Ultra, 1945)
Alfredo Kindelán: La verdad de mis relaciones con Franco. Barcelona: Planeta, 1981
Alejandro Lerroux: La pequeña historia de España. Barcelona: Mitre, 1985
Laureano López Rodó: La larga marcha hacia la Monarquía. Barcelona: Noguer, 1977
Laureano López Rodó: Memorias. Barcelona: Plaza & Janes, 1990
Laureano López Rodó: Memorias, años decisivos. Barcelona: Plaza & Janes, 1991
José Cristóbal Martínez-Bordiú: Cara y cruz. Memorias de un nieto de Franco. Barcelona: Planeta, 1983
Andrés Martínez-Bordiú Ortega: Franco en familia: Cacerías en Jaén. Barcelona: Planeta, 1994
Mariano Navarro Rubio: Mis memorias: Testimonio de una vida política truncada por el »Caso MATESA«. Barcelona: Plaza & Janes, 1991

Franz von Papen: Der Wahrheit eine Gasse. München: List, 1952
José María Pemán: Mis encuentros con Franco. Barcelona: Dopesa, 1976
Manuel Portela Valladares: Memorias. Dentro del drama español. Madrid: Alianza, 1988
Vicente Pozuelo Escudero: Los últimos 476 días de Franco. Barcelona: Planeta, 1980
Indalecio Prieto: Discursos fundamentales, hgg. von Edward Malefakis. Madrid: Turner, 1975
Dionisio Ridruejo: Casi unas memorias. Barcelona: Planeta, 1976 (erweiterte Neuausgabe hgg. durch Jordi Amat: Barcelona: Península, 2007)
Pedro Sainz Rodríguez: Testimonio y recuerdos. Barcelona: Planeta, 1978
Pedro Sainz Rodríguez: Un reinado en la sombra. Barcelona: Planeta, 1981
Heleno Saña: El franquismo sin mitos. Conversaciones con Serrano Súñer. Barcelona: Grijalbo, 1982
Ramón Serrano Súñer: Entre Hendaya y Gibraltar. (Noticia y reflexión, frente a una leyenda, sobre nuestra política en dos guerras). Madrid: Ediciones y Publicaciones Españolas, 1947 (Neuauflage Barcelona: Planeta, 1973; deutsche Ausgabe: Zürich: Thomas, 1948)
Ramón Serrano Súñer: Memorias: entre el silencio y la propaganda, la historia como fué. Barcelona: Planeta, 1977
Ramón Soriano: La mano izquierda de Franco. Barcelona: Planeta, 1981
José Utrera Molina: Sin cambiar de bandera. Barcelona: Planeta, 1989 (erweiterte Neuausgabe Barcelona: Planeta, 2008)
Eugenio Vegas Latapie: Memorias políticas. El suicidio de la Monarquía y la Segunda República. Barcelona: Planeta, 1983
Eugenio Vegas Latapie: Los caminos del desengaño. Memorias políticas, Bd. 2, 1936–1938. Madrid: Tebas, 1987

Darstellungen

Paloma Aguilar: Memoria y olvido de la guerra civil española. Madrid: Alianza, 1996
Alfonso Álvarez Bolado: Para ganar la guerra, para ganar la paz: Iglesia y guerra civil, 1936–1939. Madrid: UPCo, 1995

José María de Areilza; Fernando María Castiella: Reivindicaciones de España. Madrid: Instituto de Estudios Políticos, 1941

Joaquín Arrarás: Franco. Burgos: Aldecoa, 1938 (deutsche Ausgabe: Hamburg: Hoffmann und Campe, 1939)

Andrée Bachoud: Franco, ou la réussite d'un homme ordinaire. Paris: Fayard, 1997

Sebastian Balfour: Deadly Embrace. Morocco and the Road to the Civil War. Oxford: OUP, 2002

Rogelio Baón: La cara humana de un caudillo. 401 anédotas. Madrid: San Martín, 1975

Antony Beevor: The Spanish Civil War. London: Weidenfeld & Nicholson, 2006 (deutsche Ausgabe: München: Bertelsmann, 2006)

Bartolomé Bennassar: Franco. Paris: Perrin, 1995

Walther L. Bernecker: Religion in Spanien. Darstellungen und Daten zu Geschichte und Gegenwart. Gütersloh: Gütersloher Verlagshaus, 1995

Walther L. Bernecker: Krieg in Spanien, 1936–1939. Darmstadt: Wissenschaftliche Buchgesellschaft, 2005 (Erstauflage: Darmstadt, 1986)

Walther L. Bernecker; Sören Brinkmann: Kampf der Erinnerungen. Der Spanische Bürgerkrieg in Politik und Gesellschaft, 1936–2006. Nettersheim: Graswurzelrevolution, 2006

Walther L. Bernecker: Spaniens Geschichte nach dem Bürgerkrieg. München: Beck, 2010

Walther L. Bernecker: Geschichte Spaniens im 20. Jahrhundert. München: Beck, 2010

Carlos Blanco Escolá: Franco y Rojo. Dos generales para dos Españas. Barcelona: Labor, 1993

Carlos Blanco Escolá: La incompetencia militar de Franco. Madrid: Alianza, 2000

Carlos Blanco Escolá: Franco. La pasión por el poder. Barcelona: Planeta, 2005

Édouard de Blaye: Franco, ou la monarchie sans roi. Paris: Stock, 1974

Juan Blázquez Miguel: Auténtico Franco. Trayectoria militar, 1907–1939. Madrid: Almena, 2009

Zira Box: España, año cero. La construcción simbólica del franquismo. Madrid: Alianza, 2010

Federico Bravo Morata: Franco y los muertos providenciales. Madrid: Fenicia, 1979

Guillermo Cabanellas: La guerra de los mil días: nacimiento, vida y muerte de la Segunda República española, 2 Bde. Buenos Aires: Heliasta, 1975

Guillermo Cabanellas: Cuatro generales, Bd. 2: La lucha por el poder. Barcelona: Planeta, 1977

Romano Canosa: Mussolini e Franco: amici, alleati, rivali. Vite parallele di due dittatori. Mailand: Mondadori, 2008

Gabriel Cardona: Franco y sus generales. La manicura del tigre. Madrid: Temas de Hoy, 2001

Gabriel Cardona: Franco no estudió en Westpoint. Barcelona: Littera, 2002

José María Carrascal: Franco. 25 años después. Madrid: Espasa-Calpe, 2000

Julián Casanova: La Iglesia de Franco. Madrid: Temas de Hoy, 2001

Rafael Casas de la Vega: Franco, militar. La única biografía militar del primer soldado de España en el siglo XX. Madridejos: Fénix, 1995

Antonio Cazorla Sánchez: Franco: The Biography of the Myth. London: Routledge, 2013

Eduardo Chamorro: Francisco Franco: Anatomia de un mito. Barcelona: Plaza & Janes, 1998

Ricardo de la Cierva: Francisco Franco. Un siglo de España, 2 Bde. Madrid: Editora Nacional, 1972/1973

Ricardo de la Cierva: Franco. Barcelona: Planeta, 1986

Ricardo de la Cierva: No nos robarán la historia. Nuevas mentiras, falsificaciones y revelaciones. Madridejos: Fénix, 1995

Sydney F.A. Coles: Franco of Spain: A full-length biography. London: Spearman, 1955 (Neudruck: Kessinger, 2009)

Carlos Collado Seidel: España, refugio nazi. Madrid: Temas de Hoy, 2005

Carlos Collado Seidel: Der Spanische Bürgerkrieg. Geschichte eines europäischen Konflikts. München: Beck, 2010

Francisco Javier Conde: Contribución a la doctrina del Caudillaje. Madrid: Vicesecretaría de Educación Popular, 1942

Francisco Javier Conde: Representación política y régimen español. Ensayo político. Madrid: Subsecretaría de Educación Popular, 1945

Brian Crozier: Franco. Eine Biographie. München: Bechtle, 1967 (engl. Ausgabe: London: Eyre & Spottiswoode, 1967)

Rafael Cruz: En el nombre del pueblo. República, rebelión y guerra en la España de 1936. Madrid: Siglo XXI, 2006

Josefina Cuesta: La odisea de la memoria. Historia de la memoria en España. Siglo XX. Madrid: Alianza, 2008
Hellmuth Günther Dahms: Francisco Franco. Soldat und Staatschef. Göttingen: Musterschmidt, 1972
José María de Doussinague: España tenía razón (1939–1945). Madrid: Espasa-Calpe, 1949
Georg Eickhoff: Das Charisma der Caudillos. Cárdenas, Franco, Perón. Frankfurt: Vervuert, 1999
Sheelagh M. Ellwood: Franco. London: Longman, 1994
Giuliana di Febo: Ritos de guerra y de victoria en la España franquista. Bilbao: Desclée de Brouwer, 2002 (Neuauflage: Valencia: Publicacions de la Universidad de València, 2012)
Carlos Fernández Santander: El general Franco. Barcelona: Argos Vergara, 1983 (erweiterte Neuauflage: El general Franco. Un dictador en un tiempo de infamia. Barcelona: Crítica, 2005)
Miquel Figueras i Vallès: Por qué Franco no fue masón. Barcelona: Ariel, 1992
Miquel Figueras i Vallès: Las raíces judías de Franco. Barcelona, o.J. [1993]
Javier Figuero; Luis Herrero: La muerte de Franco jamás contada. Diez años después. Barcelona: Planeta, 1985
José María Fontana: Franco. Radiografía del personaje para sus contemporáneos. Barcelona: Acervo, 1979
Hans-Werner Franz: Der Frankismus. Zur politischen Herrschaftssoziologie Spaniens während der Franco-Ära. Frankfurt am Main: Lang, 1981
Johann Froembgen: Franco. Ein Leben für Spanien. Leipzig: Goten, 1939
Juan Pablo Fusi: Franco. Autoritarismo y poder personal. Madrid: El País, 1985 (deutsche Ausgabe [aus dem Spanischen übertragen durch Paul Hoser]: München: dtv, 1992)
Luis de Galinsoga: Centinela de Occidente (Semblanza biográfica de Francisco Franco). Barcelona: AHR, 1956
Max Gallo: Histoire de l'Espagne franquiste. Paris: Laffont, 1969
José Luis García Delgado (Hrsg.): Franquismo. El juicio de la Historia. Madrid: Temas de Hoy, 2000
Manuel Garrido Bonaño: Francisco Franco, cristiano ejemplar. Madrid: F.N.F.F., 1985
Ramón Garriga: Guadalajara y sus consecuencias. Madrid: del Toro, 1974
Ramón Garriga: El Cardenal Segura y el Nacional-Catolicismo. Barcelona: Planeta, 1977

Ramón Garriga: La España de Franco, Bd. 1: Las relaciones secretas con Hitler, 1939–1942; Bd. 2: De la División Azul al triunfo aliado, 1943–1945. Madrid: del Toro, 1977

Ramón Garriga: Franco-Serrano Suñer. Un drama político. Barcelona: Planeta, 1986

Jacques Georgel: Le franquisme. Histoire et bilan, 1939–1969. Paris: Seuil, 1970

Julio Gil Pecharromán: José Antonio Primo de Rivera. Retrato de un visionario. Madrid: Temas de Hoy, 1996

Ernersto Giménez Caballero: España y Franco. Cegama: Los Combatientes, 1938

Enrique González Duro: Franco. Una biografía psicológica. Madrid: Temas de Hoy, 1992

Morten Heiberg: Emperadores del Mediterráneo. Franco, Mussolini y la guerra civil española. Barcelona: Crítica, 2003

Harmut Heine: La oposición política al franquismo de 1939 a 1952. Barcelona: Crítica, 1983

Guy Hermet: Les Catholiques dans L'Espagne Franquiste. Bd. 1: Les acteurs du jeu politique, Bd. 2: Chronique d'une dictature. Paris: Presses de la Fondation nationale des sciences politiques, 1980/1981

Isabelo Herreros: Mitología de la cruzada de Franco. El Alcázar de Toledo. Madrid: Vosa, 1995

George Hills: Franco: The Man and his Nation. London: Hale, 1967

Gabrielle Ashford Hodges: Franco. A Concise Biography. London: Weidenfeld & Nicholson, 2000 (span.: Franco. Retrato psicológico de un dictador. Madrid: Taurus, 2001)

Eliott Ostrehan Iredell: Franco, valeroso caballero cristiano. Buenos Aires: Americalee, 1945

Geoffrey Jensen: Franco. Soldier, Commander, Dictator. Washington: Potomac, 2005

Santos Juliá, u. a.: Víctimas de la Guerra Civil. Madrid: Temas de Hoy, 1999

Paul H. Lewis: Latin fascist elites. The Mussolini, Franco, and Salazar regimes. Westport, CT: Praeger, 2003

Chaim U. Lipschitz: Franco, Spain, the Jews, and the Holocaust. New York: KTVA, 1984

Alan Lloyd: Franco. The Biography of an Enigma. Garden City, N.Y.: Doubleday, 1969

Torcuato Luca de Tena: Franco, sí, pero ... Confesiones profanas. Barcelona: Planeta, 1993

Claude Martin: Franco, Soldat et Chef d'Etat. Paris: Quatre fils Aymon, 1959 (deutsche Ausgabe: Franco. Eine Biographie. Graz; Stuttgart: Stocker, 1995)

Ignacio Merino: Serrano Súñer. Conciencia y poder. Madrid: Algaba, 2004

Julio Merino: El otro Franco. El Franco intelectual y el Franco que salvó a la República en tres ocasiones. Madrid: Albor, 2005

Amando de Miguel: Sociología del Franquismo. Análisis ideológico de los Ministros del Régimen. Barcelona: Euros, 1975

Dagobert von Mikusch: Franco befreit Spanien. Leipzig: Paul List, 1939

José Millán Astray: Franco: el Caudillo. Salamanca: Quero y Simón, 1939

Pío Moa: Los mitos de la guerra Civil. Madrid: La Esfera de los Libros, 2003

Pío Moa: Franco. Un balance histórico. Barcelona: Planeta, 2005

Carme Molinero: La anatomía del Franquismo: de la supervivencia a la agonía, 1945–1977. Barcelona: Crítica, 2008

Antonio Montero: Historia de la persecución religiosa en España, 1936–1939. Madrid: BAC, 1961

Enrique Moradiellos: Francisco Franco. Crónica de un caudillo casi olvidado. Madrid: Biblioteca Nueva, 2002

Enrique Moradiellos: 1936. Los mitos de la guerra civil. Barcelona: Península, 2005

Faustino Moreno Villalba: Franco: héroe cristiano en la guerra. Madrid: A.L.A. Alcorcón, 1985

Luis Moure-Mariño: Perfil humano de Franco. [o.O.] Ed. Libertad, 1938 (deutsche Ausgabe: Das geistige Profil Francos. Berlin: Germania, 1939)

Gustau Nerín: La guerra que vino de Africa. Barcelona: Crítica, 2005

Philippe Nourry: Francisco Franco. La conquête du pouvoir, 1892–1937. Paris: Denoël, 1975

Mirta Núñez Díaz-Balart: Los años del terror. La estrategia de dominio y represión del general Franco. Madrid: Esfera de los Libros, 2004

Jesús Palacios: Los papeles secretos de Franco: de las relaciones con Juan Carlos y Don Juan al protagonismo del Opus. Madrid: Temas de Hoy, 1996

Jesús Palacios: La España totalitaria. Las raíces del Franquismo, 1934–1946. Barcelona: Planeta, 1999

Angel Palomino: Caudillo. Barcelona: Planeta, 1992

Stanley G. Payne: Franco. El perfil de la historia. Madrid: Espasa Calpe, 1992

Stanley G. Payne: Franco y José Antonio. El extraño caso del fascismo español. Historia de la Falange y del Movimiento nacional (1923–1977). Barcelona: Planeta, 1997

Stanley G. Payne: The Franco Regime, 1936–1975. London: Phoenix, 2000

Stanley G. Payne: El colapso de la República. Los orígenes de laGuerra Civil (1933–1936). Madrid: La Esfera de los Libros, 2005

Stanley G. Payne: Franco and Hitler. Spain, Germany and World War II. New Haven: Yale Univ. Press, 2008

Stanley G. Payne: ¿Por qué la República perdió la guerra? Madrid: Espasa, 2010

Angel Pérez Rodrigo: Franco: una vida al servicio de la Patria. Madrid: Escuela Española, 1947

Eckart Plate: Der Zuchtmeister. General Franco und sein Spanien. Benissa: Moll, 2000

Paul Preston: The Spanish Civil War 1936-1939. London: Weidenfeld & Nicolson, 1986

Paul Preston: Franco. »Caudillo de España«. Barcelona: Grijalbo, 1994 (engl.: Franco. A Biography. London: Fontana, 1995)

Paul Preston: The Spanish Holocaust. Inquisition and Extermination in Twentieth-Century Spain. London: Harper, 2012

Hilari Raguer: La pólvora y el incienso. La Iglesia y la guerra civil española (1936–1939). Barcelona: Península, 2001

Luis Ramírez [Luciano Rincón]: Francisco Franco. Historia de un mesianismo. Paris: Ruedo Ibérico, 1964 (überarbeitete Neuauflage: Franco. La obsesión de ser, la obsesión de poder. Paris: Ruedo Ibérico, 1976)

Gonzalo Redondo: Historia de la Iglesia en España, 1931–1939. Bd. 2: La guerra civil (1936–1939). Madrid: Rialp, 1993

Alberto Reig Tapia: Franco caudillo: mito y realidad. Madrid: Tecnos, 1996

Alberto Reig Tapia: Franco: El César superlativo. Madrid: Tecnos, 2005

Alberto Reig Tapia: Anti-Moa. La subversión neofranquista de la Historia de España. Barcelona: Ediciones B, 2006

Michael Richards: A Time of Silence. Civil War and the Culture of Repression in Franco's Spain, 1936–1945. Cambridge: CUP, 1998

Borja de Riquer: La dictadura de Franco. Barcelona: Crítica, 2010

María Luisa Rodríguez Aisa: El cardenal Gomá y la guerra de España. Aspectos de la gestión pública del Primado, 1936–1939, Madrid: CSIC, 1981

José Luis Rodríguez Jiménez: Franco. Historia de un conspirador. Madrid: Oberon, 2005

Andrés Rueda: Vengo a salvar a España. Biografía de un Franco desconocido. Madrid: Nowtilus, 2005 (Neuauflage: Franco, el ascenso al poder de un dictador. Madrid: Nowtilus, 2013)

Julius Ruiz: Franco's justice: repression in Madrid after the Spanish Civil War. Oxford: Clarendon, 2005

Enrique Salgado: Radiografía de Franco. Barcelona: Plaza & Janés, 1985

Francisco Salvá Miquel; Juan Vicente: Francisco Franco, historia de un español. Barcelona: Ediciones generales, 1959

Glicerio Sánchez Recio: Franco. Madrid: Acento, 2000

José María Sánchez Silva; José Luis Saenz de Heredia: Franco. Ese hombre (1892–1965). Madrid: Difusión, 1975

Ismael Saz Campos: Mussolini contra la II República: Hostilidad, conspiraciones, intervención (1931–1936). Valencia: Alfons el Magnànim, 1986

Stefanie Schüler-Springorum: Krieg und Fliegen. Die Legion Condor im Spanischen Bürgerkrieg. Paderborn: Schöningh, 2010

Matthieu Séguéla: Pétain-Franco, les secrets d'une alliance. Paris: Albin Michel, 1992

José Semprún: El genio militar de Franco. Precisiones a la obra del coronel Blanco Escolá ›La incompetencia militar de Franco‹. Madrid: Actas, 2000

Francisco Sevillano: Franco. Caudillo por la gracia de Dios. Madrid: Alianza, 2010

Denis Smyth: Diplomacy and Strategy of Survival. British policy and Franco's Spain, 1940–41. Cambridge: CUP, 1986

Alvaro Soto Carmona: ¿Atado y bien atado?: institucionalización y crisis del franquismo. Madrid: Biblioteca Nueva, 2005

Herbert Southworth: El mito de la Cruzada de Franco. Paris: Ruedo Ibérico, 1963

Herbert Southworth: Conspiracy and the Spanish Civil War. The Brainwashing of Francisco Franco. London: Routledge, 2001

Herbert R. Southworth: La destrucción de Guernica. Periodismo, diplomacia, propaganda e historia. Granada: Comares, 2013 (Erstauflage: Paris: Ruedo Ibérico, 1975)

Luis Suárez Fernández: Franco y su tiempo, 8 Bde. Madrid: Fundación Nacional Francisco Franco, 1984

Luis Suárez Fernández: Franco: crónica de un tiempo. 6 Bde. Madrid: Actas, 1997–2007
Luis Suárez Fernández: Franco. Barcelona: Ariel, 2005
Daniel Sueiro: La verdadera historia del Valle de los Caídos. Madrid: Sedmay, 1976
Hugh Thomas: The Spanish Civil War. New York: Harper & Row, 1961
Joan Maria Thomàs: La Falange de Franco: Fascismo y fascistización en el régimen franquista (1937–1945). Barcelona: Plaza & Janés, 2001
Joan Maria Thomàs: Roosevelt and Franco during the Second World War: from the Spanish Civil War to Pearl Harbor. New York: Palgrave Macmillan, 2008
Rudolf Timmermans: General Franco. Olten: Otto Walter, 1937
John W.D. Trythall: Franco. A Biography. London: Rupert Hart-Davis, 1970
Javier Tusell: Franco y los católicos. La política interior española entre 1945 y 1957. Madrid: Alianza, 1984
Javier Tusell; Genoveva García Queipo de Llano: Franco y Mussolini. La política española durante la segunda guerra mundial. Barcelona: Planeta, 1985
Javier Tusell: La dictadura de Franco. Madrid: Alianza, 1988
Javier Tusell: Franco en la guerra civil. Una biografía política. Barcelona: Tusquets, 1993
Javier Tusell; Genoveva García Queipo de Llano: El catolicismo mundial y la guerra de España. Madrid: BAC, 1993
Javier Tusell: Carrero. La eminencia gris del régimen de Franco. Madrid: Temas de Hoy, 1993
Javier Tusell: Franco, España y la II Guerra Mundial. Entre el Eje y la neutralidad. Madrid: Temas de Hoy, 1995
José Antonio Vaca de Osma: La larga guerra de Francisco Franco. Madrid: Rialp, 1992
José Luis de Vilallonga: Franco y el Rey. La espera y la esperanza. Barcelona: Plaza & Janés, 1998
Angel Viñas: Franco, Hitler y el estallido de la guerra civil: antecedentes y consecuencias. Madrid: Alianza, 2001
Angel Viñas: En las garras del águila. Los pactos con Estados Unidos, de Francisco Franco a Felipe González (1945–1995). Barcelona: Crítica, 2003
Angel Viñas: La conspiración del general Franco y otras revelaciones acerca de una guerra civil desfigurada. Barcelona: Crítica, 2011

Angel Viñas (Hrsg.): En el combate por la historia. La república, la guerra civil, el franquismo. Barcelona: Pasado & Presente, 2012

José María Zavala: Franco, el Republicano. La vida secreta de Ramón Franco. Madrid: Altera, 2009

Laura Zenobi: La construcción del mito de Franco. Madrid: Cátedra, 2011

David Zurdo: La vida secreta de Franco. El rostro oculto del dictador. Madrid: EDAF, 2005

Anmerkungen

Einleitung

1 Público, 30.05.2011.
2 Real Academia de la Historia: Diccionario Biográfico Español, 50 Bde. Madrid: RAH, 2011/2012.
3 Público, 30.05.2011.
4 Luis Suárez Fernández: Franco y su tiempo, 8 Bde. Madrid: Fundación Nacional Francisco Franco, 1984; zwei Dekaden später erschien eine über 1000 Seiten umfassende verkürzte Fassung: ders. Franco. Barcelona: Ariel, 2005.
5 El País, 30.05.2011.
6 Angel Viñas (Hrsg.): En el combate por la historia. La república, la guerra civil, el franquismo. Barcelona: Pasado & Presente, 2012.
7 Público, 23.02.2012.
8 Vgl. hierzu etwa: Pío Moa: Los mitos de la guerra Civil. Madrid: La Esfera de los Libros, 2003 und hierzu als Entgegnungen Enrique Moradiellos: 1936. Los mitos de la guerra civil. Barcelona: Península, 2005, sowie vor allem: Alberto Reig Tapia: Anti-Moa. La subversión neofranquista de la Historia de España. Barcelona: Ediciones B, 2006.
9 Hellmuth Günther Dahms: Francisco Franco. Soldat und Staatschef. Göttingen: Musterschmidt, 1972, S. 9.
10 Vgl. Andrée Bachoud: Franco, ou la réussite d'un homme ordinaire. Paris: Fayard, 1997, S. 450.
11 Vgl. Paul Preston: The Spanish Holocaust. Inquisition and Extermination in Twentieth-Century Spain. London: Harper, 2012.
12 Alberto Reig Tapia: Franco: El César superlativo. Madrid: Tecnos 2005, S. 13.
13 Carlos Blanco Escolá: La incompetencia militar de Franco. Madrid: Alianza, 2000; zurückhaltender auch: Geoffrey Jensen: Franco. Soldier, Commander, Dictator. Washington: Potomac, 2005; demgegenüber: José Semprún: El genio militar de Franco. Precisiones a la obra del coronel Blanco Escolá ›La incompetencia militar de Franco‹. Madrid: Actas, 2000, sowie Rafael Casas de la Vega: Franco, militar. La única biografía militar del primer soldado de España en el siglo XX. Madridejos: Fénix, 1995.

14 Ciano's Diplomatic Papers, hgg. durch Malcolm Muggeridge. London: Odhams, 1948, S. 402.
15 Brian Crozier: Franco. Eine Biographie. München: Bechtle, 1967, S. 8. Ganz in diesem Sinne argumentierte einige Jahre zuvor auch Sydney Coles: Franco of Spain. A full-length biography. London: Spearman, 1955, S. 9.
16 Vgl. Suárez, tiempo, sowie Jesús Palacios: Los papeles secretos de Franco. Madrid: Temas de Hoy, 1996; ders.: Las cartas de Franco. La correspondencia desconocida que marcó el destino de España. Madrid: La Esfera de los Libros, 2005.
17 Vgl. hierzu auch: Laura Zenobi: La construcción del mito de Franco. Madrid: Cátedra, 2011, S. 31.
18 Juan Pablo Fusi: Franco. Autoritarismo y poder personal. Madrid: El País, 1985, S. 70.
19 Vgl. eine Auswahl in: Revista de Historia militar, 20. Jg., Bd. 40, 1976.
20 Pilar Franco: Nosotros los Franco. Barcelona: Planeta, 1980; Francisco Franco Salgado-Araujo: Mis conversaciones privadas con Franco. Barcelona: Planeta, 1976; ders.: Mi vida junto a Franco. Barcelona: Planeta, 1977; vgl. ferner: Pilar Jaraiz Franco: Historia de una disidencia. Barcelona: Planeta, 1981; Carmen Franco y Polo: Franco, mi padre. Madrid: La Esfera de los Libros, 2008. Andrés Martínez-Bordiú Ortega: Franco en familia: Cacerías en Jaén. Barcelona: Planeta, 1994; Francisco Franco Martínez-Bordiú: La naturaleza de Franco. Cuando mi abuelo era persona. Madrid: La Esfera de los Libros, 2011.
21 Vgl. u. a.: Alfredo Kindelán: La verdad de mis relaciones con Franco. Barcelona: Planeta, 1981; Pedro Sainz Rodríguez: Un reinado en la sombra. Barcelona: Planeta, 1981; ders.: Testimonio y recuerdos. Barcelona: Planeta, 1978; José María Gil Robles: La Monarquía por la que yo luché. Páginas de un Diario (1941–1954). Madrid: Taurus, 1976; ders.: No fue posible la paz. Barcelona: Ariel, 1968 (Neudruck 2006).
22 Vgl. u. a.: Laureano López Rodó: La larga marcha hacia la Monarquía. Barcelona: Noguer, 1977; vgl. ferner: Manuel Fraga Iribarne: Memoria breve de una vida pública. Barcelona: Planeta, 1980; José Utrera Molina: Sin cambiar de bandera. Barcelona: Planeta, 1989 (erweiterte Neuausgabe 2008); José María Pemán: Mis encuentros con Franco. Barcelona: Dopesa, 1976.
23 Vgl. Vicente Gil: Cuarenta años junto a Franco. Barcelona: Planeta, 1981; Vicente Pozuelo Escudero: Los últimos 476 días de Franco. Barcelona: Planeta, 1980.

Kindheit in einer Marineoffiziersfamilie

1 So etwa in seinen im hohen Alter entstandenen, auszugsweise publizierten Erinnerungsdiktaten. Vgl. Pozuelo, últimos, S. 88.
2 Vgl. Andrés Rueda: Vengo a salvar a España. Biografía de un Franco desconocido. Madrid: Nowtilus, 2005 (Neuauflage unter dem Titel: Franco, el ascenso al poder de un dictador. Madrid: Nowtilus, 2013); Gabrielle Ashford Hodges: Franco. A Concise Biography. London: Weidenfeld & Nicholson, 2000; Enrique González Duro: Franco. Una biografía psicológica. Madrid: Temas de Hoy, 1992.
3 So schon in Luis Moure-Mariño: Das geistige Profil Francos. Berlin: Germania, 1939, S. 11.
4 Vgl. Franco Salgado-Araujo, conversaciones, S. 159 (22 de enero de 1956).
5 Paul Preston: Franco. »Caudillo de España«. Barcelona: Grijalbo, 1994, S. 23. Vgl. auch González Duro, biografía, S. 28.
6 Vgl. Bartolomé Bennassar: Franco. Paris: Perrin, 1995, S. 259.
7 González Duro, biografía, S. 39.
8 Francisco Franco Bahamonde: Papeles de la guerra de Marruecos. Diario de una bandera. Madrid: Fundación Nacional Francisco Franco, 1986, S. 60.
9 Franco Salgado-Araujo, vida, S. 14.
10 So etwa in Jaraiz Franco, disidencia, S. 59 f.
11 Vgl. etwa Enrique Salgado: Radiografía de Franco. Barcelona: Plaza & Janés, 1985, S. 14 f.
12 Vgl. hierzu etwa Hodges, Franco, S. 14.
13 Rueda, salvar, S. 34; Hodges, Franco, S. 20; vgl. auch González Duro, biografía, S. 28, 33; Salgado, radiografía, S. 79.
14 Vgl. Pozuelo, últimos, S. 86.
15 Carlos Blanco Escolá: Franco. La pasión por el poder. Barcelona: Planeta, 2005, S. 12, 31.
16 Rueda, salvar, S. 29.
17 Salgado, radiografía, S. 23.
18 Blanco Escola, pasión, S. 31 ff.; vgl. auch Salgado, radiografía, S. 102.
19 Luis Ramírez: Francisco Franco. Historia de un mesianismo. Paris: Ruedo Ibérico, 1964, S. 39.
20 Preston, Franco, S. 24.
21 Ramírez, mesianismo, S. 34, 42; vgl. auch Hodges, Franco, S. 13 f.; González Duro, biografía, S. 28 f.
22 Dahms, Franco, S. 10 f.; vgl. auch Claude Martin: Franco, Soldat et Chef d'Etat. Paris: Quatre Fils Aymon, 1959, S. 12.
23 Vgl. Ricardo de la Cierva: Francisco Franco. Un siglo de España, Bd. 1. Madrid: Editora Nacional, 1972, S. 24; ders., Franco. Barcelona: Planeta, 1986, S. 25 f.

24 Vgl. Dahms, Franco, S. 10. Vgl. auch Crozier, Franco, S. 35; Philippe Nourry: Francisco Franco. La conquête du pouvoir, 1892–1937. Paris: Denoël, 1975, S. 27f.
25 Preston, Franco, S. 80 sowie ferner S. 172.
26 So bereits Moure-Mariño, Profil, S. 9, 39.
27 Pedro Sainz Rodríguez: Testimonio y recuerdos. Barcelona: Planeta, 1978, S. 342.
28 José María Fontana: Franco. Radiografía del personaje para sus contemporáneos. Barcelona: Acervo, 1979, S. 39. Ähnliche Argumentation etwa bei Coles, Franco, S. 105f. oder bei Pedro Sainz Rodríguez: Testimonio y recuerdos. Barcelona: Planeta, 1978, S. 342.
29 Vgl. Miquel Figueras i Vallès: Las raíces judías de Franco. Barcelona, o.J. [1993].
30 Vgl. Chaim U. Lipschitz: Franco, Spain, the Jews, and the Holocaust. New York: KTVA, 1984, S. 169f.
31 Vgl. hierzu Miquel Figueras i Vallès: Por qué Franco no fue masón. Barcelona: Ariel, 1992, S. 75f.
32 Vgl. vor allem: Francisco Umbral: Leyenda del césar visionario. Barcelona: Seix Barral, 1991, S. 52f.
33 Sie waren einerseits Cousins zweiten Grades. Francisco Franco Bahamonde war darüber hinaus auch ein Neffe, ebenfalls zweiten Grades, von Francisco Franco Salgado-Araujo. Beide verstanden sich – wohl aufgrund des ähnlichen Alters – als Cousins.
34 So in seinen »Erinnerungen«, in: Pozuelo, últimos, S. 93, 97.
35 De la Cierva, siglo, I, S. 54. Abweichend hierzu: George Hills: Franco: The Man and his Nation. London: Hale, 1967, S. 62.
36 Jensen, Soldier, S. 12.
37 So Franco in seinen Diktaten. Vgl. Pozuelo, últimos, S. 100.
38 Vgl. Hills, The Man, S. 77; Suárez Fernández, tiempo, I, S. 97; ders., Franco (2005), S. 8.

Offizier im Kolonialkrieg

1 Franco im Interview mit Manuel Aznar am 31.12.1938, in: Francisco Franco Bahamonde: Palabras del Caudillo. 19 de abril de 1937–31 de diciembre de 1938. Madrid: Ediciones FE, 1939, S. 295–315.
2 Vgl. hierzu vor allem Gustau Nerín: La guerra que vino de Africa. Barcelona: Crítica, 2005; Sebastian Balfour: Deadly embrace. Morocco and the Road to the Civil War. Oxford: OUP, 2002.
3 So de la Cierva, siglo, I, S. 265 und bereits Joaquín Arrarás: Franco. Burgos: Aldecoa 1938 (4. Aufl.), S. 143.

4 So etwa Édouard de Blaye: Franco, ou la monarchie sans roi. Paris: Stock, 1974, S. 72.
5 González Duro, biografía, S. 79 f., 84 f.; so auch bereits Hills, The Man, S. 84.
6 Francisco Franco Bahamonde: »La Maniobra« in: ders., papeles, S. 44.
7 »El ›As‹ de la Legión«, in: ABC, 22.02.1922.
8 Rueda, salvar, S. 64, 88; Bennassar, Franco, S. 274.
9 Blanco Escolá, pasión, S. 14.
10 Franco Bahamonde, papeles, S. 53.
11 Vgl. hierzu: Rudibert Kunz; Rolf-Dieter Müller: Giftgas gegen Abd el Krim. Deutschland, Spanien und der Gaskrieg in Spanisch-Marokko 1922–1927. Freiburg: Rombach, 1990.
12 Vgl. Rudolf Timmermans: General Franco. Olten: Otto Walter, 1937, S. 111 f., 135 f.
13 Dahms, Franco, S. 24.
14 Arrarás, Franco, S. 133.
15 Ebda., S. 29. Genauso beschrieben in: Moure-Moriño, Profil, S. 18.
16 »El ›As‹ de la Legión«, in: ABC, 22.02.1922.
17 Arrarás, Franco, S. 132.
18 Dagobert von Mikusch: Franco befreit Spanien. Leipzig: Paul List, 1939, S. 85; vgl. ferner S. 46 f. Vgl. auch Moure-Mariño, Profil, S. 9 und Francisco Salvá Miquel; Juan Vicente: Francisco Franco, historia de un español. Barcelona: Ediciones generales, 1959, S. 56.
19 Ramírez, mesianismo, S. 45, 59–62, 73, 198; Vgl. auch Bennassar, Franco, S. 273.
20 Vgl. Salgado, radiografía, S. 63.
21 Dahms, Franco, S. 22.
22 González Duro, biografía, S. 84.
23 Fusi, Franco, S. 21.
24 Salgado, radiografía, S. 115; Vgl. auch Jensen, Soldier, S. 29.
25 Vgl. Franco Bahamonde, papeles, S. 47–53.
26 Vgl. Blanco Escolá, pasión, S. 71 f., 79–86, 92 f.
27 So bereits in frühen Publikationen: Ramírez, mesianismo, S. 130 f.; Nourry, conquête, S. 213 f. Vgl. hierzu ausführlich bei Rueda, salvar, S. 101–109.
28 So bereits Nourry, conquête, S. 213; hierzu neueren Datums: José María Zavala: Franco, el Republicano. La vida secreta de Ramón Franco. Madrid: Altera, 2009.
29 Vgl. hierzu: Rueda, salvar, S. 103 ff.
30 Estampa, 29.05.1928, abgedruckt in: de la Cierva, siglo, I, S. 215, 278, 293, hier: S. 293.
31 Rueda, salvar, S. 26.

32 Vgl. Salgado, radiografía, S. 169 f. unter Bezugnahme auf die Ergebnisse des Psychiaters und Neurologen Carlos Castilla del Pino.
33 Rueda, salvar, S. 67; Hodges, Franco, S. 37.
34 So Carmen Polo in einem Interview: Estampa, 29.05.1928, abgedruckt in: de la Cierva, siglo, I, S. 293.
35 Franco in einer Rede in Oviedo, 19.05.1946, zit. nach ebda., S. 128.
36 Franco, diario, in: ders.: papeles, S. 84.
37 Ebda., S. 85 f.
38 Arrarás, Franco, S. 34.
39 Vgl. Blanco Escolá, pasión, S. 90.
40 »La Canción del Legionario«, 2. Strophe.
41 Vgl. Jensen, Soldier, S. 11.
42 »El ›As‹ de la Legión«, in: ABC, 22.02.1922.
43 Niceto Alcalá Zamora: Memorias. Barcelona: Planeta, 1998, S. 139.
44 Arrarás, Franco, S. 100.
45 Ebda., S. 111; Luis de Galinsoga [in Zusammenarbeit mit Francisco Franco Salgado]: Centinela de Occidente (Semblanza biográfica de Francisco Franco). Barcelona: AHR, 1956, S. 98–100; José Millán Astray: Franco: el Caudillo. Salamanca: Quero y Simón, 1939, S. 14. Vgl. ferner: Suárez Fernández, tiempo, I, S. 180: ders., Franco (2005), S. 16.
46 »La Epoca«, 05.02.1925, zit. nach: Timmermans, Franco, S. 174.
47 Franco Salgado-Araujo, conversaciones, S. 62 f. So bereits Hills auf der Grundlage persönlicher Auskünfte Francos: Hills, The Man, S. 133–135.
48 Arrarás, Franco, S. 100–101, 113–114; Galinsoga, centinela, S. 88–91, 111; vgl. in der Folge: Martin, Chef d'Etat, S. 55 f.; Crozier, Franco, S. 79 f.; Hills, The Man, S. 136.
49 Vgl. etwa Susana Sueiro Seoane: España en el Mediterráneo. Primo de Rivera y la ›Cuestión Marroquí‹, 1923–1930. Madrid: UNED, 1992, S. 327.
50 Zit. nach Blanco Escolá, pasión, S. 29.
51 Galinsoga, centinela, S. 136.
52 Vgl. José Calvo Sotelo: Mis servicios al Estado. Seis años de gestión: apuntes para la Historia. Madrid: Imprenta Clásica Española, 1931, S. 239.
53 Revista de Historia Militar, 20, 40, 1976, S. 334.
54 Interview in Estampa, 29.05.1928, abgedruckt in de la Cierva, siglo, I, S. 293.
55 Zit. nach Pozuelo, últimos, S. 100.
56 So bereits Moure-Moriño, Profil, 23, sowie Galinsoga, centinela, S. 142 f.
57 Vgl. hierzu vor allem Bennassar, Franco, S. 59 f.
58 Vgl. Herbert Southworth: El mito de la Cruzada de Franco. Paris: Ruedo Ibérico, 1963, S. 123, 247–258; Siehe hierzu ferner vor allem: ders.: Conspiracy and the Spanish Civil War. The Brainwashing of

Francisco Franco. London: Routledge, 2001; wohlwollend: Crozier, Franco, S. 87 f., 92; Hills, The Man, S. 157 f.
59 Sainz Rodríguez, testimonio, S. 333.
60 Abgedruckt in Franco Salgado-Araujo, vida, S. 100.

Der General und die Demokratie

1 Vgl. ABC, 21.04.1931.
2 Franco Salgado-Araujo, vida, S. 102.
3 Vgl. hierzu Franco Salgado-Araujo, convesaciones, S. 89.
4 Vgl. Manuel Azaña: Diarios completos. Monarquía, República, Guerra Civil. Barcelona: Crítica, 2000, S. 733.
5 Abgedruckt in: Revista de Historia Militar, 20, 40, 1976, S. 336.
6 Arrarás, Franco, S. 166. Vgl. hierzu auch Azaña, diarios completos, S. 234.
7 Vgl. hierzu die grundlegende Studie von Ismael Saz Campos: Mussolini contra la II República: Hostilidad, conspiraciones, intervención (1931–1936). Valencia: Alfons el Magnànim, 1986, S. 38–40.
8 Vgl. Franco Salgado-Araujo, vida, S. 108 f.
9 Zit. nach Rogelio Baón: La cara humana de un caudillo. 401 anécdotas Madrid: San Martín, 1975, S. 110.
10 Vgl. hierzu: Franco Salgado-Araujo, vida, S. 109.
11 Azaña, diarios completos, S. 709.
12 ABC, 12.09.1933.
13 Saz, Mussolini, S. 69–74.
14 Vgl. Rede Francos in ABC (Sevilla), 19.07.1938; beschrieben in John W.D. Trythall: Franco. A Biography. London: Rupert Hart-Davis, 1970, S. 84.
15 Vgl. Stanley Payne: Franco y José Antonio. El extraño caso del fascismo español. Historia de la Falange y del Movimiento nacional (1923–1977). Barcelona: Planeta, 1997, S. 275–281.
16 Vgl. Diego Hidalgo Durán: ¿Por qué fui lanzado del Ministerio de la Guerra? (Diez meses de actuación ministerial). Madrid: Espasa-Calpe, 1934, S. 77–79.
17 Vgl. Preston, Franco, S. 129 f.
18 Vgl. Nerín, guerra, S. 169.
19 Siehe hierzu vor allem Balfour, embrace, S. 253 f.
20 Zitiert nach Martin, Chef d'Etat, S. 99 f.
21 Vgl. Southworth, brainwashing, S. 129–191.
22 Vgl. hierzu: Stanley G. Payne: El colapso de la República. Los orígenes de la Guerra Civil (1933–1936). Madrid: La Esfera de los Libros, 2005, S. 155–157.

23 Francisco Franco Bahamonde: ›Apuntes‹ personales sobre la república y la guerra civil, hgg. durch Luis Suárez Fernández. Madrid: Fundación Nacional Francisco Franco, 1987, S. 18 f.
24 Gil Robles, no fue posible, S. 366 f.
25 Franco, apuntes, S. 21 f.
26 Sainz Rodríguez, testimonio, S. 340.
27 Manuel Portela Valladares: Memorias. Dentro del drama español. Madrid: Alianza, 1988, S. 169.
28 Alejandro Lerroux: La pequeña historia de España. Barcelona: Mitre, 1985, S. 367.
29 Portela, memorias, S. 184 f.; Gil Robles, no fue posible, S. 492 f., vgl. auch Alcalá-Zamora, memorias, S. 393 f.
30 Vgl. Franco Salgado-Araujo, vida, S. 131.
31 Arrarás, Franco, S. 229. Für diesen Zeitraum sind keine Tagebucheinträge Azañas überliefert.
32 Ebda. Vgl. hierzu auch das Tagebuch von Niceto Alcalá Zamora: Asalto a la República. Enero-Abril de 1936. Madrid: La Esfera de los Libros, 2011, S. 230 f.
33 Vgl. Gil Robles, no fue posible, S. 564 f.; Ramón Serrano Súñer: Memorias: entre el silencio y la propaganda, la historia como fué. Barcelona: Planeta, 1977, S. 56–58; Vgl. auch Payne, Franco y José Antonio, S. 319.
34 Juan Antonio Ansaldo: ¿Para qué? (De Alfonso XIII a Juan III). Buenos Aires: Ekin, 1951, S. 121.
35 Vgl. Franco Salgado-Araujo, vida, S. 135, 139, 145, sowie Galinsoga, centinela, S. 195 f.
36 Brief Franco an Casares-Quiroga, 23.06.1936, vgl. Arrarás, Franco, S. 232–235; deutsche Fassung in Timmermans, Franco, S. 240–245.
37 Angel Viñas: La conspiración del general Franco y otras revelaciones acerca de una guerra civil desfigurada. Barcelona: Crítica, 2011, S. 48.
38 Vgl. Suárez Fernández, tiempo, II, S. 40.
39 Vgl. Blanco Escolá, pasión, S. 130.
40 Pemán, encuentros, S. 32.
41 Vgl. Bennassar, Franco, S. 99–101; Preston, Franco, S. 171 f.
42 So in den Erinnerungen von Sainz Rodríguez, testimonio, S. 247. Vgl. auch Serrano Súñer, memorias, S. 52 f.
43 Ansaldo, ¿Para qué?, S. 121.
44 Vgl. hierzu Kindelán, verdad, S. 173.
45 Vgl. Heleno Saña: El franquismo sin mitos. Conversaciones con Serrano Súñer. Barcelona: Grijalbo, 1982, S. 48 f.; Eugenio Vegas Latapie: Memorias políticas. El suicidio de la Monarquía y la Segunda República. Barcelona: Planeta, 1983, S. 276; Serrano Súñer, memorias, S. 121.
46 Viñas, conspiración, S. 100 ff.

47 Arrarás, Franco, S. 259; Millán Astray, Franco, S. 21; Franco Salgado-Araujo, vida, S. 145, 152; vgl. auch Federico Bravo Morata: Franco y los muertos providenciales, Madrid: Fenicia, 1979. S. 26 f.
48 Galinsoga, centinela, S. 223; de la Cierva, siglo, I, S. 438; Suárez Fernández, Franco (2005), S. 39.
49 Viñas, conspiración, S. 110; Blanco Escolá, pasión, S. 132–136.
50 ABC (Sevilla), Sonderausgabe, 18.07.1937.
51 Arrarás, Franco, S. 199. Johann Froembgen: Franco. Ein Leben für Spanien. Leipzig: Goten, 1939, S. 93–95; Mikusch, Franco, S. 173, 212 f.; vgl. auch Galinsoga, centinela, S. 207–209.
52 Froembgen, Franco, S. 115.
53 Vgl. Ricardo de la Cierva: No nos robarán la historia. Nuevas mentiras, falsificaciones y revelaciones. Madridejos: Fénix, 1995, S. 133; vgl. auch Dahms, Franco, S. 40.
54 Gil Robles, no fue posible.
55 Vgl. vor allem Rafael Cruz: En el nombre del pueblo. República, rebelión y guerra en la España de 1936. Madrid: Siglo XXI, 2006.
56 Franco Salgado-Araujo, vida, S. 139.

Generalissimus

1 Froembgen, Franco, S. 214.
2 Indalecio Prieto: Discursos fundamentales, hgg von Edward Malefakis. Madrid: Turner, 1975, S. 257.
3 Vgl. Sainz Rodríguez, testimonio, S. 339 f.
4 Vgl. vor allem Bravo Morata, muertos.
5 Vgl. hierzu die Aufzeichnungen des Piloten: Ansaldo, ¿Para qué?, S. 140.
6 Morten Heiberg: Emperadores del Mediterráneo. Franco, Mussolini y la guerra civil española. Barcelona: Crítica, 2003, S. 73; Angel Viñas: Franco, Hitler y el estallido de la guerra civil: antecedentes y consecuencias. Madrid: Alianza, 2001, S. 431 f.
7 Vgl. Blanco Escolá, pasión, S. 140.
8 Vgl. »Die Helden des Alcázar« (1937), »Kriegsschule Toledo. Des jungen Spaniens Heldenkampf vom Alkazar« (1937), »Heldenlied vom Alkazar« (1937), »Die Kadetten von Toledo« (1942).
9 Georg Eickhoff: Das Charisma der Caudillos. Cárdenas, Franco, Perón. Frankfurt: Vervuert, 1999, S. 114.
10 So bereits Coles, Franco, S. 194. Vgl. auch Eickhoff, Charisma, S. 96.
11 Alfredo Kindelán: Mis cuadernos de guerra. Barcelona: Planeta, 1982, S. 86.
12 Vgl. hierzu Ausführungen in Hugh Thomas: The Spanish Civil War. New York: Harper & Row, 1963 (Erstausgabe 1961), S. 203; South-

worth, mito, S. 49–63; ferner: Isabelo Herreros: Mitología de la cruzada de Franco. El Alcázar de Toledo. Madrid: Vosa, 1995, S. 25–42.
13 Vgl. hierzu Kindelán, cuadernos, S. 85.
14 Vgl. hierzu Jensen, Soldier, S. 82.
15 Vgl. Blanco Escolá, pasión, S. 160 f., 173–175.
16 Blanco Escolá, incompetencia, S. 263; Gabriel Cardona: Franco y sus generales. La manicura del tigre. Madrid: Temas de Hoy, 2001, S. 31.
17 Zit. nach de la Cierva, siglo, I, S. 510; vgl. auch Nourry, conquête, S. 485 f.
18 Album de Toledo y su Alcázar (1942). Zit. nach Eickhoff, Charisma, S. 132.
19 Vegas Latapie, caminos, S. 87; Sainz Rodríguez, testimonio, S. 272; Vgl. auch José Ignacio Escobar: Así empezó ... Madrid: del Toro, 1975, S. 150 f.
20 Kindelán, cuadernos, S. 103–109, sowie Franco Salgado-Araujo, vida, S. 207 f. Vgl. auch Guillermo Cabanellas: Cuatro generales, Bd. 2: La lucha por el poder. Barcelona: Planeta, 1977.
21 Zit. nach Guillermo Cabanellas: La guerra de los mil días: nacimiento, vida y muerte de la Segunda República española, Bd. 1, Buenos Aires: Heliasta, 1975, S. 652.
22 Abgedruckt etwa in ABC (Sevilla), 02.10.1936.
23 La Gaceta Regional, 05.11.1936, zit. nach Francisco Sevillano: Franco. Caudillo por la gracia de Dios. Madrid: Alianza, 2010, S. 42.
24 Viñas, estallido, S. 153–163.
25 Rueda, salvar, S. 122.
26 Vgl. Julio Gil Pecharromán: José Antonio Primo de Rivera. Retrato de un visionario. Madrid: Temas de Hoy, 1996, S. 511.
27 Vgl. u. a. Vegas Latapie, caminos, S. 291 f. sowie Escobar, así empezó, S. 164.
28 Vgl. Franco Salgado-Araujo, vida, S. 226 f.
29 Zenobi, construcción, S. 118 f.
30 Boletín Oficial del Estado (BOE), 18, 18.07.1938.
31 Vgl. Moure-Moriño, Profil, S. 37.

Kriegführung und Repression

1 Vgl. Semprún, genio; de la Vega, Franco.
2 Vielfältige Überlieferung, etwa in: Julián Casanova: República y Guerra Civil. Bd. 8, Historia de España, hgg. durch Josep Fontana und Ramón Villares. Barcelona: Crítica/Marcial Pons, 2007, S. 173 f.

3 Franco Salgado-Araujo, vida, S. 139.
4 Jay Allen, in: News Cronicle, 29.07.1936.
5 Zit. nach: Southworth, mito, S. 123.
6 Balfour, embrace, S. 254.
7 Froembgen, Franco, S. 182.
8 Zit. nach Eickhoff, Charisma, S. 129.
9 Froembgen, Franco, S. 205.
10 Neujahrsansprache Francos, in: ABC (Sevilla), 01.01.1937.
11 Balfour, embrace, S. 291.
12 Vgl. hierzu Stefanie Schüler-Springorum: Krieg und Fliegen. Die Legion Condor im Spanischen Bürgerkrieg. Paderborn: Schöningh, 2010, S. 186.
13 Vgl. Angel Viñas im Nachwort zu Herbert R. Southworth: La destrucción de Guernica. Periodismo, diplomacia, propaganda e historia. Granada: Comares, 2013, S. 692 (Erstauflage: Paris: Ruedo Ibérico, 1975).
14 Vgl. Hills, The Man, S. 277f. Vgl. neuerdings auch: Stanley G. Payne: ¿Por qué la República perdió la guerra? Madrid: Espasa, 2010, S. 227.
15 Roberto Cantalupo: Fu la Spagna. Ambasciata presso Franco. Febbraio-aprile 1937. Mailand: Mondadori, 1948, S. 136f.
16 María Luisa Rodríguez Aisa: El cardenal Gomá y la guerra de España. Aspectos de la gestión pública del Primado, 1936–1939. Madrid: CSIC, 1981, S. 170.
17 ABC (Sevilla), 26.01.1938.
18 So gegenüber einem italienischen Offizier. Zit nach Heiberg, emperadores, S. 94. Vgl. hierzu: Olao Conforti: Guadalajara. La prima sconfitta del fascismo. Mailand: Mursia, 1967, S. 32.
19 Cantalupo, Spagna, S. 232f.
20 Vgl. hierzu vor allem Blanco Escolá, incompetencia, S. 497; ferner Bennassar, Franco, S. 115.
21 Vgl. Crozier, Franco, S. 246; fernet Martin, Chef d'Etat, S. 234.
22 Vgl. Antony Beevor: Der Spanische Bürgerkrieg. München: Bertelsmann, 2006, S. 404.
23 Vgl. öffentliche Aufrufe in ABC (Sevilla), 22./23./24.07.1936.
24 Vgl. hierzu Pemán, encuentros, S. 63f.
25 Vgl. hierzu Heiberg, emperadores, S. 93–95.
26 Ciano's Diary, 1937–1938, hgg. von Malcolm Muggeridge. London: Methuen, 1952, S. 46, (20.12.1937).
27 Bericht Faupels, 10.12.1936, abgedruckt in: Akten zur deutschen auswärtigen Politik (ADAP), 1918–1945. Baden-Baden: Imprimerie Nationale, 1951, S. 138.
28 So beschrieben in: Sainz Rodríguez, testimonio, S. 342.

29 Zit. nach Olao Conforti: Guadalajara. La prima sconfitta del fascismo. Mailand: Mursia, 1967, S. 33.
30 Vgl. Beevor, Bürgerkrieg, S. 278; Heiberg, emperadores, S. 98.
31 Ramón Garriga: Guadalajara y sus consecuencias. Madrid: del Toro, 1974, S. 208 f.
32 Vgl. hierzu sehr verhalten: Kindelán, cuadernos, S. 171–174.
33 Vgl. de la Cierva, Franco (1986), S. 238, 241.
34 Vgl. etwa Beevor, Bürgerkrieg, S. 434.
35 Jensen, Soldier, S. 92.
36 Franco gegenüber Manuel Aznar am 31.12.1938, in: Franco Bahamonde, Palabras, 19.04.1937–31.12.1938, S. 295–315.
37 Vgl. Blanco Escolá, incompetencia, S. 501; demgegenüber Semprún, genio, S. 163.
38 Ciano's Diary, 1937–38, S. 148 (29.08.1938).
39 Zit. nach Alfonso Álvarez Bolado: Para ganar la guerra, para ganar la paz: Iglesia y guerra civil, 1936–1939. Madrid: UPCo, 1995, S. 319.
40 Vgl. Beevor, Bürgerkrieg, S. 305.
41 Vgl. hierzu Michael Richards: A Time of Silence. Civil War and the Culture of Repression in Franco's Spain, 1936–1945. Cambridge: CUP, 1998.
42 Cantalupo, Spagna, S. 230 f.
43 Rede Francos, in: ABC, 20.05.1939.
44 Franco gegenüber Manuel Aznar am 31.12.1938, in: Francisco Franco Bahamonde: Palabras del Caudillo. 19 de abril de 1937–31 de diciembre de 1938. Madrid: Ediciones FE, 1939, S. 295–315.
45 Ebda.
46 Ebda.
47 Vgl. Santos Juliá, u. a.: Víctimas de la Guerra Civil. Madrid: Temas de Hoy, 1999, S. 410.
48 Vgl. Franco Salgado-Araujo, vida, S. 239; Galinsoga, centinela, S. 302.
49 Vgl. hierzu Ramírez, mesianismo, S. 220.
50 Vgl. etwa Ramón Garriga: La España de Franco, Bd. 1: Las relaciones secretas con Hitler, 1939–1942. Madrid: del Toro, 1977, S. 9 f.
51 Vgl. hierzu Salgado, radiografía, S. 188.
52 Franco gegenüber Manuel Aznar am 31.12.1938, in: Franco Bahamonde, Palabras, 19.04.1937–31.12.1938, S. 295–315.
53 Vgl. Richards, silence, S. 7, 74–84.
54 Interview Franco in Le Figaro, 12.06.1958.
55 Ebda.
56 Dahms, Franco, S. 59.
57 Crozier, Franco, S. 277 f.

Das Neue Spanien

1 Ciano's Diary, 1939–1943, hgg. von Malcolm Muggeridge. London: Heinemann, 1947, S. 57 (Eintrag vom 28.03.1939).
2 Vgl. ABC (Sevilla), 02.10.1936.
3 Vgl. hierzu Víctor Pradera: El Estado Nuevo. Madrid: Cultura Española, 1935.
4 Fontana, radiografía, S. 67 f.
5 Ebda., S. 185.
6 Vgl. hierzu Payne, Franco y José Antonio, S. 419.
7 Die Tagebücher von Joseph Goebbels. Sämtliche Fragmente, Teil 1: Aufzeichnungen 1924–1941, Bd. 3. München: Saur, 1987, S. 142 (Eintrag vom 12.05.1937).
8 Vgl. Dionisio Ridruejo: Casi unas memorias. Barcelona: Planeta, 1976, S. 96–97.
9 Vgl. Martin Blinkhorn: Carlism and Crisis in Spain. Cambridge: CUP, 1975, S. 273 ff.
10 Vgl. Cardona, generales, S. 36.
11 Brief Ridruejo an Serrano Súñer, 29.08.1942, abgedruckt in: Serrano Súñer, memorias, S. 367–370.
12 Franco in einem Interview, ABC (Sevilla), Sonderausgabe, 18.07.1937.
13 Vgl. Ridruejo, memorias, S. 106, 111.
14 Artikel 47 des Parteistatuts.
15 Salgado, radiografía, S. 39.
16 Rede von Francisco Elías de Tejada, 17.01.1939, zit. nach Sevillano, Caudillo, S. 170.
17 Vgl. hierzu: Zenobi, construcción, S. 330.
18 Arriba, 01.09.1939.
19 Arriba, 01.10.1939. Vgl. auch ABC (Sevilla), 02.10.1937.
20 Dekret vom 28.09.1937.
21 Arriba, 30.05.1942. Dieser Wortlaut differiert von dem in der monarchistischen Tageszeitung ABC.
22 Víctor de la Serna in La Gaceta Regional, 29.08.1937, zit. nach Sevillano, Caudillo, S. 86 f.
23 Im vorliegenden Fall ist der spanische Begriff »mando único« mit Führerprinzip übersetzt worden. Vgl. Ernersto Giménez Caballero: España y Franco. Cegama: Los Combatientes, 1938, S. 13 f.
24 Giménez Caballero, España y Franco, S. 22.
25 Vgl. hierzu Wortlaut des Dekrets vom 02.02.1938 über das neue Staatswappen Spaniens.
26 Víctor de la Serna in La Gaceta Regional, 29.08.1937, zit. nach Sevillano, Caudillo, S. 86 f.

27 Franco gegenüber Manuel Aznar, 31.12.1938, in: Franco Bahamonde, Palabras, 19.04.1937–31.12.1938, S. 295–315.
28 José María de Areilza; Fernando María Castiella: Reivindicaciones de España. Madrid: Instituto de Estudios Políticos, 1941.
29 Franco am 19.04.1937, in: ABC (Sevilla), 20.04.1937.
30 Franco am 29.05.1942, in: ABC, 30.05.1942.
31 Ebda.
32 Ebda.
33 Brief vom 04.12.1937, vgl. Vegas Latapie, caminos, S. 515 f.
34 Vgl. Rede Francos, in: ABC, 09.12.1942.
35 Pemartín in ABC (Sevilla), 13.10.1937.
36 Mikusch, Franco, S. 172.
37 Ebda., S. 302, 230; Froembgen, Franco, S. 267.
38 So etwa in einer Rede am 18.07.1938, ABC (Sevilla), 19.07.1938.
39 Vgl. »Manifiesto de Tetuán«, 17.07.1936, sowie etwa ABC (Sevilla), 24.07.1936, 02.10.1936.
40 So Franco bereits gegenüber Manuel Aznar, 31.12.1938, in: Franco Bahamonde, Palabras, 19.04.1937–31.12.1938, S. 295–315.
41 Punkt 6 des Parteiprogramms von Falange Española Tradicionalista y de las JONS.
42 Brief Ridruejo an Serrano, 29.08.1942, abgedruckt in: Serrano Súñer, memorias, S. 367–370.
43 Ian Kershaw: Der NS-Staat. Hamburg: Nikol, 2009 (4. Aufl.), S. 263–278.
44 Ebda., S. 265.
45 Rede Francos, in: ABC, 09.12.1942 sowie, 05.05.1943.
46 Rede Francos, in: ABC, 18.07.1945.
47 Vgl. Rede Francos, in: La Vanguardia, 18.07.1943.
48 So Franco in einer Rede in der Militärakademie von Zaragoza, in: ABC, 17.12.1946.
49 Rede Francos vor den *Cortes*, in: La Vanguardia, 23.11.1966.
50 Vgl. Rede Francos, in: ABC, 18.07.1945; vgl. hierzu auch Rede Francos, in: La Vanguardia, 17.05.1952.
51 Rede Francos vor den *Cortes españolas*, in: La Vanguardia, 04.06.1961; vgl. nahezu identisch: La Vanguardia, 17.05.1952.
52 Interview Franco, in: Le Figaro, 12.06.1958.
53 Ebda.
54 Ebda.
55 So Fusi, Franco, S. 75 f.
56 Vgl. etwa Javier Tusell: Franco en la guerra civil. Una biografía política. Barcelona: Tusquets, 1993, S. 9.

Herrschaft von Gottes Gnaden

1 Ansprache abgedruckt in ABC (Sevilla), 02.10.1936.
2 Vgl. Hilari Raguer: La pólvora y el incienso. La Iglesia y la guerra civil española (1936–1939). Barcelona: Península, 2001, S. 78 ff.
3 Crozier, Franco, S. 205.
4 Vgl. Bennassar, Franco, S. 306.
5 Vgl. Antonio Montero: Historia de la persecución religiosa en España, 1936–1939. Madrid: BAC, 1961, S. 363, 762.
6 Vgl. Guy Hermet: Les Catholiques dans L'Espagne Franquiste. Bd. 1: Les acteurs du jeu politique, Paris: Presses de la Fondation nationale des sciences politiques, 1980, S. 14; vgl. auch: Walther L. Bernecker: Religion in Spanien. Darstellungen und Daten zu Geschichte und Gegenwart. Gütersloh: Gütersloher Verlagshaus, 1995, S. 92 ff.
7 Enrique Pla y Deniel: Las dos ciudades, 30.09.1936. Auszugsweise in: Gonzalo Redondo: Historia de la Iglesia en España, 1931–1939. Bd. 2: La guerra civil (1936–1939). Madrid: Rialp, 1993, S. 96.
8 Isidro Kardinal Gomá an Kardinalsstaatssekretär Eugenio Pacelli, 17.08.1936. Zit. nach: Rodríguez Aisa, Gomá, S. 23.
9 Vgl. hierzu vor allem Javier Tusell; Genoveva García Queipo de Llano: El catolicismo mundial y la guerra de España. Madrid: BAC, 1993.
10 Vgl. Julián Casanova: La Iglesia de Franco. Madrid: Temas de Hoy, 2001, S. 14.
11 Franco, Jaen, 18.03.1940. Zit. nach Casanova, Iglesia, S. 235.
12 Manuel de Castro Alonso: Sobre las enseñanzas de los tiempos presentes, 14.02.1937. Auszugsweise abgedruckt in: Álvarez Bolado, para ganar, S. 120.
13 Vgl. Marcelino Menéndez y Pelayo: Historia de los heterodoxos españoles, Bd. 8, Neudruck: Barcelona: Red Ediciones, 2012, S. 237 (Erstausgabe 1882).
14 Franco, Rede vom 19.04.1937, in: ABC (Sevilla), 20.04.1937.
15 Ebda.
16 Vgl. etwa Rede Franco, ABC (Sevilla), 19.07.1938.
17 Enrique Pla y Deniel: El triunfo de la Ciudad de Dios y la Resurrección de España, 21.05.1939. Auszugsweise in: Redondo, Iglesia, Bd. 2, S. 616–622.
18 Rede Franco in der Kathedrale von Santiago, abgedruckt in: ABC, 27.07.1954.
19 Millán Astray am 18. Juli 1938, in: Millán Astray, Franco, S. 206 f.
20 ABC (Sevilla), 16.04.1938.
21 Vgl. etwa Galinsoga, centinela, S. 22, 30.
22 Zit. nach Ignacio Merino: Serrano Súñer. Conciencia y poder. Madrid: Algaba, 2004, S. 259.

23 Abgedruckt in: Redondo, Iglesia, Bd. 2, S. 608; vgl. hierzu Casanova, Iglesia, S. 225 f.
24 Vgl. Radiobotschaft »Con inmenso gozo«, 16.04.1939. Auszugsweise in: Redondo, Iglesia, Bd. 2, S. 609–611.
25 Franco an Don Juan, 06.01.1944, in: López Rodó, marcha, S. 520–522.
26 Ernesto Giménez Caballero, abgedruckt in Arriba, 21.05.1939.
27 Dekret der Staatsführung vom 1. April 1940. Zit. nach Daniel Sueiro: La verdadera historia del Valle de los Caídos. Madrid: Sedmay, 1976, S. 6.
28 Informe Comisión de Expertos para el Futuro del Valle de los Caídos, 29.11.2011.
29 Vgl. Giuliana di Febo: Ritos de guerra y de victoria en la España franquista. Bilbao: Desclée de Brouwer, 2002.
30 Vgl. etwa Goebbels-Tagebücher, Eintrag vom 16.02.1942.
31 Neujahrsansprache Francos, in: La Vanguardia, 02.01.1951.
32 Neujahrsansprache Francos, in: La Vanguardia, 31.12.1961.
33 Ansprachen Francos abgedruckt in: La Vanguardia, 01.04.1949 und 17.05.1952.
34 Rede Francos, in: La Vanguardia, 27.10.1953.
35 Vgl. Bernecker, Religion, S. 99.
36 Vgl. hierzu Rodríguez Aisa, Gomá, S. 322–324.

Diplomatie in stürmischen Zeiten

1 Vgl. Stanley G. Payne: Franco and Hitler. Spain, Germany and World War II. New Haven: Yale Univ. Press, 2008, S. 45.
2 Vgl. Samuel Hoare [Viscount Templewood]: Ambassador on Special Mission. London: Collins, 1946, S. 48; Herbert Feis: The Spanish Story: Franco and the Nations at War. New York: Knopf, 1948, S. 33 f.
3 Vgl. hierzu Matthieu Séguéla: Pétain-Franco, les secrets d'une alliance. Paris: Albin Michel, 1992, S. 31–37.
4 Vgl. Javier Tusell; Genoveva García Queipo de Llano: Franco y Mussolini. La política española durante la segunda guerra mundial. Barcelona: Planeta, 1985, S. 37.
5 Ansprache Francos, in: La Vanguardia, 18.07.1940.
6 Kindelán, verdad, S. 117–118. Tusell; Queipo, Franco y Mussolini, S. 98 f.
7 Saña, mitos, S. 142.
8 Zit. nach Hoare, ambassador, S. 32.
9 Zit. nach Javier Tusell: Franco, España y la II Guerra Mundial. Entre el Eje y la neutralidad. Madrid: Temas de Hoy, 1995, S. 86.
10 Denis Smyth: Diplomacy and Strategy of Survival. British policy and Franco's Spain, 1940–41. Cambridge: CUP, 1986, S. 42–44.

11 Vgl. hierzu Payne, Franco and Hitler, S. 96–98.
12 Vgl. hierzu vor allem den Briefwechsel Francos mit dem im Reichsgebiet weilenden Serrano Súñer, abgedruckt in: Serrano Súñer, memorias, S. 331–348.
13 Saña, mitos, S. 185.
14 Paul Schmidt: Statist auf diplomatischer Bühne 1923–1945. Erlebnisse des Chefdolmetschers im Auswärtigen Amt mit den Staatsmännern Europas. Von Stresemann und Briand bis Hitler, Chamberlain und Molotow. Bonn: Athenäum, 1949, S. 500.
15 Vgl. Suárez Fernández, Franco (2005), S. 182.
16 Vgl. Payne, Franco and Hitler, S. 90.
17 Serrano Súñer, memorias, S. 299.
18 Ciano's Diplomatic Papers, S. 402.
19 Goebbels-Tagebücher, Eintrag vom 25.10.1940.
20 Payne, Franco and Hitler, S. 269 f.; Tusell, guerra mundial, S. 647 f.
21 Interview Franco, in: Le Figaro, 12.06.1958.
22 Dahms, Franco, S. 66.
23 Crozier, Franco, S. 282, 285 f., 299 f., 304 f., 310. Vgl. auch de la Cierva, Franco (1986), S. 312; Suárez Fernández, Franco (2005), S. 185.
24 Goebbels-Tagebücher, Einträge vom 20.04.1941 und 09.05.1941.
25 Text u. a. abgedruckt in: La Vanguardia, 18.07.1941.
26 Smyth, diplomacy, S. 232–241.
27 Tagebucheintragung vom 08.07.1943, British Library, Harvey Papers, 56399.
28 Brief Jordana an Vidal, 26.07.1943, in: Archiv des spanischen Außenministeriums (AMAE), R 1371, 3.
29 Vgl. hierzu Bernd Rother: Spanien und der Holocaust. Tübingen: De Gruyter, 2001 sowie nach wie vor: Haim Avni: Spain, the Jews and Franco. Philadelphia: Jewish Publications Society of America, 1982.
30 Chaim U. Lipschitz: Franco, Spain, the Jews, and the Holocaust. New York: KTVA, 1984.
31 Vgl. hierzu José María de Doussinague: España tenía razón (1939–1945). Madrid: Espasa-Calpe, 1949, S. 297 f.
32 So etwa bereits Franz von Papen: Der Wahrheit eine Gasse. München: List, 1952, S. 561 f.
33 Vgl. etwa Tusell, mundial, S. 539.
34 Vgl. Carlos Collado Seidel: Angst vor dem »Vierten Reich«. Die Alliierten und die Ausschaltung des deutschen Einflusses in Spanien, 1944–1958. Paderborn: Schöningh, 2001, S. 32–34.
35 Vgl. Doussinague, razón, S. 43 f. und Ramón Serrano Súñer: Entre Hendaya y Gibraltar: noticia y reflexión, frente a una leyenda, sobre nuestra política en dos guerras. Madrid: Ediciones y Publicaciones Españolas, 1947 (Neuauflage Barcelona: Planeta, 1973), S. 151 f.

36 Brief vom 18.10.1944, in der Literatur unterschiedlich überliefert. Abschrift in: AMAE, R 2301, 1.
37 Brief Roosevelts, 10.03.1945, abgedruckt in: Foreign Relations of the United States. Diplomatic Papers (FRUS), 1945, Bd. 5, Washington: Department of State, 1967, S. 667 f.
38 Bericht des US-Botschafters in Madrid, 24.03.1945, in: ebda., S. 668–671.
39 Abgedruck in: The Times: »General Franco on the Falange«, 18.06.1945.
40 Vgl. ABC, 18.07.1945
41 Zit. nach Javier Tusell: Franco y los católicos. La política interior española entre 1945 y 1957. Madrid: Alianza, 1984, S. 106.
42 Text enthalten in: Florentino Portero: Franco aislado. La cuestión española (1945–1950). Madrid: Aguilar, 1989, S. 153 f.
43 Memorandum von Carrero Blanco, September 1945, teilweise abgedruckt in López Rodó, marcha, S. 57–59. Vgl. auch Tusell, católicos, S. 99–100 sowie ders.: Carrero. La eminencia gris del régimen de Franco. Madrid: Temas de Hoy, 1993, S. 107.
44 Dahms, Franco, S. 72.
45 Rede abgedruckt in: La Vanguardia, 02.10.1946.
46 Rede Francos vor den *Cortes,* abgedruckt in: La Vanguardia, 15.05.1946.
47 Eine Sammlung dieser Artikel wurde 1952 unter dem Titel »Masonería« publiziert, der nach »Diario de una Bandera« und »Raza« als drittes Buch Francos bezeichnet wird.
48 Ansprache vom 7. März 1946, abgedruckt in: La Vanguardia, 08.03.1946. Der zitierte Satz bildet auch den Leitspruch in der Franco-Biographie von Galinsoga.
49 Salgado, radiografía, S. 14.
50 Gil Robles, monarquía, S. 318 f.
51 Neujahrsansprache Francos, in: La Vanguardia, 02.01.1951.
52 Ebda.
53 Vgl. José María de Areilza: Diario de un ministro de la monarquía. Barcelona: Planeta, 1977, S. 45.
54 Vgl. La Vanguardia, 01.10.1953.
55 Rede Francos am 01.10.1953 vor den *Cortes,* in: La Vanguardia, 01.10.1953.
56 Vgl. hierzu Angel Viñas: En las garras del águila. Los pactos con Estados Unidos, de Francisco Franco a Felipe González (1945–1995). Barcelona: Crítica, 2003, S. 211–231, sowie zuvor ders.: Los pactos secretos de Franco con Estados Unidos. Bases, ayuda económica, recortes de soberanía. Barcelona: Grijalbo, 1981, S. 196–239.
57 Vgl. Vanessa Conze: Das Europa der Deutschen. Ideen von Europa in Deutschland zwischen Reichstradition und Westorientierung (1920–1970). München: Oldenbourg, 2005, S. 179.

58 Vgl. Coles, Franco, S. 234.
59 Vgl. Ramón Soriano: La mano izquierda de Franco. Barcelona: Planeta, 1981, S. 60.

Divide et impera

1 Vgl. hierzu Preston, Franco, S. 73, 408.
2 Sainz Rodríguez, testimonio, S. 335.
3 Ansprache Francos abgedruckt in: La Vanguardia, 01.02.1942.
4 Zit. nach Sainz Rodríguez, reinado, S. 221.
5 Tusell, católicos, S. 430; vgl. auch Bennassar, Franco, S. 317 f.
6 Vgl. Blaye, sans roi, S. 355 f.
7 Franco Salgado-Araujo, conversaciones, S. 37 (23.11.1954).
8 Vgl. hierzu: Ramón Garriga: Franco-Serrano Suñer. Un drama político. Barcelona: Planeta, 1986, S. 178.
9 Preston, Franco, S. 347.
10 Sainz Rodríguez, testimonio, S. 335.
11 Franco, nosotros, S. 158.
12 Fontana, radiografía, S. 100.
13 Vgl. Salgado, radiografía, S. 24, 143.
14 Vgl. hierzu etwa den Spielfilm La escopeta nacional (1978) von Luis García Berlanga.
15 Franco Salgado-Araujo, conversaciones, S. 178 (16.08.1956).
16 Vgl. hierzu Preston, Franco, S. 576.
17 Franco im Interview: ABC (Sevilla), Sonderausgabe, 18.07.1937.
18 Vgl. Preston, Franco, S. 585.
19 Vgl. Brief Francos an Don Juan, 27.05.1943, in: López Rodó, marcha, S. 511–515.
20 Sainz Rodríguez, reinado, S. 161; Gil Robles, monarquía, S. 55.
21 Text des Schreibens abgedruckt in: López Rodó, marcha, S. 43 f.
22 Schreiben Don Juans an Franco, 25.01.1944, abgedruckt in: López Rodó, marcha, S. 522 f.
23 Crozier, Franco, S. 10 f.
24 Schreiben Francos an Don Juan, 06.01.1944, abgedruckt in: López Rodó, marcha, S. 520–522.
25 Franco gegenüber General Carlos Martínez de Campos. Zit. nach Kindelán, verdad, S. 287.
26 Text in López Rodó, marcha, S. 48–50.
27 Vgl. Tusell, católicos, S. 151.
28 Vgl. Stanley G. Payne: The Franco Regime, 1936–1975. London: Phoenix, 2000, S. 374 f.; Tusell, católicos, S. 163 f.

29 Kindelán, verdad, S. 344.
30 Brief vom 02.12.1954 enthalten in: Sainz Rodríguez, reinado, S. 383 f.
31 Zu diesem Themenkomplex siehe vor allem die auf dem Nachlass von Artajo basierende Studie von Tusell, católicos, S. 54 f.
32 Vgl. hierzu Tusell, Carrero.
33 So etwa bei Sainz Rodríguez, testimonio, S. 329 f.
34 Rede Francos in Sevilla, in: La Vanguardia, 24.04.1956.
35 Rede Francos in Sevilla, in: La Vanguardia, 01.05.1956.
36 Ebda.
37 Franco Salgado-Araujo, conversaciones, S. 67 (05.01.1955).
38 Ausführliche Auszüge in: Tusell, católicos, S. 420–423.

Der Herbst des Diktators

1 Laureano López Rodó: Memorias, años decisivos. Barcelona: Plaza & Janes, 1991, S. 43.
2 Vgl. La Vanguardia, 18.05.1958.
3 Vgl. Rafael Calvo Serer: Franco frente al Rey. El proceso del régimen. Paris: Ruedo Ibérico, 1972, S. 79, sowie Mariano Navarro Rubio: Mis memorias: Testimonio de una vida política truncada por el »Caso MATESA«. Barcelona: Plaza & Janes, 1991, S. 141–48.
4 Franco Salgado-Araujo, conversaciones, S. 307 f., 311 (07.01.1961, 06.02.1961).
5 Navarro Rubio, memorias, S. 141–148.
6 Franco vor den *Cortes* am 17.05.1958, in: La Vanguardia, 18.05.1958; vgl. auch die Neujahrsansprachen Francos, in: La Vanguardia, 31.12.1959, 30.12.1960.
7 Franco Salgado-Araujo, conversaciones, S. 277 (16.01.1960).
8 Ebda., S. 369 (04.02.1963).
9 Vgl. ebda., S. 367 (09.01.1963) sowie S. 369 (17.01.1963).
10 Einige Bilder Francos sind abgedruckt in Pozuelo, últimos.
11 Vgl. Franco Salgado-Araujo, conversaciones, S. 248 (01.09.1958).
12 Vgl. ebda., S. 270 (22.10.1959).
13 Ebda., S. 37 (23.11.1954).
14 Baón, cara humana, S. 64. Vgl. hierzu auch Coles, Franco, S. 14 f.
15 Vgl. Rede Francos vor der Concentración Nacional de Alféreces Provisionales, abgedruckt in: La Vanguardia, 29.05.1962.
16 Vgl. ebda.
17 Rede Francos in Valencia, abgedruckt in: La Vanguardia, 17.06.1962.
18 Rede Francos vor Offizieren in Valencia, abgedruckt in: La Vanguardia, 19.06.1962.

19 Franco Salgado-Araujo, conversaciones, S. 498.
20 Vgl. Juan Goytisolo: Spanien und die Spanier. Luzern; München: Bucher, 1969.
21 Vgl. etwa Rede Francos am 09.04.1964, abgedruckt in La Vanguardia: 10.04.1964.
22 Fraga, memoria, S. 144f.
23 Franco Salgado-Araujo, conversaciones, S. 342, 426.
24 Vgl. Gil, cuarenta, S. 60, 87f., 91; Pozuelo, últimos, S. 29.
25 Vgl. Fusi, Franco, S. 184.
26 Vgl. Laureano López Rodó: Memorias. Barcelona: Plaza & Janes, 1990, S. 519f.; López Rodó, marcha, S. 229f.
27 Vgl. hierzu Hodges, Franco, S. 240.
28 Text der Ansprache Francos in: La Vanguardia, 13.12.1966.
29 Weihnachtsansprache Francos, abgedruckt in: La Vanguardia, 25.12.1966.
30 Rede Francos vor den *Cortes*, in: La Vanguardia, 23.11.1966.
31 Vgl. López Rodó, marcha, S. 416f.
32 Vgl. Franco Salgado-Araujo, conversaciones, S. 513 (21.12.1967).
33 Neujahrsansprache Francos, abgedruckt in: La Vanguardia, 31.12.1970.
34 Franco, nosotros, S. 150.
35 So gegenüber seinem Arzt: Pozuelo, últimos, S. 112.
36 Neujahrsansprache Francos, abgedruckt in: La Vanguardia, 31.12.1971; ähnliche Ausführungen auch in den Jahren 1970, 1972 und 1973.
37 De la Cierva, Franco (1986), S. 486.
38 Zit. nach: Sevillano, Caudillo, S. 12.
39 Pozuelo, últimos, S. 220.

Charisma und Herrschaftsrepräsentation

1 Hoare, ambassador, S. 45.
2 Fontana, radiografía, S. 96.
3 Crozier, Franco, S. 449.
4 Fontana, radiografía, S. 49.
5 Rueda, salvar, S. 26.
6 Zenobi, construcción, S. 333.
7 Ebda., S. 48.
8 Fontana, radiografía, S. 41.
9 Ebda., S. 48.
10 Arrarás, Franco, S. 168.
11 Ebda., S. 186.
12 Franco Salgado-Araujo, vida, S. 136f.
13 Vgl. Blanco Escolá, pasión, S. 65.
14 Eickhoff, Charisma, S. 114.

15 Francisco de Cossío: »Lo que España debe a Franco«, in: ABC, 01.10.1941.
16 Arrarás, Franco, S. 297 f.
17 Ansprache Francos in Sevilla, abgedruckt in: La Vanguardia, 01.05.1956.
18 Arrarás, Franco, S. 301, sowie ferner S. 268.
19 Vgl. Mikusch, Franco, S. 175.
20 Francisco Javier Conde: Contribución a la doctrina del Caudillaje. Madrid: Vicesecretaría de Educación Popular, 1942, S. 40.
21 Zit. nach Sevillano, Caudillo, S. 144 f.
22 Conde, doctrina, S. 36.
23 Arriba, 01.10.1943.
24 Conde, doctrina, S. 17.
25 Eickhoff, Charisma, S. 206; ferner S. 199.
26 Francisco Javier Conde: Representación política y régimen español. Ensayo político. Madrid: Subsecretaría de Educación Popular, 1945, S. 60 und S. 125 f.
27 Text der Rede in: La Vanguardia, 24.07.1955.
28 Conde, doctrina, S. 28 ff.
29 Ebda., S. 27.
30 Vgl. etwa Froembgen, Franco, S. 141, 161, 164.
31 Zit. nach Salgado, radiografía, S. 37 f.
32 Beschrieben bei Cantalupo, Spagna, S. 124.
33 Séguéla, Franco-Pétain, S. 43.
34 Vgl. Payne, Franco Regime, S. 375.
35 Vgl. hierzu Ramón Garriga: El Cardenal Segura y el Nacional-Catolicismo. Barcelona: Planeta, 1977, S. 294–296.
36 Crozier, Franco, S. 10. Vgl. auch Coles, Franco, S. 66–72.
37 Vgl. hierzu Preston, Franco, S. 432.
38 Vgl. Hans Ulrich Kempski berichtet. Große Reportagen eines legendären Journalisten, hgg. von Gernot Sittner. München: Süddeutsche Zeitung, 2009, S. 185 f.
39 Hoare, ambassador, S. 47.
40 Zit. nach Preston, Franco, S. 785.
41 Vgl. Feis, Spanish Story, S. 33.
42 Vgl. Lipschitz, Jews, S. 165, 169 f.
43 Zit. nach Preston, S. 766.
44 Vgl. Dwight D. Eisenhower: The White House Years. Waging Peace. Garden City, NY: Doubleday, 1965, S. 509 f.
45 Franco Salgado-Araujo, conversaciones, S. 50–52 (17 de diciembre de 1954).
46 Salgado, radiografía, S. 16.
47 Vgl. Franco Salgado-Araujo, vida, S. 258 f.
48 Vgl. Franco Salgado-Araujo, conversaciones, S. 395 (11.09.1963).
49 Fontana, radiografía, S. 74.
50 Constantine Brown, Evening Star, Februar 1947, zit. nach Preston, Franco, S. 705.

51 Fontana, radiografía, S. 76–77.
52 Franco Martínez-Bordiú, naturaleza; José Cristóbal Martínez-Bordiú: Memorias de un nieto de Franco. Barcelona: Planeta, 1983, S. 30 f.; Gil, cuarenta, S. 84.

Der Schatten des Diktators und seiner Mythen

1 Vgl. hierzu Walther L. Bernecker; Sören Brinkmann: Kampf der Erinnerungen. Der Spanische Bürgerkrieg in Politik und Gesellschaft, 1936–2006. Nettersheim: Graswurzelrevolution, 2006, S. 242 f.
2 Paloma Aguilar: Memoria y olvido de la guerra civil española. Madrid: Alianza, 1996. Vgl. auch: Josefina Cuesta: La odisea de la memoria. Historia de la memoria en España. Siglo XX. Madrid: Alianza, 2008.
3 Vgl. hierzu Walther L. Bernecker: Krieg in Spanien, 1936–1939. Darmstadt: Wissenschaftliche Buchgesellschaft, 2005, S. 225.
4 Carlos Fernández Santander: El general Franco. Barcelona: Argos Vergara, 1983; erweiterte Neuauflage: El general Franco. Un dictador en un tiempo de infamia. Barcelona: Crítica, 2005.
5 Fusi, Franco, S. 16.
6 Vgl. de la Cierva, Franco (1986), S. 506.
7 Vgl. Suárez Fernández, Franco (2005), S. 1.
8 La escopeta nacional (1978) von Luis García Berlanga.
9 Vgl. etwa: Stanley G. Payne: Franco. El perfil de la historia. Madrid: Espasa Calpe, 1992; Tusell, Franco; Preston, Franco. Vgl. auch die biographischen Romane: Francisco Umbral: Leyenda del césar visionario. Barcelona: Seix Barral, 1991; Manuel Vázquez Montalbán: Autobiografía del general Franco. Barcelona: Planeta, 1992.
10 Vgl. auch Millán Astray, Franco.
11 Mikusch, Franco, S. 157.
12 Vgl. etwa Timmermans, Franco, S. 238.
13 Mikusch, Franco, S. 109.
14 Dahms, Franco, S. 38 f.
15 Vgl. Cruz, pueblo.
16 So etwa in einer Rede Churchills im House of Commons am 10.12.1948.
17 Crozier, Franco, S. 13 f.
18 Vgl. etwa Fusi, Franco, S. 73 f.; Tusell, Franco, S. 387; Reig Tapia, César, S. 76, 78.
19 Crozier, Franco, S. 221.
20 Fernández Santander, infamia, S. ix; Rueda, salvar, S. 24, 27, 62, 212; González Duro, biografía, S. 45; Bennassar, Franco, S. 357; Blanco Escolá, pasión, S. 11.
21 Vgl. hierzu etwa Salgado, radiografía, S. 94, 118 f.

22 Papen, Wahrheit, S. 561 f.
23 Verhandlungen des Deutschen Bundestages, 3. Wahlperiode, (1959–1960), 108. Sitzung, 06.04.1960, S. 5910.
24 Vgl. hierzu etwa: Faustino Moreno Villalba: Franco: héroe cristiano en la guerra. Madrid: A.L.A. Alcorcón, 1985; Manuel Garrido Bonaño: Francisco Franco, cristiano ejemplar. Madrid: F.N.F.F., 1985; Eliott Ostrehan Iredell: Franco, valeroso caballero cristiano. Buenos Aires: Americalee, 1945.
25 Brian Crozier: Franco. A biographical history. London: Eyre & Spottiswoode, 1967 (span. 1967); Hellmuth Günther Dahms: Francisco Franco. Soldat und Staatschef. Göttingen: Musterschmidt, 1972 (span. 1975); George Hills: Franco: The Man and his Nation. London: Hale, 1967 (span. 1968); Claude Martin: Franco, Soldat et Chef d'Etat. Paris: Quatre Fils Aymon, 1959 (span. 1965).
26 Zur Widerlegung vgl. Angel Viñas: La soledad de la República. El abandono de las democracias y el viraje hacia la Unión Soviética. Barcelona: Crítica, 2006, S. 282–288; ders.; Fernando Hernández Sánchez: El desplome de la República. Barcelona: Crítica, 2009, S. 454.
27 Vgl. de la Cierva, robarán, S. 156; ders., Franco (1986), S. 506; Bachoud, Franco, S. 450.
28 Luis Ramírez [Luciano Rincón]: Francisco Franco. Historia de un mesianismo. Paris: Ruedo Ibérico, 1964; überarbeitete Neuauflage: Franco. La obsesión de ser, la obsesión de poder. Paris: Ruedo Ibérico, 1976.
29 Vgl. hierzu Hayden White: Metahistory: The Historical Imagination in Nineteenth Century Europe. Baltimore u. a.: Johns Hopkins UP, 1973, dt.: Metahistory: Die historische Einbildungskraft im 19. Jahrhundert in Europa, Frankfurt am Main: Fischer, 1991. Vgl. hierzu auch: Richard J. Evans: Fakten und Fiktionen. Über die Grundlagen historischer Erkenntnis. Frankfurt am Main: Campus, 1998.
30 De la Cierva, robarán, S. 45.
31 Ebda., S. 112.
32 Vgl. auch noch Torcuato Luca de Tena: Franco, sí, pero... Confesiones profanas. Barcelona: Planeta, 1993; Angel Palomino: Caudillo. Barcelona: Planeta, 1992.
33 Enrique Moradiellos: Francisco Franco. Crónica de un caudillo casi olvidado. Madrid: Biblioteca Nueva, 2002.
34 Vgl. ebda., S. 14.
35 Blanco Escolá, incompetencia; Semprún, genio. Vgl. ferner die kritischen Studien Carlos Blanco Escolá: Franco y Rojo: dos generales para dos Españas. Barcelona: Labor, 1993; Gabriel Cardona: Franco no estudió en Westpoint. Barcelona: Littera, 2002; ders.: Franco y sus generales. La manicura del tigre. Madrid: Temas de Hoy, 2001; sowie die positive Würdigung: Rafael Casas de la Vega: Franco, militar. Madridejos: Fénix, 1995.

36 Vgl. Pío Moa: Los mitos de la guerra Civil. Madrid: La Esfera de los Libros, 2003 und hierzu als Entgegnungen Enrique Moradiellos: 1936. Los mitos de la guerra civil. Barcelona: Península, 2005, sowie vor allem: Alberto Reig Tapia: Anti-Moa. La subversión neofranquista de la Historia de España. Barcelona: Ediciones B, 2006.
37 Reig Tapia, César, S. 27 f.
38 Ebda., S. 36 f.
39 Tusell, Franco; José Antonio Vaca de Osma: La larga guerra de Francisco Franco. Madrid: Rialp, 1992.
40 Tusell, Franco, S. 9, 386.
41 Lloyd, Franco.
42 Suárez Fernández, Franco (2005), S. 33–115.
43 Vgl. hierzu Enrique González Duro: Franco. Una biografía psicológica. Madrid: Temas de Hoy, 1992 sowie Gabrielle Ashford Hodges: Franco. A concise biography. London: Weidenfeld & Nicholson, 2000 (span.: Franco. Retrato psicológico de un dictador, Madrid: Taurus, 2001).
44 Sebastian Balfour: Deadly Embrace. Morocco and the Road to the Spanish Civil War. Oxford: OUP, 2002; Gustau Nerín: La guerra que vino de Africa. Barcelona: Crítica, 2005. Vgl. ferner: Juan Blázquez Miguel: Auténtico Franco. Trayectoria militar, 1907–1939. Madrid: Almena, 2009.
45 Vgl. hierzu auch: Zenobi, construcción, S. 24.
46 Pierre Bourdieu: »Die biographische Illusion«, in: BIOS 3, 1 (1990), S. 76.
47 Nourry, conquête, 1975; Eickhoff, Charisma.
48 Vgl. Bernecker; Brinkmann, Kampf, S. 283.
49 Informe de la Real Academia de la Historia, 23.06.2000, in: http://¬www.filosofia.org/his/h2000ah.htm.
50 Comunicado de la Real Academia de la Historia, 03.06.2011, http://¬www.rah.es/pdf/Comunicado_de_la_Real_Academia_de_la_Historia.¬pdf.
51 Claudio Sánchez Albornoz: España, un enigma histórico. Buenos Aires: Editorial Sudamericana, 1956.
52 Américo Castro: La realidad histórica de España. México: Porrúa, 1954, sowie: Origen, ser y existir de los españoles. Madrid: Taurus, 1959.

Register

A

Abd el-Krim 52–55
Acheson, Dean 181
Alba, Herzog von [Jacobo Fitz-James Stuart y Falcó] 197, 200, 246
Alcalá Zamora, Niceto 51, 67, 72–73
Alfons XIII. 43, 51–52, 54, 56, 58–59, 61, 80, 120, 131, 152, 193, 197
Alonso Vega, Camilo 28, 32, 44, 48
Añoveros, Antonio 158
Aranda, Antonio 89
Arburúa, Manuel 190
Areilza, José María de 129
Arias Navarro, Carlos 230
Arias Salgado, Gabriel 205
Arrarás, Joaquín 39, 44, 48, 53, 64, 73, 75, 150, 239, 256
Arrese, José Luis de 196, 207–208, 213, 228
Asensio, Carlos 195, 198
Augustinus 144
Azaña, Manuel 63–67, 72–74, 78
Aznar, José María 268

B

Bahamonde, María del Pilar 22–24, 143
Balfour, Sebastian 99, 101
Balmes, Amado 77, 82
Beigbeder, Juan 85, 160
Bennassar, Bartolomé 57
Berenguer, Dámaso 59
Bernecker, Walther L. 267
Bessborough, Earl of [Vere Brabazon Ponsonby] 248
Blanco Escolá, Carlos 37, 42, 77, 264
Borbón y Battenberg, Juan de 151, 188, 193, 197–201, 203–204, 215–216, 227
Borbón y Borbón, Juan Carlos 204, 215–216, 226, 228, 231
Borbón y Dampierre, Alfonso de 216, 226, 228
Borbón-Parma, Carlos Hugo de 226
Borrell, Max 217, 252
Brinkmann, Sören 267
Bulart, José María 144

C

Cabanellas, Miguel 80, 83, 91–92

Calvo Sotelo, José   72, 76, 78, 93, 245
Canaris, Wilhelm   85, 161, 167
Cantalupo, Roberto   104, 110
Carceller, Demetrio   190
Carlyle, Thomas   240
Carrero Blanco, Luis   150, 177–178, 189, 206, 211, 213–214, 224, 227–229, 250
Carrillo, Santiago   254
Casanova, Julián   7–8
Casares Quiroga, Santiago   75, 78
Casas de la Vega, Rafael   97
Castiella, Fernando María   129, 182
Castro, Américo   268
Castro, Fidel   13
Churchill, Winston S.   166, 168, 173, 182, 200, 235, 257
Ciano, Galeazzo   105, 116, 132, 159, 192
Cierva, Ricardo de la   25, 230, 255, 262
Coles, Sydney   185
Conde, Francisco Javier   240–243
Crozier, Brian   13, 143, 199, 235, 247, 258
Cruz, Rafael   257

D

Dahms, Hellmuth Günther   25, 115, 257
Dávila, Fidel   92
Dilthey, Wilhelm   20

E

Eden, Anthony   169
Eickhoff, Georg   88, 91, 238, 266
Eisenhower, Dwight D.   13, 182, 219, 249
Elías de Tejada, Francisco   125
Esteban Infantes, Emilio   28, 39
Evita [Eva Duarte Perón]   179

F

Fal Conde, Manuel   120, 122, 202
Fanjul, Joaquín   66, 70–71, 73, 83
Faupel, Wilhelm   105
Ferdinand II. von Aragonien   128
Fernán González   242
Fernández Cuesta, Raimundo   205, 240, 243
Fernández Miranda, Torcuato   227
Fernández Santander, Carlos   255
Fontana, José María   26, 118, 191, 236–237, 250
Ford, Gerald   231
Fraga Iribarne, Manuel   222, 227, 254
Franco Bahamonde, Nicolás   19, 23, 117, 191
Franco Bahamonde, Pilar   16, 21, 191
Franco Bahamonde, Ramón   24, 42, 56, 59, 63
Franco Salgado-Araujo, Francisco   16, 22, 28, 32, 37, 44, 48, 54, 62, 65, 73, 75, 98, 190, 192, 217, 221, 237, 249–250

Franco y Martínez Bordiú, Francisco 204
Franco y Polo, Carmen 8, 42, 191, 234, 246, 251, 253
Franco y Salgado-Araujo, Nicolás 17, 21–24, 43
Froembgen, Johann 81
Fusi, Juan Pablo 41, 255

G

Galarza, Valentín 66, 73, 194–195
Galinsoga, Luis de 55, 150, 184
Garriga, Ramón 16, 246
Gaulle, Charles de 165, 175
Gil Robles, José María 16, 70–72, 74–75, 79, 83, 93, 119, 202, 204
Gil, Vicente 16, 217
Giménez Caballero, Ernesto 102, 126, 151
Girón, José Antonio 228
Goded, Manuel 41, 66, 70–72, 74, 83
Goebbels, Joseph 121, 155, 166–167
Goicoechea, Antonio 74, 194
Gomá, Isidro 102, 145, 151, 157
González Duro, Enrique 21, 40
González, Felipe 11, 254
Göring, Hermann 132, 238
Goytisolo, Juan 221
Grimau, Julián 222
Guzmán [Alfonso Pérez de Guzmán] 87

H

Habsburg, Otto von 204
Harvey, Oliver 169
Hassan II. von Marokko 231
Hayes, Carlton 260
Hedilla, Manuel 121, 202
Hidalgo, Diego 67–68
Himmler, Heinrich 179
Hitler, Adolf 8, 12, 15, 85, 109, 124–125, 132, 141–142, 161–162, 164–167, 169, 174, 185, 206, 234–235, 240, 243, 257–258, 261
Hoare, Samuel 162–163, 168, 198, 234, 248

I

Ignatius von Loyola 147
Isabella von Kastilien 128, 130

J

Jaeger, Richard 260
Jensen, Geoffrey 108
Jordana, Graf [Francisco Gómez Jordana] 62, 160, 171, 195
Juan de Austria 151

K

Karl V. 28
Kempski, Hans Ulrich 247
Kerenski, Alexander Fjodorowitsch 78
Kershaw, Ian 136–137
Kindelán, Alfredo 16, 61, 89, 91–92, 107, 160, 194, 202–203
Kolumbus, Christoph 56

L

Largo Caballero, Francisco 66, 78
Ledesma Ramos, Ramiro 93
Lequerica, José Félix de 182
Lerroux, Alejandro 66–68, 72
Lipschitz, Chaim U. 27, 248
Lloyd, Alan 264
Lloyd, Selwyn 248
López Bravo, Gregorio 212
López Rodó, Laureano 16, 211–213, 228, 260
Lora Tamayo, Manuel 212

M

Maeztu, Ramiro de 93
Maginot, André 57
Mao Tse-tung 13, 180
Martín Artajo, Alberto 175, 193, 205
Martínez Barrio, Diego 78–79
Mayayo, Andreu 7
McCarthy, Joseph 181
Menéndez Pelayo, Marcelino 147
Mikusch, Dagobert von 256
Millán Astray, José 38, 48–49, 51, 53, 117, 149
Moa, Pío 9
Mohammed V. von Marokko 209
Mola, Emilio 59, 70, 73, 76, 79–80, 82, 84–86, 91, 95, 97, 101–102, 119, 193, 244–245, 256
Moradiellos, Enrique 262
Moreno, Salvador 198
Moscardó, José 86–87, 89, 196, 198, 245
Múgica, Mateo 157
Muñoz Grandes, Agustín 192, 198, 206
Mussolini, Benito 12, 65, 67, 84–85, 109, 131–132, 137, 141–142, 154, 162, 166–167, 169, 185, 200, 234–235, 237, 240, 243, 245, 261

N

Napoleon Bonaparte 12, 34, 152, 238
Navarro Rubio, Mariano 211
Nieto Antúnez, Pedro 230, 252
Nietzsche, Friedrich 240
Nourry, Philippe 266

O

Orgaz, Luis 65, 73, 80, 92

P

Palacios, Jesús 14
Papen, Franz von 260
Payne, Stanley 10, 69, 79, 239, 261
Pemán, José María 150
Pemartín, José 126
Pérez González, Blas 195
Perón, Juan Domingo 179
Petacci, Clara [Claretta] 200
Pétain, Philippe 160, 165, 245
Philipp II. 154, 163, 182, 250, 267
Pius XII. 151, 156
Pla y Deniel, Enrique 144, 148
Planell, Joaquín 205, 212

Polo, Carmen 23, 42, 44, 48, 143, 192, 246, 249, 251, 253
Ponte, Miguel 92
Portela Valladares, Manuel 71
Pozas, Sebastián 72
Pozuelo Escudero, Vicente 16
Pradera, Víctor 116
Preston, Paul 7, 10, 21, 24, 68, 190, 196, 262, 264
Prieto, Indalecio 78, 81
Primo de Rivera y Orbaneja, Miguel 43, 52–56, 58, 62–63, 67, 117, 119, 131, 134, 200
Primo de Rivera y Sáenz de Heredia, José Antonio 11, 67, 74, 94–95, 116, 120, 127, 154, 233, 244–245, 254
Primo de Rivera y Sáenz de Heredia, Miguel 182

Q

Queipo de Llano, Gonzalo 59, 63, 79–80, 91–92, 101, 202

R

Raguer, Hilari 143
Ramírez, Luis [Luciano Rincón] 24, 40, 261
Redondo, Onésimo 93
Reig Tapia, Alberto 10
Ribbentrop, Joachim von 166–167
Richards, Michael 113
Richthofen, Wolfram von 102
Ridruejo, Dionisio 112, 121–122, 124, 136, 190

Roatta, Mario 85
Rodezno, Graf [Tomás Domínguez Arévalo] 193
Rommel, Erwin 167
Roosevelt, Franklin D. 174, 182
Rueda, Andrés 23
Ruiz Giménez, Joaquín 205, 207

S

Sáenz de Heredia, José Luis 215
Sainz Rodríguez, Pedro 16, 58, 71, 82, 188, 193–194
Salazar, António de Oliveira 13, 179, 185
Salgado, Enrique 125, 178
Saliquet, Andrés 92
Salvá Miquel, Francisco 150
Sánchez Albornoz, Claudio 268
Sangróniz, José Antonio de 202
Sanjurjo, José 39, 59, 63, 65–67, 76, 80, 82–83, 95
Schmidt, Paul 165, 257
Schmitt, Carl 241
Segura, Pedro 157, 247
Semprún, José 97
Serrano Súñer, Ramón 74, 112, 120, 132–133, 135, 159–160, 163–165, 167, 189, 192–196, 247, 258
Smyth, Denis 168
Solís, José 228
Southworth, Herbert 58, 261
Stalin, Josef 13, 142, 161, 173–174, 235, 261

Suanzes, Juan Antonio   205, 250
Suárez Fernández, Luis   8–9, 14, 255, 262, 265, 267

T

Teresa von Avila   150, 158
Theodosius   152
Thoma, Wilhelm von   107
Thomas, Hugh   261
Tito [Josip Broz]   13
Togores, Luis Eugenio   79
Truman, Harry S.   179–180, 182
Tusell, Javier   264

U

Ullastres, Alberto   211
Umbral, Francisco   27
Unamuno, Miguel de   20

V

Vaca de Osma, José Antonio   264
Varela, José Enrique   65, 70–71, 73, 80, 87, 180, 194–195
Vegas Latapie, Eugenio   194
Vicente, Juan   150
Vidal y Barraquer, Francisco   157
Vidal, César   9
Vigón, Juan   62, 106–107, 162, 198
Villaverde, Marquis von [Cristóbal Martínez Bordiú]   191, 228, 246, 250
Viñas, Angel   7, 76–77, 184
Vizcaíno Casas, Fernando   256
Voegelin, Erich   154
Volkmann, Hellmuth   107

W

Weber, Max   237–238, 240, 242–243, 255
Wharton, Philipp, Herzog von   113

Y

Yagüe, Juan   28, 68, 80, 90, 98, 107, 160, 196, 198

Roman Rhode

Fidel Castro

2014. 368 Seiten,
10 Abb. Kart.
€ 27,99
ISBN 978-3-17-021486-6

auch als EBOOK

*Urban-Taschenbücher,
Band 712*

Hoffnungsträger der Dritten Welt oder rücksichtsloser Despot? Fidel Castro, Líder Máximo der kubanischen Revolution, polarisiert wie kaum eine andere Figur des 20. Jahrhunderts. Er hat hunderte Mordanschläge, die Amtszeit von zehn US-Präsidenten und den Zusammenbruch der Sowjetunion überlebt. Diese politische Biografie zeigt, wie Castro seine charismatische Herrschaft im Spannungsfeld der Supermächte begründen, institutionalisieren und trotz aller Krisen ausbauen konnte. Der Autor präsentiert neue Quellen und wertet bisher unbekannte, vor allem spanischsprachige Sekundärliteratur aus. Damit erscheinen sowohl Castros Kindheits- und Jugendjahre als auch die bis ins heutige Kuba reichende Revolutionsgeschichte im Licht der aktuellen Forschung.

W. Kohlhammer GmbH · 70549 Stuttgart
vertrieb@kohlhammer.de · www.kohlhammer.de

Kohlhammer

Ulrich Renz

Georg Elser

Allein gegen Hitler

2014. 116 Seiten, 23 Abb. Kart.
€ 24,99
ISBN 978-3-17-026352-9

auch als EBOOK

Mensch – Zeit – Geschichte

Lange Zeit haben Lügen und Legenden den Blick auf Georg Elser verstellt. Heute steht er zusammen mit Claus Schenk Graf von Stauffenberg und anderen in der ersten Reihe des Widerstands gegen Hitler. Im Herbst 1938 hatte Elser, der von Anfang an ein entschiedener Gegner der Nationalsozialisten war, den Entschluss gefasst, einen Bombenanschlag auf Hitler zu verüben. Am 8. November 1939 verübte er ein Attentat im Münchener Bürgerbräukeller, doch Hitler entkam. Dieses Buch erzählt die Lebensgeschichte Georg Elsers vor dem Hintergrund dieses gescheiterten Attentats, das die Welt verändert hätte. Es zeigt seine Motive, die Vorbereitungen und die Folgen des Anschlags – und es zeigt einen unbeirrbaren Hitlergegner, der im Nachkriegsdeutschland erst spät angemessen gewürdigt wurde.

W. Kohlhammer GmbH · 70549 Stuttgart
vertrieb@kohlhammer.de · www.kohlhammer.de